新闻概论

刘文红 彭俐 著

中国传媒大学出版社
·北京·

序　言

　　新闻，新闻，其新，是"苟日新，日日新，又日新"的新，其闻，是"如是我闻"的闻。无新闻，不成其为社会；无社会，不发布其新闻。至于先有社会人，还是先有新闻人，吾不得而知，亦无从而识，实不敢妄言谬说，然则两者互为表里，互为依托。眼所见，属实，毋庸置疑。盖文章，不仅为经国之大业，不朽之盛事，理当为世界之经纬，人类之昌明。新闻大道，其直如矢；我辈砥砺，奋发前行。

　　是为序。

彭俐

目 录

绪论　什么是新闻学？ 1

第一章　新闻本体论——什么是新闻？ 5
第一节　新闻定义——"六字"概念 5
第二节　新闻要素——"五个 W" 6
第三节　新闻属性——文化产品 8
第四节　新闻特质——六组概念的区分 13
第五节　新闻价值判断要素——"五性" 18

第二章　新闻文体论——"五个构件"和"四个样式" 23
第一节　新闻文体结构——"五个构件" 23
第二节　新闻文本样式——"四个样式" 28
第三节　新闻体例——"十二样" 36

第三章　新闻价值论——新闻的价值和意义是什么？ 67
第一节　世界上没有新闻会怎样？ 67
第二节　新闻的别名是什么？ 69
第三节　为什么说新闻强则国强，新闻弱则国弱？ 71
第四节　新闻地位如何？ 73
第五节　新闻在社会和历史中扮演什么角色？ 78

第四章 新闻功能论——四大社会职能·················81
第一节 启蒙发动机·················82
第二节 民主推进器·················85
第三节 社会晴雨表·················89
第四节 政治监控仪·················93

第五章 新闻事业论——"五驾马车"理论·················97
第一节 白马——报纸·················98
第二节 天马——广播·················108
第三节 骏马——电视·················115
第四节 黑马——网络·················121
第五节 幼马——手机·················133

第六章 新闻哲学论·················136
第一节 哲学与新闻哲学·················137
第二节 哲学意义上的新闻本体论·················138
第三节 哲学意义上的新闻方法论·················157

第七章 新闻伦理论·················169

第八章 新闻美学论·················200

结 语·················221
后 记·················223
参考文献·················224

绪论
什么是新闻学？

什么是新闻学？

——这个问题本身就是一门学问，因为任何一门学科的建立都不能一蹴而就，学者都要在其学术学理上不断充实、丰富、积蓄，直到它达到真正能构成一个独立学科的程度为止，又不能止步不前，因为学者之学识未有能穷尽世间事物所含真谛者，而基于社会实践的理论探索与发现也只是记录其攀升过程的某个节点，没有终点。在新闻学开创之初，那些值得尊敬的筚路蓝缕者对于什么是新闻学的解释，与我们现在这些隔世隔代的后继者的阐说，当然会有很大的出入。但是，绝不会是质的出入，只是量的差异罢了。自1919年徐宝璜（1894—1930）第一本《新闻学》著作诞生以来，100多年间中国新闻学相关著述不断问世，然而，不能不说，甚为遗憾的是，鲜见针对新闻学本身，以新闻为本位，为其量身定制的概念。例如，即使是新闻专业人士和资历深厚的新闻研究者，也没有对此"概念"有太多清晰的表述，只是比较笼统地说，新闻学是由"三大板块"组成的，即新闻业、新闻历史、新闻理论，就和任何房屋建筑都由门、窗、墙三大板块构成一样，几乎所有门类的学科都可以用"三大板块"理论来套用。那么，在此我们尝试对新闻学做一点粗浅的，有关基本概念探讨意义上的全新解读。

新闻学——是社会科学领域的一门专业学科，它是一门名叫"'五新'学问"的学科，一句话，它是研究新闻、新闻人、新闻业、新闻史、新闻理论的一门学科。本书也正是沿着这样一个思路和途径来阐述新闻学，以及新闻学学术、学理的新发现、新定义、新观点——如果它们真能被叫作"新"的话，那就最好不过了。我们之所以用"五新"来定义新闻学，意在强调常常被忽略或被忘却的以新闻为本位的新闻学、以新闻人为主体的新闻学、新闻业独立的新闻学、新闻历史专属的新闻学以及新闻理论纯粹的新闻学。还有一个重点就是对新闻学身份的确认，它是与其他学科不同却又相互交叉，且交叉范围的广度和深度都相当可观的新闻学；是多元、立体的，更是跨学科、融学科的大文化以及大新闻文化意义上的新闻学。

任何一门科学，都必备两个向度，双向畅通无碍，才能具有存在的价值，被同行乃至方家认可。具体说，一门科学，如果它真能被称为科学的话，一要能经得住社会实践的检验，二要能反过来引导或促进社会实践。那么，显然，科学也好，学科也罢，两者都是一种"轴心学"，都是围绕着"社会实践"来做自己的"功课"，而这个"轴心"，即"社会实践"，既是科学与学科的起始点，也是落脚点。由此推论，其道理不言自明，那就是"社会实践"是由人来主导、完成的，"人"是构成"社会"以及"社会实践"的主角、核心，倘若我们抽离这个主角、核心，所谓"社会实践"就变成了一个空壳。一个鸡蛋仅剩下一个空壳，就失去了鸡蛋的价值和意义，同样，"社会实践"失去了人的参与，也就不能被称为"社会实践"。这就是为什么要在新闻学的研究中把"人"，把"新闻人"放在一个突出的、首要的位置——"新闻"和"新闻人"分别为"五新"中的第一"新"和第二"新"。这样做的目的，是将以往缺少生命质感和活力的新闻学，也就是刻板或死板的新闻学变成"活的新闻学"。将人的生命的气息、心脏的跳动、脉搏的律动灌注"教科书式"的新闻学或新闻学专著之中，又有什么不好呢？我们何乐而不为呢？

新闻和新闻人的关系，或者说新闻人和新闻的关系是有趣的。世上是先有新闻才有新闻人，还是先有新闻人才有新闻呢？这就和世上是先有鸡还是先有蛋的难题一样。假如世上先有"新闻"的话，道理好像是说不通的，因为"新闻"是"新闻人"制作出来的；如果世上先有"新闻人"的话，似乎也没有道理，因为"新闻"是社会生活的产物，而社会生活的河流昼夜不停、片刻不息地流淌、涌动……但是，我们在做新闻学的学术探讨、研究时，显然必须先从"新闻"的概念说起，然后再讲述新闻人的存在和意义，也只有这样才更符合理论研究的逻辑关系。于是，下面我们还是在第一个章节，即第一部分，开宗明义，先讲述"新闻本体论"。

作为"'五新'学问"的新闻学，其第三"新"，讲的是新闻业，而新闻业堪称新闻学的基业。如果我们拟人化地阐述新闻学，那么"新闻业"就是人体主干，就如一根脊梁，而"新闻"和"新闻人"就像一双眼睛，"新闻史"和"新闻理论"则好比头脑和心灵。抽去"新闻业"这根脊柱，新闻学就失去支撑，无法站立。正是新闻业的萌生、发展和兴盛，让新闻研究成为热门，使新闻教育成为"普及教育"，令新闻学理成为显学。迄今为止，恐怕没有一门学科对于行业实践的依赖超过新闻学，这是新闻学一极典型的特征。因此,"新闻无学"这一说法的出现并非偶然,这是人类科学研究的惯性使然,大凡一门学科之所以成为学科,主要是它可以通过抽象思考、判断来解决问题,无论社会上五行八作的其他人士在做什么或不做什么,大概都不会影响该学科人士对学问的探讨和研究。那么,一个显而易见的事实摆在我们眼前,一门学科的抽象思考的空间越大,依赖行业操作的成分越小,它就越像是一门学问,不能说越像是,它实际上就是一门地道的学问。经过这样一番分析和理论,我们新闻学人和学者大概就能清楚地认识到自己的学科有别于其他学科的关键点在哪里,这样就有利于认清自己在做什么,更能认清自己该做什么以及怎样更有效率、更有效果地去做事情。"新闻有学"——在于我们要把新闻放在社会大环境,人类大发展,政治、经济、文化大格局之中,以一个科学或学科的探索者和发现者的眼光,不遗余力、踏踏实实地细致研究、综合分析、严格考量、认真评判、深入思考、严谨推理、反复验证、坚实立论,只要这样做了,又何愁新闻之学不彰显其学术学理之灿烂辉光。

第四"新",即新闻史,而"史"的概念需要说明。人们可能会想当然地把"史"当作"实物"或"事物",而且是社会生活中实打实地存在过的"实物"和"事物",但实际的情况是,"史"是存在于写史的人的头脑里、观念里的过去的"实物"和"事物"。因此,谁来写"史"就显得非常重要,而一部"信史"只能出自可信之人之手。谈到新闻史,自 1605 年德国印出第一张报纸到网络在很大程度上代替"新闻纸"的今天,即 21 世纪 20 年代的今天,其时间跨度不算太长,不过 400 多年而已,但其间所发生的事情却并不平淡。一个国家、民族的新闻史,何止是一个新闻行业史,或新闻教育史、新闻理论史,它实在是一部国家、民族发展、进步的精神史、心灵史。史有界限分明的学科划分,可被分为政治史、经济史、科技史、军事史、法律史、社会史、哲学史、文学史……新闻史与上述八门学科都有交叉,也各有交集。于是,一个首要的问题值得我们特别注意,新闻史要确立自己的独立品格,以新闻为本位和主体。新闻,生也由人,写也由人,新闻史亦然,新闻人和新闻人群体理应占据相当的篇幅,脱离一个个生动、鲜活的新闻人,哪还有一页页鲜活、生动的新闻史?然而,令人遗憾的是,照此路径去思考、去研究、去书写新闻史的人,寥寥无几。一部以新闻人和新闻受众以及两者之间的密切关系为关注点的新闻史著述,势必会吸引学者型的读者和读者中的学者的目光!

关于新闻理论,我们要说的太多。首先,必须强调一下理论研究的铁的规则,即原创精神,重要的事情说三遍:原创,原创,原创。自从中国高等学府中第一家新闻研究机构——北京大学新闻研究会(1918 年 10 月 14 日)成立至今,转眼 100 多年过去了。当年研究会的成员、中国新闻学之鼻祖——徐宝璜，以及新闻人兼新闻学者邵飘萍（1886—1926）先后出版的理论著作《新闻学》（1919年）、《实用新闻学》（1923年）虽然体量略显单薄，体例的完备和内容的丰满上也难免付之阙如，但其中治学诚笃、立意纯粹、论证严谨、表述朴实的大师风范，依然立世垂范，经漫长岁月洗礼仍不减风华。今日众多新闻学理论研究者不在少数，相关研究著作也层出不穷，据不完全统计，全国共有324所大学开设新闻学专业，可以说为理论学术研究储备了大量人才。然而，富有原创观点、原创思想、原创理论的表述和著述，并不多见。总之一句话，不能说我们家底殷实，甚至阔绰。显然，这与我们基于14亿多人口基数、日新月异的现代化城市发展和各种传统媒体和新兴媒介融合而构成的规模巨大的新闻传播矩阵，不能说非常吻合匹配。毫无疑问，若说新闻理论滞后可能有些言过其实，但若说新闻理论研究路径不宽、新闻学术观点大多雷同、新闻理论表述欠缺新意、新闻学科著述科普不力，大概没有什么不妥，或者不会产生什么歧义吧。在下不才，偏有一颗济世之心；殚精竭虑，不免潦草鲁莽为文。此拙作中，不乏浅见，还望批阅者不吝斧斤。

本文在关于新闻本体论的论述中，着重强调了"新闻是商品""新闻是易碎的商品""新闻是软商品"的概念；在新闻文体论中，首次提出新闻文体"五个构件"和"四个样式"的全新解读；在新闻的价值和意义的阐述中，概述了"四个第四"的理论，并提出"新闻在社会中扮演社会推手的角色，在历史中扮演人类日记写手的角色"的全新论点；在新闻功能论中，富有创见地提出了四大社会职能——"启蒙发动机、民主推进器、社会晴雨表、政治监控仪"；在谈到新闻业时，首次提出新闻"五驾马车"理论，在对新闻哲学的探讨中，提出"人是新闻动物""新闻行星""我闻故我在"的哲学观点；在对新闻伦理的表述中，表达了新闻记者的"八个角色"，并强调了新闻记者的"十个素质"；在对新闻美学的论述中，首次提出"十大美学原则"……是的，我们以中国新闻学人的自豪和骄傲提出以上新闻理论原创观点，寄望于对祖国新闻事业的发展略有补益，这个微薄的愿望，需要付出巨大的劳作、艰辛，但我们乐在其中。

第一章
新闻本体论
——什么是新闻？

第一节 新闻定义——"六字"概念

21世纪的新闻、新闻业、新闻人、新闻学随着互联网和以智能手机为主的智能设备的广泛普及和应用，迥别于以往，在传统媒体报纸、广播、电视兴盛时代所形成的新闻概念，显然已经相对过时了，至少是不够周延与精确的，需要我们重新厘清、核定。

新闻的最新概念，六字即可说明："即时事实报道。""即时"是指当下、立刻、马上，延伸之意是快捷、方便、与事实同步。基于各项新技术的运用，智能设备对新闻事实的采集功能能同步于传播功能，最具有代表性。以往关于新闻时效的表述用语——"新近"，显然已经不能准确地表述当今数字时代、网络传播、电子媒介无比迅捷、风驰电掣的"秒传"特质。传统新闻学早已重复无数遍对"事实"的解释：客观存在的一切物象、现象。"报道"，则是指新闻媒体的正规、正式的消息发布，也可以说是职业新闻人的权威发布，而非道听途说者的见闻。虽然今天新闻生产主体已泛化，"人人皆有麦克风"，但本书更强调的是具有专业水准的新闻媒介组织的正式发布。

以往的新闻学中，关于新闻的概念和定义，并非"六字"可以概括。长期以来，新闻业界、新闻学界关于新闻的定义有从传播主体角度出发的，有从受众角度分析的，还有从报道角度、功能维度、事实和信息层面诠释的。大致有如下几种释义：

（1）新闻是新近发生的事实的报道。（从传播主体界定）

（2）新闻是广大群众欲知、应知而未知的重要事实。（从受众角度界定）

（3）新闻是经报道（或传播）的新近事实信息。（从信息层面阐述）

（4）新闻是新的、活的社会状况的写真。（从报道角度解读）

（5）新闻者，乃多数阅者所注意之最近事实也。（从事实层面发挥）

（6）新闻是报道或评述最新的重要事实以影响舆论的特殊手段。（从功能维度划分）

本书关于新闻也有自己的定义：新闻是根据新近发生的事实以文字、声音、影像等媒介元素制作或融合的商品。此定义的出发点在于，以往新闻学术理论，只是强调了新闻的传播作用，给新闻下的定义与传播学的定义相重叠，却忽略了新闻业的事实：新闻是要进入市场流通领域的产品，而且，其产品成本要兑现价值。

新闻的定义曾在课堂中引起了师生的热烈讨论，也有新闻学子以"News"一词扩展其定义：N—Network 网络，e—extensible 可扩展的，w—window 窗户，s—system 系统，意为通过网络这扇可扩展的窗口去认识系统（事物）。[①]

回过头来，让我们看看"新闻"（News）一词是什么时候出现的，它的最初亮相是个偶然。在西方，1423 年，它出现在苏格兰詹姆斯一世的《国王书》："我把可喜的消息带给你。"（I bring the news that blissful ben.）在中国，873 年，它出现在唐代李咸用诗作《春日喜逢乡人刘松》："旧业久抛耕钓侣，新闻多说战争功。"这首诗讲的是两个好友几年不见，异地相逢，想起故园往事，他们曾经一起读书钓鱼，后来却因为战乱，彼此音信全无，两人再见感慨颇多。此处的新闻非彼新闻，只是诗句中的情景描述，不具有我们后来所说的新闻行业的概念。

第二节 新闻要素——"五个 W"

新闻要素的基础是时空概念，要素之所以重要，在于实际操作。没有经过专业训练的新闻作者在讲述新闻故事的时候常常会忽略时空坐标，只重视事件本身叙述是否生动有趣，却给人"悬空"的感觉，因为这样做脱离了事件发生的场景，或者忽视了事件发生的时间节点。

新闻要素的主角还是人，对人的关心、关切以及人文情怀是新闻记者的基本素质。不管身份、地位或者背景如何，"人"都应处在报道的凸显位置。为此，要深入

---

① 本定义来自北京联合大学新闻系学生刘倩倩在课堂中的讨论。

了解生活，深切体味人生，才能准确地判断人物行为以及社会影响。

需要强调的是，对新闻的取舍与判断同新闻记者的人生观与价值观有着直接关联。

新闻"五要素"，即"五个W"，一般指：Who（何人）；What（何事）；When（何时）；Where（何地）；Why（为什么）。对新闻的发生、发现的报道并不能满足人们对于事件原因或进展的好奇，人们了解了事件的概貌后，势必又想探究其深层原因及未来的发展走向，于是新闻要素又扩展为六要素：Who（何人）、What（何事）、When（何时）、Where（何地）、Why（为什么）、How（如何）。

案例 1

人类首次！嫦娥四号成功着陆月球背面！

（人民日报客户端，发布时间：2019-01-03 13：43）

今天上午10点26分，"嫦娥四号"探测器成功着陆在月球背面东经177.6度、南纬45.5度附近的预选着陆区，并通过"鹊桥"中继星传回了世界第一张近距离拍摄的月背影像图，揭开了古老月背的神秘面纱。此次任务实现了人类探测器首次月背软着陆，首次月背与地球的中继通信，开启了人类月球探测新篇章。

（记者：冯华　刘诗瑶　编辑：胡程远、杨翘楚）

在以上新闻消息的典型案例中，我们可清楚地看到：

何人（Who）——"（中国人）嫦娥四号"探测器；何事（What）——"成功着陆"月球，传回世界上第一张"月背影像图"；何时（When）——"2019年1月3日10点26分"；何地（Where）——"月球背面"；如何（How）——"揭开了古老月背的神秘面纱""实现了人类探测器首次月背软着陆，首次月背与地球的中继通信，开启了人类月球探测新篇章"。

新闻学与传播学，同样讲究"五个W"要素，但是，两者略有差异，快速做个对比。

较之上述的"五个W"，传播学的"五个W"如下：Who（谁）；In which channel（什么渠道）；To whom（对象）；Says what（表达什么）；With what effection（什么效果）。

前者（新闻学的"五个W"）——新闻"五要素"：重知晓，重时空，重效益。

后者（传播学的"五个W"）——传播"五模式"：重知道，重方式，重效果。

传播学更强调工具性的效果，新闻学更强调目的性的效果。

第三节 新闻属性——文化产品

（一）为什么说新闻是一种文化产品？

新闻业自从诞生之日起就肩负着文化使命。媒体是一种可以大量生产供社会公众消费的大众化文化产品的机构。首先，从新闻生产角度看，新闻的制作者需要资金，需要先期投资才能投入生产，产品的整个生产过程也需要资金支撑；再从新闻接受角度看，新闻的受众在获取新闻时，也不是在吃"免费的午餐"，需要"付费"才能获取新闻，或曰消费新闻。

我们以 1896 年艾尔弗雷德·哈姆斯沃思（Alfred Harmsworth，1865—1922）创办的英国第一家大众化报纸《每日邮报》（*Daily Mail*）为例，其近百万的发行量曾创下全国纪录，被誉为"第一张真正意义上的大规模发行的报纸"。其浩大的经营成本曾多达 60 万英镑，且不惜用 4 万英镑来做试营业的开销并做宣传推广。不过，读者也要付费才能购买并阅读之，虽然半个便士对消费者来说可能不算什么，但这仍然是一种消费行为。这位颇善经营的主编哈姆斯沃思，在报眼位置，巧妙地用醒目的字样兜售其新闻纸："一便士报只卖半便士。"他还高薪聘请记者中的高手，花重金向知名作家约稿，强调新闻写作以"简洁、清晰"为宗旨，也以"解释、诠释"新闻事件为要义。

中国一首流传甚广的报童歌《卖报歌》，生动记载了 20 世纪二三十年代上海的报业买卖："啦啦啦，啦啦啦，我是卖报的小行家，不等天明去等派报，一面走，一面叫，今天的新闻真正好，七个铜板就买两份报……"当时的报纸定价一般是二三分钱或四五分钱不等，相当于几个铜板。中国现代报纸开端的标志、沪上发行量最大的《申报》（原名《申江新报》，1872 年 4 月 30 日创刊，1949 年 5 月 27 日停刊），一张不过需要读者"破费"2 分钱。这些钱大致可买到一套含油条、豆浆的早餐。可见，买报纸、读新闻也是一种"餐饮"消费，只不过是"精神餐饮"罢了。

1912 年，《申报》的总经理是我国著名报人史量才（1880—1934）先生。一家报社安排了一个"总经理"的职位，似乎也在提醒我们一个不争的事实：报社，作为一种新闻产品的制作、销售机构，需要一位懂市场、懂经济、能够主持公司或企业经营业务的"总管家"。

新闻，既然是一种产品，而且从属于文化创意产业，那么，整个社会就是它的母体。最初的新闻以纸张的方式出售，继而也以音像的方式出售，按照其面世的先后次序，人们将新闻出品方分别称为——报社、电台、电视台和网站等。

需要进一步指出的是，新闻产品是伴随着社会分工的细化与商品交换的繁荣逐渐形成的。它与商品社会的关系就是一种母子关系。但是，新闻是一个"晚产的孩子"，是商品社会进入发达阶段——工业化社会的产物。

根据目前的研究资料显示，新闻作为产品的第一次买卖交易，发生在1609年（一说1605年），地点是荷兰的安特卫普，报纸名称是《新闻报》；同年出版发行的报纸还有德国的《通告报》。顺便说一下，世上第一份日报是于1650年在德国莱比锡开办的《新到新闻》，创办人是出版商蒂莫休·里兹赫（Timotheus Ritzsch）。①

1609年，可以被称为世界新闻业诞生的元年——值得我们这些热爱新闻业、关注新闻史、钟情新闻学的人时刻牢记。

此后，欧洲又相继出现了多家报刊。1621年面世的英国《每周新闻》，1631年面世的法国《报纸》，都是报业早期"先贤"。总之，欧洲大陆是最早耕种、培植"新闻"的一片沃土，那里的环境、气候很适合"新闻"的种子的发芽、生长、开花、结果。

国内新闻研究者有这样一种说法，认为中国诞生了世界第一张报纸，并且比西方报纸的出现早了800年。其理由是，早在713—741年，唐代《开元杂报》（由"上都进奏官"编印，内容是皇帝谕旨、官员奏章、政事动态）就已经发行，并且伴随着驿站的骏骑颠簸、驰骋在由京师通往各个藩镇的官道上。

然而，和古罗马时代，即公元前59年恺撒当选执政官时下令创设的官方公告《每日纪闻》（登载公告式的政府文件，读者主要是各地驻军将领与政界要人）不能算作商品性质的报纸一样，唐代《开元杂报》也不宜被视为商业报纸。中国历史上，第一份近代中文新闻刊物《察世俗每月统记传》（又名《中文月刊》），由英国人——传教士米怜（William Milne）经营，于1815年8月5日在马六甲创刊。中国境内第一份中文新闻刊物（1833年），由德国传教士、普鲁士人郭士立（Karl Friedrich August Gützlaff）创办。中国第一家新闻广播电台（1923年）由美国商人E.G.奥斯邦（E.G. Osborn）参与创办。中国第一份中文商业报纸，是1858年在香港刊印的《香港中外

---

① 还有一种说法，认为德国古腾堡博物馆收藏的1605年印刷的《请愿书》为世上第一张报纸。

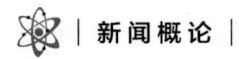

新报》。

补充说明一下：

我们认定新闻是一种文化产品，认定报社经营着出售新闻纸的买卖，是因为新闻采集与写作需要付酬；报纸排版和印刷也必须付费；报业的经营需要投资；报纸生产过程需要计算成本和开销；其业务的维持及其在媒介融合的改革中需要资金投入运转。事实上，世间任何媒体生产的新闻，包括报纸新闻从来都不是一种无偿传播、无偿服务，无论对传播者还是受众来说，都是如此。正如那句老生常谈："世上没有免费的午餐。"

新闻，非但不是被无偿传送与收受的产品，而且，尽管读者付出的费用低廉，新闻业却常常在盈利行业中名列前茅，新闻产品是畅销产品，乃至屡屡因其经营者、出品者的智慧和才华，而扮演一个经济社会中频频取得巨大利润的"幸运儿"。然而，社会消费者对于新闻的消费需求，正伴随着社会生活的不断丰富而不断膨胀，随之而来的是当初一两页的新闻纸，如今已经变成几十页、上百页的"新闻卷"。同时，电台听众、电视观众、互联网用户、手机阅读者的数量同样可观，而这些"吃新闻饭"的各种媒体也都个个已经或寄望于赚得盆满钵盈。

以下两份文件性质的文字，似乎足以佐证以上——"新闻是一种文化产品"的观点。

中国目前的《报纸出版管理规定》明确规定："创办报纸、设立报纸出版单位，应当具备下列条件……有30万元以上的注册资本……"

美国权威的《美国新闻史》中提到，"真正的报纸必须具备下列条件……凡是愿意付费者，不问属于什么阶级或是有什么特殊兴趣，都一概可以买到……"[1]

下面，我们再听听新闻学理论家怎么说。

美国报纸主编学会主席卡斯珀·约斯特（Casper Yost，1894—1941）认为，报纸的第一要义是可销售性，新闻行业的第一要义是要能生产可销售的商品。他明确地说明："新闻可能报道著名人物的某些事迹，也可能表达高尚的思想，还可能致力于崇高的事业。但是，假如这种产品不具有可销售的属性，那么新闻的一切功能都是无效的。"[2]

事实上，我们的确找不到不需要资金投入的新闻产业，也没有无须成本的文化产

---

[1] 埃默里 A，埃默里 M. 美国新闻史：报业与政治、经济和社会潮流的关系［M］. 苏金琥，译. 北京：新华出版社，1982：5.
[2] 约斯特. 新闻学原理［M］. 王海，译，北京：中国传媒大学出版社，2013：17.

品制作，同样，参与产品生产的相关人员也要得到相应报酬。不仅作为平面媒体的报纸如此，其他媒体如广播、电视、网络亦如是。对于音视频新闻来说，虽然收听或收看新闻不另外收费，但听众或观众在收听或收看新闻时除了满足信息需求或自我娱乐需求，也作为收听或观看广告的潜在消费群体，为电台和电视台创造价值，从此角度来讲，新闻作为文化产品的属性显而易见。在当前的融媒环境下，各新媒体平台提供的新闻虽然也是免费的，但用户作为流量的提供者，在获取信息或娱乐消遣的同时为平台提供了广告的接收对象。

作为 20 世纪二三十年代美国现代新闻学奠基人之一，约斯特已经认识到新闻所具有的可销售属性，却没有直说——新闻制作是一种带有精神属性的制作。为了新闻学研究所涉及的基本概念的明确、清晰，也为了读者便于理解和记忆，我们不妨说得再直截了当一些：新闻是一种文化产品。

新闻出品者与受众之间存在一种买卖关系。新闻的传播方式，也是一种针对受众的销售方式。

社会中所有的商品都是消费品，新闻商品亦然。消费品又因人们的消费需要而有不同级别和层次，显然消费者的第一需要是日用品（生存资料），第二需要是选购品（发展资料），第三需要是特殊品和非需品（享受资料）。

（二）为什么说新闻是"软黄金"？

新闻是"软黄金"，它具有精神属性，属于"软实力"范畴。

所谓"软实力"，指一个国家的文化、价值观念、社会制度等影响自身发展潜力和感召力的因素。这一概念（专有词汇），由美国哈佛大学名誉教授、著名政治学家约瑟夫·奈（Joseph Nye）提出。

毫无疑问，新闻不仅干预社会中人们的现实生活，还能详细清晰地记录历史，其特殊之处在于它是一种文化产品，或曰精神产品。在社会生活中，它与一般物质产品迥然有别，更多地受到上层建筑的影响，即政治的影响，抑或其本身就是政治的衍生物。

一言以蔽之，新闻既是形而下的市场经济消费品，也是形而上的意识形态的衍生物。

新闻作为一种"软黄金"，从某种程度上说，它代表一个国家的"软实力"。它诉诸人们的精神、思想、情感、心灵世界的特性，是其"软"的所在，并以此区别于

新闻概论

同样在商品市场流通、销售的纯物质的"硬通货"。作为"软黄金"的新闻——或文字，或声音，或影像，或当前的各类融媒新闻，都可以参与市场交易，其载体是新闻纸——报纸、电台、电视台和网络等。

需要说明的是：新闻——这一文化产品的生产，可以由个体经营（即私营），却不能仅由一个人完成，它尤其需要团队合作、企业管理。新闻媒体成员必须密切配合，新闻采集、写作、编辑、排版、印刷、制作、推销、发行——这一整套生产线环节紧凑，链条紧绷，井然有序，具有现代社会工序流程严谨、专业分工细致的企业生产性质。即使在当前的媒介融合背景下，新闻生产的流程虽有所重构，但新闻生产本身仍依赖于报道团队和技术团队的协作。至今400多年的新闻发展史证明，负责任的新闻机构（通讯社、报社、电台、电视台和网站等）的产品的质量与受众数量，都非常可观，并对社会的文明进步产生了巨大影响。

仅以两家著名通讯社为例。

历史上第一家通讯社——哈瓦斯通讯社，诞生于1835年，创办人是法籍葡萄牙人夏尔-路易·哈瓦斯（Charles-Louis Havas，1783—1858）。他原本是一位银行家，但从1825年起专门从事经营、销售新闻的行当。后来，哈瓦斯新闻报道的业务量与其名气一同增长；通讯社的年度营业额伴随其规模一起扩张。

稍晚一些（即1850年）诞生的路透社，则是由德裔英国人保罗·朱利叶斯·路透（Paul Julius Reuter，1816—1899）在德国亚琛创建、经营的，它同样在新闻业务与经济收益两方面都大获成功。有趣的是，路透社曾于1849年使用45只信鸽，在德国亚琛与比利时布鲁塞尔之间传递股市行情的消息。

（三）为什么说新闻是"易碎品"？

作为商品，即作为消费品的新闻，属于"易碎品"。消费品从使用时间来划分，又可被分为两种：一次性或供人短期使用的商品；供人长期使用或具耐久性的商品。新闻产品，则属于前者，业内人士称之为——"易碎品""不保鲜品""易过时品"。

按照中国新闻学开创者之一——徐宝璜先生的说法，就是"新闻是一尾鲜鱼"。他提出了新闻三原则：一是内容重要性，即新闻价值与重要性成正比；二是时效性，即新闻如鲜鱼，愈新鲜价值愈高；三是新闻受限于距离的贴近性，人们最关心自己周围发生的事情。

新闻不能保鲜，这正是新闻人前行的动力，生活是流动的河流，记者总想打捞大鱼，总想抓到鱼尾巴，但总觉得力不从心，他们捕捞到的鲜鱼总是不小心溜走，因此记者每天都要出海。

虽然记者时刻处于忙碌之中，好像一直在做"无用功"，但他们都期待自己的产品的价值能长久存在，虽然新闻是个易碎品，但记者不会梦碎，因为新闻是耐久的易碎品。新闻所报道的虽然是稍纵即逝的事件，但通过其记录，它们会变成历史档案，随着时间发酵、历久弥新。

"新闻是易碎品"有两层含义：其一，易碎品指新闻报道的时间有效性，单指某个新闻媒体的某个从业者的个人操作；其二，易碎品还涉及多个新闻媒体的多个从业者的同行竞争，大家都在争抢即时发生的事实（事件）的第一落点，对同一事件的报道的时间节点先后决定了新闻是否新鲜，易碎品的含义也在其中。

报业盛行的时代，也是同行竞争激烈的时代，传统媒体如一家日报报社的新闻，其保鲜期很短，因为出报时间是在每天三四点钟。报纸运输、送达客户的时间若早了，大约在七八点钟；若晚了，则大约在九十点钟。由于各种不确定因素的干扰，突发事故、事件的出现，例如报纸出现重大差错，已经开印的报纸必须停止印刷，并且追回或销毁样报，待纠错后重新排版印刷；或印刷机出现故障；或恶劣天气影响；或交通堵塞、瘫痪等，有时报纸递送时间会推迟、延长很久，甚至会在下午或傍晚才能送达，当然，此种极端的情形并不是常态。

新兴媒体，特别是网络媒体的保鲜时间大大缩短，各大媒体常以秒为竞速单位。新闻报道的速度是"快"在眉睫，就像网购中的"秒杀"，记者稍有疏忽，稍一打盹，就会被同行抢占先机。

第四节　新闻特质——六组概念的区分

与新闻相似、相近、相关的概念有信息、公文、广告、传播、宣传、舆论等，厘清它们本质之间的不同，是新闻理论的基础，也是厘清新闻学与其他学科之间的概念区别的关键因素。

新闻与信息	新闻与公文	新闻与广告
新闻，是报道的信息	新闻，是大众的消费	新闻，具有广告作用
信息，是新闻的毛坯	公文，是政府的破费	广告，缺少新闻内容

新闻与传播	新闻与宣传	新闻与舆论
新闻，属于一种传播	新闻，事实真相发布	新闻，是事实的呈现
传播，未必就是新闻	宣传，意念符号灌输	舆论，是态度的表达

以上六组概念区别，让我们不至于把新闻和与其相似或接近的事物的概念弄混。新闻概念在比较中，愈见清晰。第一个区别——"新闻与信息"，描述了新闻学与信息学之间的不同；第二个区别——"新闻与公文"，描述了新闻学与管理学之间的不同；第三个区别——"新闻与广告"，描述了新闻学与广告学之间的不同；第四个区别——"新闻与传播"，描述了新闻学与传播学之间的不同；第五个区别——"新闻与宣传"，描述了新闻学与政治学之间的不同；第六个区别——"新闻与舆论"，描述了新闻学与社会学之间的不同。新闻学的理论体系，势必要建立在对新闻的专业意义上的概念理解的基础之上。

（一）新闻与信息的区别（功能性）

人们常说，如今的社会是一个信息社会。但是，没有人说，如今的社会是一个新闻社会。学习新闻理论先要明确一些基本概念。因此，有必要说明，新闻与信息是完全不同的两个概念。新闻可被称为信息，信息不可被称为新闻。打个比喻，新闻和信息是一对恋人。信息毫无保留，把自己全部交给了新闻；但新闻却不那么一心一意，对信息若即若离。新闻是信息，因为信息已经"没有了自我"；但信息未必是新闻，因为新闻与之保持着一定距离。新闻是最新的信息，而信息却可能是最新的，也可能是不新不旧的，还可能是很旧的呢。倘若信息要经媒体发布（以广告形式出现不算）并进入商品流通领域，必须先把自己变成新闻；而新闻在没有正式经媒体发布以前，也不过是信息而已。

这个道理非常简单。我们人类何止是在今天生活在一个信息社会，早在300多万年前的原始人类就已经依赖信息存活。今天，我们打电话是传递信息；原始人嗷嗷叫也是传递信息。后者或许面临更加险恶的处境，一只老虎突然猛扑上来，人类伙伴只有通过大声嚎叫，才能组织起来群体自卫。然而，很显然，这种从古至今的人类生活中无所不在的信息传递与沟通，不能被叫作新闻，它们只是信息。

正像美国传播学鼻祖威尔伯·施拉姆（Wilbur Schramm，1907—1987）在其《传播学概论》一书中,谈到"信息的性质"时提出的:"信息是传播的材料。"① 的确,信息既是传播的材料,也是新闻的原料。

生活中,一个人抛媚眼是信息,只是信息;但如果是大家所关注的明星抛媚眼时被记者捕捉到,这一信息又被以文字或图片的形式在报纸发表,就成了新闻。

于是,我们可以得出一个结论:信息,可以通过媒体发布变成新闻;而新闻,可以被视作原始信息的加工成品。

简言之:信息,是媒体新闻的毛坯;新闻,是媒体传播的信息。

(二)新闻与公文的区别(政务性)

新闻与公文有什么区别?

新闻更多用于公众服务,而公文的特点是指导行政工作。

新闻内容涵盖世间万象,而公文内容则十分有限。

新闻体例,就纸媒来说,有消息、通讯、特写、侧记、按语、评述、综述、言论、评论等,读者大多对它们十分熟悉。

而所谓公文,即公务文书(又名公务文件),主要以书面形式传达政府意愿。其功用是下达政令,处理公务;其书写的格式化、规范性特点较为明显;其语体简明,措辞朴素,观点鲜明;"主题词"在其中发挥类似图书馆学、网络搜索中的"关键词"的作用。其严格规定的体例如下:命令、决定、公告、公报、通告、通知、通报、报告、议案、请示、批复、意见、纪要、决议、公函……

新闻与公文的最大区别在于:新闻需要公众的消费;公文需要政府的破费。新闻交易是由买方与卖方共同参与的双向市场交易,而公文的成本则属于政府单方承担的行政成本。

我们在此不厌其烦地强调新闻与公文的概念不同、性质不同、功用不同,是因为有些人有意或无意将二者混淆,并对新闻史的基本事实做出错误的判断。例如,有一种说法认为中国报纸出现得比欧洲要早,声称"世界上最早用纸抄写的报纸(出现于9世纪80年代)和最早用印刷方式复制的报纸(出现于10世纪)都出现在中国"。但所谓"出现于9世纪80年代"的报纸,指的是唐代887年(唐僖宗光启三年)的一份官报,实际上是一份进奏院状,即我们今天所说的公文。这份唐代公文,是进奏

---

① 施拉姆,波特. 传播学概论:2版[M]. 何道宽,译. 北京:中国人民大学出版社,2010:40.

院传发给各藩镇的书面报告，内容是朝廷政事动态和各项消息，包括皇帝诏书、官吏任免和臣僚事务。因此，笃定地说"中国目前是世界新闻史学术界公认的最先有报纸的国家"，似乎欠妥。

（三）新闻与广告的区别（商业性）

新闻具有广告作用，广告缺少新闻内容。

我们常常会在报纸的边边角角见到一些商业广告，也会在电视屏幕中看到一些公益广告，还会在各个单位或社区的广告栏中读到一些由政府机构或社会团体发布的政务或事务广告（如启事、消息等），亦会见到闹市之中、街头巷尾、商厦门前不少工作人员分发的涉及各类信息的小广告……但是，毫无疑问，除了政府及一些团体发布的广告，广告的主体是商业性信息，广告的产生迎合了商业流通的需要。虽然广告行使了为消费者服务的职能，但从根本上说，广告的发布是由商家利益驱动的，即以发布者本身的立场为立场，以发布者本身的诉求为诉求，以发布者本身的目的为目的。一些信息发布主体只关心自己期盼中的效益和实惠，丝毫不在乎其他，因此其表述不免会有夸张、夸大抑或虚假、不实之嫌。当然，从商业广告的角度看，也有许多规规矩矩、本本分分地经商并介绍产品的商家，不能一概而论。

广告本身具有商业属性，它寄生于媒体，而媒体的商业性变现依托于广告。同时，广告的传播效果因媒体而增强。

（四）新闻与传播的区别（技术性）

新闻与传播是两个概念，二者之间是彼此归属又彼此疏离的关系，拥有一种最容易混淆的关联。简言之，新闻，属于一种传播，但是传播未必就是新闻，传播还可以是政府文件、基层社区居委会张贴的告示、乡镇街道上民警手持大喇叭进行的广播等。做个形象一点的类比，这就好比苹果树是植物，但是植物未必特指苹果树，还可以指香椿树、葡萄树或橄榄树……有人认为，传播概念的诞生早于新闻，但是，我们愿意相信正是新闻和新闻业的长期繁盛，才带来了传播和传播学。尽管新闻和新闻业的繁荣与传播学的诞生之间，没有直接的因果关系，然而，传播学在新闻业非常兴盛、发达的美国创立，本身就已经说明问题。20世纪30年代起，"传播学之父"、传播学创始人兼集大成者威尔伯·施拉姆，正是在美国的新闻学、社会学、心理学和政治学等学科的基础上，建造了传播学的大厦。如果我们说，新闻学是传播学的地基上的第一块坚实的基石，恐怕不算过分。在此，将"新闻"与"传播"两个概念的内涵和外延彻底厘清，是为了对对新闻学和传播学两个专业感兴趣的人负责。退一步说，假若"新闻"与"传播"是一回事，那么我们大可不必分出新闻学与传播学两个专业，把二者合并为一就行了。事实不然，新闻与传播在传播这一点上，相互重叠，两者都在发送信息，也都重视接受效果；然而，在新闻这一点上，又相互分离，并不"相投"。

（五）新闻与宣传的区别（目的性）

非新闻专业人士和刚刚接触新闻学的学生，大多很容易想当然，一上来就把"新闻"与"宣传"这两个不同的概念搅和在一起。细想起来，这也没什么大不了的，且在理解其所以然后令人不免莞尔。但是，当你很严肃地从学理角度，苦口婆心，想要对他们说清楚二者之间的差异时，猛然间还会感到有些力不从心，或者干脆失语。是的，要说清楚新闻学的基本概念，尤其是辅之以与新闻学相近、相似和相关的一些概念，还真要费一番思考，再费一番口舌。概括起来说，或直白一点讲，新闻发布是记者采写的事实真相的发布，而宣传则是先入为主的意念符号的灌输。前者，是在探索发现的基础上或结果上的平等的、服务性的交流，后者是意念先行的垂直的、目的性很强的宣讲，二者不可相提并论，而人们却总以一样的眼光对待它们。让我们再用一种更为通俗、更为浅显的方式来表明二者的区别：新闻是为了告诉你发生了什么事情；宣传是为了要你去做什么事情。显然，新闻，是把事情的真相呈现给你，让你自己做出判断；宣传，则是在把意念符号灌输给你，让你接受其旨意。新闻是从一件事实出发；宣传是从一个目的出发。正如美国传播学者哈罗德·拉斯韦尔（Harold Lasswell, 1902—1978）在其著述《世界大战中的宣传技巧》中所说的："宣传是运用叙述影响人类行为的技巧，是以有意义的符号进行对意见的控制，是运用故事、谣言、报道、图片以及其他社会传播形态所进行的一键控制。"[①]

（六）新闻与舆论的区别（广泛性）

新闻，是事实的呈现；舆论，是态度的表达。

---

① 拉斯韦尔.世界大战中的宣传技巧［M］.田青，张洁，译.北京：中国人民大学出版社，2003：22.

所谓新闻，是指媒体新闻，是记者对于事实真相的再现；所谓舆论，则是社会舆论，是民众所表达的意见和态度。人们最常听到的关于舆论的词汇，是一个词组，即"社会舆论"，它更多属于社会学的研究范畴。没有了"社会"这样一个前置词，"舆论"就不能成立。我们不能想象把"舆论"放在一个家庭的一间屋子里，或一个公司的办公室里，"舆论"的发生地和落脚处一样，必须是在社会这个广袤的天地，且它必须是由相当多人组成的公众群体所为的，那么社会大环境和公众大群体就是"舆论"诞生的肥沃土壤。"舆论"是把双刃剑，还像一场风暴，既可以扫清雾霾，又可以掀翻屋顶。至于"舆论"本身具有什么样的倾向性和指向性以及什么样的建设性或破坏性，则要根据促使其发生、发展并最终形成一定势力的具体社会事件和人物行为的性质和内容而定。我们现在清楚地知道，"舆论"的前缀多是"社会"，"舆论"的后缀或起源多是"公众"，而"舆论"被叫作"舆论"则是因为它是有相当影响力的、公民群体式的信念、言论、情绪、态度、愿望和主张。那么，我们回过头来再看新闻，与之相比，新闻平素所报道的恰恰就是"舆论"所依托的"社会"中生成"舆论"的群体——"公众"日常生活中的事件和人物，而"舆论"在构成前面所说的"社会直觉"和"集体意识"，包括意见和态度等的过程中，也借助了新闻媒体的报道——这只推手。于是，顺理成章，正因为做了"舆论"的推手这一点，新闻才当之无愧地可以被称作社会"舆论"的"助产士"。简单地说，新闻是公众关注的事实，舆论是公众本身的态度。新闻和舆论之间的交集为：新闻可以影响舆论，舆论是新闻的关注点。

第五节　新闻价值判断要素——"五性"

人生就是由选择组成的，选择需要价值判断，价值判断决定行动目标，行动目标则使方向明确。价值判断无所不在，最常见于新闻业。新闻人都有一种与其职业相生相伴的"头条"意识，"头条"概念来自传统的纸媒。报纸编辑部的编辑在安排版面时，会将记者们发送来的各类新闻稿件平摊在写字台上，最重要的新闻消息总被放在最醒目的位置，一般被放置在报纸页面左上角的文章叫"头条"。接下来，是确定"二条""三条""四条"……我们怎么区分和决断——什么样的新闻稿件最有价值呢？在前期采访的过程中，在众多消息来源、线索中，又该如何判定什么样的信息最值得选取、采用？其根据就是下面列举的新闻价值判断的"五要素"，又名"五性"（五项原则）。

（一）时效性——"鲜鱼理论"（徐宝璜）

时效有那么重要吗？

——当然。

与在残酷的战争中一样，在新闻报道里，时间也和生命一样重要。

中国新闻教育家、新闻学之父徐宝璜，曾在他的著作《新闻学》中提出著名的"鲜鱼理论"。他说得比较温和，没有一点战场硝烟的味道，他说新闻好比"一尾鲜鱼"，鲜活是必须的，是它的价值所在，是它的生命。你不能把"一尾鲜鱼"储存太长时间，因为它会很快变质。

因此，新闻价值判断的第一项原则，就是看它是否"即时"，是否"及时"，是否"新鲜"——这就是所谓"时效性"。

顺便说一下，新闻竞争就如同战场搏杀，分秒必夺，分秒必争，"生死"系于一根秒针。

（二）重要性——"魔弹理论"（罗杰森）

新闻重要性是可以排列的。

暂列新闻重要性的"三大重中之重"：

第一，人类的生死存亡，相关信息包括地球变暖、海平面上升、空气污染、世界和平等。

第二，国家、民族的生死存亡，相关信息包括社会稳定或社会动荡、政治清明或政治黑暗、人民生活幸福或不幸等。

第三，生命个体的生死存亡，相关信息包括食品安全、医疗保障、养老基金等。

在我们的社会生活中，越是重要的事情越具有新闻传播意义上的"穿透性"和"爆破力"。早在20世纪20年代，媒介理论家西德尼·罗杰森（Sidney Rogerson），就将弗洛伊德的精神分析学说和约翰·B.华生（John B.Watson）的行为主义理论绑定，创造了一种新的传播理论，即"魔弹理论"。他认为信息传播如魔弹击中大脑，受众立时晕眩，也有人将传播内容比作注射针筒，能够使人昏厥——此理论流行一时，尤其是信息传播在战争中对民众进行的精神、心理宣传作用明显，更让人信奉其"魔弹"之巨大魔力。

尽管"魔弹论"与我们现在所说的新闻价值判断要素没有直接联系，但是，它佐证了一个事实：受众对于诸如战争、灾难、瘟疫、死亡等"重要"事件的关注，总是排在首要位置，与我们总结的新闻重要性的"三大重中之重"理论相恰，或曰暗合。

（三）接近性——"邻家理论"：与己相关的新闻

接近性，主要有两层含义：一是空间（地域）上的接近，二是心理（精神）上的接近。

新闻媒体本身是按地域划分的，甚至许多媒体的名称就自带地域属性。同时，新闻报道的排列也大多基于地域原则，如国家级报纸报道的顺序是先国内新闻再国际新闻，地方性报纸一般都是先报本地新闻，再报国内新闻，最后是国际新闻。如此这般，恰是新闻的地域性使然。

从读者的角度看，人生在世，他们的关切总会受到居住地的限制，广大受众会更加留意自己生活半径以内所发生的事情，即近在眼前的事情，它们与自己和自己家人的利益息息相关，又怎能不格外上心？那么，"接近性"成为新闻价值判断的准则，就很容易被理解了。

心理层面的接近性与地域层面的接近性不同，因为人们的兴趣点总是有差异的，心理层面的接近性可以打破地域的限制，反之则不成立。心理上的接近性可以超越"空间距离的遥远性"[①]，受众的兴趣、爱好、情感不受时空局限。比如，大学毕业生更关注择业，家庭主妇更关心菜价，股民们更关心股市行情，老年人更关注健康养生。但还需要指出的是，不同受众在心理层面的个体差异性较大。

（四）显著性——"追星理论"：名人效应

显著性，是指新闻关注在社会生活中引人注目的人物和事物。从这个角度看，新闻人的选择为我们揭示了一个道理：媒体总是突出报道突出的人物或事件。

大众崇拜天才、仰视名人、追逐明星，源于人类在原始时期就有的神话意识、英雄情结。我们当代人的血液里有着对古老图腾的向往和神秘冥想，它们是根深蒂固、

---

① 杨保军.新闻理论教程[M].4版.北京：中国人民大学出版社，2019：86.

挥之不去的。无论在政治、经济、科学、教育、文艺、体育领域……但凡知名、显赫的人物，都会成为新闻报道的焦点。

古往今来，人类创造了无数奇迹，从中国人发明了指南针到阿姆斯特朗登月，都可谓重大的新闻题材。只不过前者没有赶上新闻时代，后者则留下了新闻文字和影像。新闻人攫取世间的各种物象作为新闻素材，显然是有所取舍的。一般来说，最新的发明创造，都是新闻报道的首选，其中也包括考古发现，比如马王堆金缕玉衣的发现、三星堆的发掘。随着社会发展，各种新鲜事物不断涌现，新闻题材俯拾即是。再如，"天问一号"探测器拍摄火星全景等。

显著性映射在新闻实践层面的话，具有两个面向的属性：

第一，显著性具有"隐性"和"显性"两种呈现形式。例如，雷锋作为一名普通战士，其新闻价值是隐性的，但当记者采访报道他后，他成为显性的模范人物。许多典型人物的报道都经历了从隐性向显性转换的过程。这种"隐性"的显著性要求新闻人具有独特的眼光。"显性"的显著性的例子是，李宁作为世界冠军，胸挂奖章，头顶光环，记者对他的报道较之对雷锋的报道发掘，更多的是实录。隐性报道体现了记者的主动性，显性报道更像是记者的常规操作。

第二，显著性具有"原因"和"结果"两种性质特点。例如，新闻消息"曼德拉总统去世"，就属于带有"原因"性质的"显著性"，此事见报的道理很简单，谁都知道曼德拉是曾经的南非总统。再比如，"拜登当选美国总统"就属于带有结果性质的"显著性"，正是因为拜登当上总统，才让他成为新闻焦点。

"显著性"的新闻价值判断原则在哪里都适用，人性如此，天性如是。

（五）趣味性——"顽童理论"（娱乐消遣新闻）

新闻学就是社会学，也是心理学，那么社会上的人对于新闻存在什么样的心理呢？两个字概括：好奇！好奇心是人们读报、听广播、看电视、上网搜索的一个原因。带给人们新奇感的趣味新闻格外吸引眼球。例如，爱因斯坦有一次在大学校园办讲座，解释自己的"相对论"，他幽默的语言表述使记者的报道也充满趣味："什么是相对论呢？你蹲在火炉上两分钟感觉像度过了两小时；你和一个自己喜欢的人交谈两小时感觉像度过了两分钟。"

我们不妨把在新闻价值判断中强调趣味性的理念，解释为"顽童理论"。顽童理论的实现需要两个角色的共同参与，一个"顽童"是记者，一个"顽童"是读者。一般来说，趣味性新闻范畴大多包含文艺界、体育界，但是如今网络的发展使趣味性新闻有了源源不断的素材。人活趣味，无趣不欢。因此，才会有"娱乐至死"这样的热门媒介批评观点——尽管它是对社会负面现象的指斥，却也道出一代又一代年轻人无不沉湎"娱乐"、钟情"娱乐"的现实。美国媒体文化研究者、批判家尼尔·波兹曼（Neil Postman，1931—2003）颇具慧眼，提出"娱乐至死"的媒介批评观点，从反面验证了新闻价值判断要素中"趣味性"标准是成立的。①

然而，当我们强调新闻的趣味性要素时，切莫忘记新闻学先贤波兹曼的教诲，不能把娱乐作为新闻判断的唯一或首要价值标准。

---

① 尼尔·波兹曼在纽约大学首创媒体生态学专业学科，在于1985年出版的《娱乐至死》（*Amusing Ourselves to Death*）一书中，他预言电视音像将逐渐取代书写语言，未来的趋势是画面取代文字。该书解析了美国社会由"印刷王国"转变为"电视王国"的过程导致了社会公共话语权混乱、失序，文化产品变得肤浅、碎化，公众趣味也变得越来越低俗，他认为这是技术进步的副作用，并以此来告诫公众要警惕技术垄断。波兹曼另有著述《童年的消逝》（*The Disappearance of Childhood*）、《技术垄断》（*Technopoly*）、《教学：一种颠覆性的活动》（*Teachingas：a Subversive Activity*）（与查尔斯·韦恩加特纳合著）、《教学：一种保存性的活动》（*Teaching as：a Conserving Activity*）、《诚心诚意的反对》（*Conscentious Objections*）、《疯狂的谈话，愚蠢的谈话》（*Crazy Talk, Stupid Talk*）、《如何看电视》（*How to Watch TV News*）等。

第二章
新闻文体论
——"五个构件"和"四个样式"

文，指文本，即语言文字。体，指文章体裁。文体，指文本的体裁和样式；文本构成的规格和模式，属于形式范畴。具体说，人们在不同领域内进行交际时，由于交际环境不同，会选择和运用不同的语言表现方式，形成不同的表现体系，这就是文体。① 文体主要分为应用文体与文学文体。新闻属于应用文体。其应用的语境是各种传播媒介。传播媒介的迭代、延伸与融合会引发新闻文体的变化。新闻文体也会伴随技术的进化，呈现从具象到虚拟、从立体到沉浸、从多模态到智能模态、从迅捷到再迅捷的跨越式变迁。② 但不论如何变迁，文字符号作为最基本的传播手段从未失去它的价值，纸媒文体仍具专业性、严肃性和规范性，故本章以纸媒文体为例进行论证。

第一节 新闻文体结构——"五个构件"

和一幢房屋建筑需要钢筋、水泥、木材、石块、玻璃一样，一篇完整的新闻报道也需要包含以下五个构件，每个构件都有自己独特的功能。熟悉这些功能，才能对它们应用自如。

---

① 刘世生. 什么是文体学[M]. 上海：上海外语教育出版社，2016：27.
② 李玮. 媒介变迁中的新闻文体及其未来走向[J]. 青年记者，2022（8）：23-25.

（一）标题——嵌入动词则传神，如明眸闪亮

我们给一篇新闻报道起"标题"，就像给一个刚出生的婴儿起名字一样，要十分用心，名字将伴随他一生，十分重要。《礼记·内则》曰："子生三月，父亲名之，既冠而字之。名所以正形体、定心意也；字者所以崇仁义、序长幼也。夫人非名不荣，非字不彰，故子生，父思善应而名字之，以表其德、观其志也。"古人起名有讲究："女《诗经》，男《楚辞》。"总之，我们给自己的新闻作品起名字，也须多番考量，要让消息的标题醒目、打眼、耐看。新闻界有句行话曰："看书看皮，看报看题。"

给文章起标题的注意事项：

（1）标题字数越少越好，10字以内最好；

（2）标题最好不用虚词，尽量避免"的""地""得"；

（3）标题有弹性最好，如有延展、引申、双重含义为佳；

（4）标题读起来朗朗上口最好，多用平声、少用仄声，或平仄相间为好；

（5）标题使人意想不到最好，叫人心头一惊、眼前一亮为佳；

（6）标题尽量使用动词，会显得鲜活、灵动；

（7）标题让人容易记住最好，使人过目不忘者为上；

（8）标题一定要与内容相符，如中国古建筑之讲究"磨砖对缝"。

案例1

这样的毛泽东谁也演不了（节选）

（2003年12月2日《北京日报》）

长期以来，人们对伟人几乎只有一种视角——仰视。我们能否摆脱这种心理，转而以平凡的视角去讲述伟人的历史呢？将于12月推出的大型文献纪录片《走近毛泽东》就为我们提供了一个走近平视毛泽东的契机，连负责影片洗印工作的洗印厂工人们在看了片子之后都说："这样的毛泽东谁也演不了。"

（记者：彭俐）

（二）导语——简洁、生动则有力，似举止大方

一篇新闻报道有了一个响亮的名字——"标题"以后，紧接着就是开篇导语。导语，是消息内容的开端，是消息的第一个自然段或第一个自然段的第一句，用来简明、扼要地揭示新闻的核心内容。魏晋文豪陆机在他的《文赋》中说得明白："立片言而居要，乃一篇之警策。"人们都知道雄鸡威武，鸡冠子漂亮。如果消息是一只雄鸡，导语就是那火红的鸡冠子。

案例 2

影视评论界老龄化值得重视（节选）

（2001年8月13日《北京日报》）

掰着手指头数吧，我们能数出来不少名导演、名演员、名摄影，名配音，但知名的影评人、剧评人在哪儿？

（记者：彭俐）

（三）主体——丰满、充实则可观，像挺拔脊梁

在新闻报道的"标题"和"导语"二者"登台亮相"以后，就轮到消息的"主体"出场，也就是要呈现新闻的主要内容。新闻作品的"主体"，是人物、事件的实质性内容的展开，在这里，就要详细叙述、说明导语所提示的问题。"主体"部分以丰满、充实为美，犹如一个站立的人挺直了他的脊梁。如果"主体"内容干瘪、凌乱，就仿佛一个人含胸驼背，没有精神。

案例 3

私家藏书公开展，50年来第一回（节选）

（2002年9月3日《北京日报》）

中国有多少藏书家？没有人统计过。被统计过的，都是焚书的记录。不说秦始皇"焚书坑儒"，项羽火烧咸阳殃及古籍，隋炀帝焚毁纬书，秦桧焚禁野史，只说清代乾隆一朝，就毁书3100余种，15万部之多，并销毁书版8万块以上。有了这样的历

史背景，民间藏书家的价值便不言而喻。中国文化的薪火相传常靠闾巷布衣的不懈努力。"中国民间藏书家精品展"将于9月5日至15日在北京鲁迅博物馆多功能厅举办，观众当可管中窥豹一睹民间藏书的大观。

这次展览，是新中国50年来首次民间藏书家的大型展览。特邀了京、津、沪、浙等省市的五位藏书大家参展，其藏品展示了民间藏书的较高水准。展览包括宋、元、明、清版古籍，民国时期图书，鲁迅及同时代作家的初版本、毛边本、名报名刊创刊号、尺牍（信札、书简）等。同时，鲁迅博物馆也将以馆藏精华参加展出。

五位藏书家为：韦力（天津），其唐宋元明清版收藏为中国第一，将展出唐《陀罗尼经》、宋《纂图互注尚书》等海内孤本；方继孝（北京），百年名人信札收藏家，将展出近现代杰出社会活动家、民主爱国人士、学者、教育家及文化名人的手札；冯建忠（上海），期刊收藏家，将展出鲁迅编辑、批评过的期刊创刊号等；胡从经（上海），学者、藏书研究家，将展出民国时期及现代珍贵版本；李世扬（浙江），民国时期及鲁迅版本收藏家，将展出鲁迅序跋的版本、早期鲁迅研究版本及早期现代作家版本。

举办者认为，"私人藏书，从某种意义上说，已经不只是一种个人行为，而是社会文化发展的重要组成部分。举办这样的展览，是为了在更大范围提倡读书、藏书的文化风气。"

（记者：彭俐）

（四）背景——交代清楚则完满，似底气充足

一篇新闻报道在"标题""导语""主体"俱佳的情况下，再有一个很好的"背景"，才更完满。背景，是指历史背景、周遭环境和相关事由，包括数据对比、同类比较等，交代背景时记者须注意对说明性、注释性、对比性材料的运用。因此，若一篇报道有充分的背景介绍，就好像一张摄影照片有了"景深"一样，让人格外喜欢。那开阔我们视野的"成像空间深度"，可以加深我们对"主体"事物所处的时空纬度的了解，同时加深我们的印象，使我们能更为全面地认识新闻事件和新闻人物。有时候，三言两语就能起到陪衬和烘托作用，烘云托月。背景不仅是旁衬，还能深化主题。对消息文体而言，提供背景，就是说清消息"五个W"中的"Why"（为何）。

> **案例 4**

中国当代艺术开始与世界良性对话（节选）
——访柏林"中国节"上的范迪安

（2001年10月21日《北京日报》）

　　中国当代艺术展在柏林的"中国节"上，引起了轰动。展览的名称是"生活在此时"，近30位艺术家的上百件绘画、模型和音像作品，布置在汉堡火车站博物馆的10个展厅。开展那天，细雨霏霏，冒雨赶来的观众挤满了博物馆上百平方米的大厅。中央美术学院副院长、本次展览负责人之一范迪安，在欣喜之余畅谈了中国当代艺术的缘起和走向。

　　范迪安说，文化生态环境对艺术的发展至关重要。上个世纪80年代，中国现代艺术直接受外国影响，从具象到抽象，从平面到立体，艺术的表现手法不断丰富。到了90年代，我们的文化自主性开始增强。但如何把一个健康、真实的现代艺术介绍到海外，还有难度。西方社会对中国当代艺术的了解、认识不足，甚至有些偏颇，有的国外策划的展览，有意识形态倾向，偏爱激进、极端的作品，没能与我们建立良性对话关系。本次展览，是中德双方策展人的首次合作，共同商讨选题，共同挑选作品，并在以现代艺术之都闻名天下的柏林展出，而汉堡火车站博物馆又是现代艺术大师云集的地方，这标志着中国现代艺术与世界良性对话的开始。

　　……　……

　　从德方传来消息说，中国当代艺术展将延长展出两个月，并准备到柏林以外的其他城市去展览。真应了范迪安的话："这是中国当代艺术与世界对话的良好开端。"

（记者：彭俐）

（五）结语——干脆利落则爽快，实大家风范

　　至此，我们已经说明了新闻报道的"标题""导语""主体""背景"四个"配件"，只剩下"结语"了。结语，顾名思义，就是结束语，是消息的最后一段或最后一句话，是与读者告别之前的相当有分量的留言，每每含义深刻，令人回味。"结束"的方式很多，有戛然而止的收束，有欲言又止的喟叹，有条分缕析的评论，有展望来日的期冀……

> **案例 5**
>
> **初见珠峰（节选）**
>
> （2008年4月29日《北京日报》）
>
> 珠峰，就这样与我面对面了。下午4时23分，天蓝如洗，青藏高原的烈日依然灼热，锥形的珠峰像一枚金刚石，熠熠闪光。我多想把这枚金刚石放在上衣口袋里，带回北京，向我的朋友们展示。
>
> （记者：彭俐）

第二节 新闻文本样式——"四个样式"

新闻文本的写作是在新闻实践中逐渐形成的，它是新闻写作课程的基本内容，也是新闻记者必须掌握的技能，具有广泛的应用性和可操作性。我们用四种建筑形式对其加以说明，使其更直观，也更便于理解。这四种样式就是：倒金字塔式、正金字塔式、大屋顶式（新华体）、电梯间式。

（一）倒金字塔式——"大头娃娃式"，头重脚轻

倒金字塔式多用于新闻消息的写作中。它是消息文体最为常用，也最为重要的一种结构形式。其特点是——重要的事情先说，次要的事情后说，不重要的事情最后说。

这种消息写法强调速度，操作简单，开门见山，是报道紧急情况的最佳选择，充分体现了新闻就是不卖关子的文体，与小说、影视剧和舞台剧的架构方式正好相反。它诞生于19世纪60年代的美国南北战争，因为战事新闻报道需要记者在第一时间告知读者双方胜负、死伤人数、投入兵力等，人们似乎没有时间，也没有耐心关注其他事情。一开始，记者按照时间顺序，通过电报将稿件发送给报社，发生时间靠后但内容重要性靠前的稿件常被拖延递送，导致次要消息排挤掉重要消息。为了避免主次颠倒的错误，记者干脆就将消息的写法颠倒，不再按时间顺序记叙，而是按消息的重要程度的顺序来写稿、发稿，结果皆大欢喜。——没有人会倒置有3000多年历史的金字塔，但美国人就这么做了——当然是在纸上。

> **案例 6**

白俄罗斯女作家获得 2015 年诺贝尔文学奖（节选）

（2015 年 10 月 8 日中国新闻网）

中新网 10 月 8 日电 据诺贝尔奖官网的最新消息，瑞典斯德哥尔摩当地时间 8 日下午 1 时，2015 年诺贝尔文学奖揭晓，白俄罗斯作家斯维特拉娜·阿列克谢耶维奇荣获该奖项。

消息称，斯维特拉娜·阿列克谢耶维奇是一名记者，同时也是一位散文作家，擅长纪实性文学作品。已出版的著作有：《战争的非女性面孔》《最后一个证人》《切尔诺贝利的回忆：核灾难口述史》等。其著作相继获得 1998 年德国莱比锡图书奖、1999 年法国国家电台"世界见证人"奖、2006 年美国国家书评人协会奖等奖项。

此前，诺贝尔文学奖的宣布时间一直待定。但随后，诺贝尔奖委员会宣布，该奖于当地时间 8 日揭晓，但也未说明具体时间。按照往年惯例，文学奖一般于 10 月的第二个周四公布，也即 10 月 8 日。

随后，诺贝尔和平奖最早将于当地时间 10 月 9 日上午 11：00 公布，经济学奖最早将于当地时间 10 月 12 日下午 13：00 公布。

（编辑：葛雨帆）

（二）正金字塔式——"埃及法老式"，坐卧端方

正金字塔式，是把倒金字塔式倒过来的一种新闻样式，两者"事事"相反。倒金字塔式要求记者将最重要的事情先说，而正金字塔式要求记者将最重要的事情后说；倒金字塔式没有悬念，而正金字塔式设置悬念；倒金字塔式的"故事"高潮在前，而正金字塔式的"剧情"高潮在后。记者多以小角度和细节起笔，以厚重的"底座"结尾，其写作结构像一座正金字塔——尖尖角在上，而底座庞大。

需要说明的是，正金字塔式与"华尔街日报体"有些类似，开篇不会开宗明义，而是如话家常，娓娓道来，着眼于社会人生的细节，正如大江大河源于涓涓细流，谁说细枝末节不能托举参天大树？这种样式的优点，在于亲切自然，其生活化的视角与口语化的情境更具代入感，因此也更有利于其传播效果的兑现。

案例 7

一个村会计的"账本"(节选)

(2021年12月29日《陕西日报》)

冬至这天,陇县东风镇下凉泉村股份经济合作社给群众发放了共计22万元的土地入股分红。距离上一次分红19.8万元,仅过了3个多月。

脱贫群众卢红军清点着领到的700多元,对村会计葛小田龇牙一笑。这场景和6年前有些相似,又那么不同——

那年村上要修路,除了政府拨款,剩下的还要向直接受益的100多户人家集资,每户500元。当时在村委会任职的葛小田收了一个半月都没把钱收齐。拖得最久的就是卢红军,为了躲村干部,他整天把大门反锁。邻居帮着劝了几回,他才出门借来钱,清点了好几遍交给葛小田,还不忘叮嘱:"你们不敢糊弄人,收钱不干事!"

这话像刀子一样扎进葛小田心里。是呀,这个集体经济"空壳"村,村委会连买打印纸都要赊账,干部们能有个啥威信。

当上村会计后,一直压在葛小田心头的是两个问号:村里欠的账,该咋还?这些年欠群众的"账",又该咋还?

欠账:账本上总"透着个窟窿"

村里的账上"支出"项是一条又一条,"收入"项却寥寥无几,葛小田看得心里发慌

陇县有大小山头3400余座,而下凉泉村在这个山区县的"白菜心"上——千河边一块平整的川塬地,是个打粮食的好地方,而且紧靠银昆高速及陇(县)千(阳)南线,离县城也只有10公里。

按说地理条件不差,但就是发展不起来啥产业,富不了全村799户村民。年轻人都外出打工,村里只剩下腿脚不便的老人和杂草丛生的撂荒地。村上"两委"也难:想叫群众开会商量事,都没几个人来。就这样,下凉泉村陷入贫困的恶性循环,2018年年初,村上共有贫困户216户。

那些年村里的账上,零零碎碎的"支出"项是一条又一条,"收入"项却寥寥无几,葛小田看得心里发慌。

负债24万元——2018年4月,葛小田接过有个"大窟窿"的账本,拿着自己的老枣木算盘,上了任。

"你放心,村里这两年要干大事哩!"看着愁眉不展的葛小田,村支书葛建军撂下这句话。

那一年，全国各地脱贫攻坚战打得正酣。下凉泉村也如葛建军所说，有了"大动作"：推进产权制度改革，建起了村级股份经济合作社，谋划了一批产业，土地变资产，农民变股东。

葛小田记得当时先后过手各级帮扶资金500多万元。葛建军和第一书记带着村干部们到处取经，用这些钱在村上建起了光伏发电基地、养猪场、鱼塘等，还扩大了饲草、红薯等产业的规模，帮助贫困户增收。2018年年底，下凉泉村脱了贫。

而要把这脱贫成果巩固好、让好日子更上一层楼，就必须把产业做大做强。村上决定把突破口放在本就有优势的冬小麦上，弄个规模化、现代化的面粉厂。

"得400万元？"

"按你们定的规模，不止400万元。"

从河北正定考察完返回的路上，大家谁都不吭声。一天就能加工上百吨面粉的机器，谁都看着眼馋，可又能怎样呢？葛小田靠在车窗上，他知道村里的账上拿不出一分钱。

利村利民事总有人帮。项目申报上去很快就被重视，苏陕协作相关资金与市县扶贫资金先后到位，解决了绝大部分缺口。

厂子建好，机器到位，还差100万元左右。看着村干部们个个都有干劲，建厂的施工公司答应先垫付。村股份经济合作社承担了这笔债务，分期还款。

"这个'窟窿'更大了。"就这样，葛小田心甘情愿地又记下一笔"欠账"。

还账：慢慢见到了"回头钱"

账本上的"收入"记得密密麻麻，条目和数字都多了起来，葛小田算账更有心劲儿了

面粉厂动工那一天，太阳很大，鞭炮声很响，村里人都来看热闹。葛建军对着喇叭鼓足劲儿告诉大家："以后不光能过来换白面，每年还能靠着厂子拿分红！"

………………

"今年的账还没算完，预计收入要破百万元……"如今，村里的账本上"收入"记得密密麻麻，条目和数字都多了起来，葛小田算账更有心劲儿了。算盘珠子一次次被推到框、梁上，那逐渐密起来的"嗒嗒"声，见证着下凉泉村的发展变化。

新账：给群众的"消费"多了起来

账本上一项项新增的支出背后，是村民们的一张张笑脸，葛小田自然更忙了

今年高考，村里14名学生考上了大学。"这是咱村的喜事儿，应该给娃们奖励一下。"葛建军提议。葛小田笑着说："给群众搞智力支持，咱现在支持得起！"

给学生发奖的活动上，王志军作为家长代表发言。他拄着拐杖，头伸到话筒前："前两年我家脱了贫，今年，女儿还考上了大学，我心里头实在是……高兴……"身体残疾却生性要强的王志军刚说了开头，就哽咽起来，先是强忍着，随即出了活动室放声大哭。

他不忍了，让泪水尽情洗刷前半生的苦，再笑着迎接以后生活的甜。

……………

葛小田说，在这一项项新增的支出背后，他看见的是村民们的一张张笑脸，是乡村振兴路上一份份真切的获得感。

有进有出，账如同这个小川塬村一样"活"了起来，葛小田自然更忙了。用他的话说，之前"吃两根烟"就能统完村上一年的账，现在"费工夫得很"。

11月30日，县上出10万元、村集体出18万元打造的电商销售馆开业了。硕士毕业、34岁的村委会副主任王平把销售馆打理得井井有条，柜台上摆着上凉泉村的辣子、下凉泉村的面、杜阳村的红薯、兴中村的蒜……它们都印着"秦泉臻品"商标，通过一根网线"传输"到全国各地。

这下，村账本上每天都有进项了。"看来得再给你雇两个人。"葛建军给葛小田开玩笑，眉眼间却很是骄傲。

"不光帮外村销售农副产品，来年还想跟他们商量，一起建设万亩精品粮基地。"葛建军想得长远，"我们村富起来了，还要带动周边村子把产业做大，回过头来再跟我们合作，大家一起振兴、共同富裕。"

（记者：孙鹏　刘居星）

（三）大屋顶式（新华体）——"高屋建瓴式"，稳重端庄

中国古建筑自汉唐以来的基本结构几乎是固定不变的，最典型的是庙堂主体建筑的"大屋顶式"的设计，其中最高等级的"大屋顶"——重檐歇山顶又最有代表性，正可谓高屋建瓴，气势宏伟，庄重沉稳，落落大方。和前面古埃及建筑——金字塔在新闻学理论中的类比一样，我们借用中国古建筑学中"大屋顶"这一概念来形象地表述新闻报道的样式之一——"新华体"，再确切、生动不过。

将"大屋顶式"的报道样式，即"新华体"，与"倒金字塔式"相比较，有利于区分两者的异同。两者皆在开端用足力气，只是"倒金字塔式"将重要的事情居

前，而"大屋顶式"则是将重要的思想、观念、观点居前。没有一种新闻样式比"新华体"更注重主题，强调主题，突出主题。它要求记者围绕主题展开叙述，鼓励记者运用理念来统领事实，通过观点来表达立场。即所谓"事理交错，情景交融"，用"大屋顶式"写作常常有助于记者写出有影响力的警句，以及有号召力的口号。

案例 8

让雷锋精神在新时代绽放更加璀璨的光芒（节选）
——全国各地第 60 个学雷锋纪念日活动综述
（2023 年 3 月 5 日新华网）

今年 3 月 5 日，是第 60 个学雷锋纪念日。

神州大地上，以扶老助残、帮困解难、便民利民等为内容的志愿服务正如火如荼；追忆雷锋事迹、传承雷锋精神的主题活动，在城市、乡村、军营、社区、学校蔚然成风……

各地志愿者爱心奉献在行动

湖南省长沙市望城区，雷锋的故乡。

5 日，一场"像雷锋那样当兵"的纪念活动，引来民兵、役前教育新兵等数百人参加。

……

学雷锋活动融入日常、化作经常

一周前，13 岁的顾芷毓来到 73 岁的毛永刚老人家，和他分享不久前到辽宁抚顺的"寻根之旅"。

顾芷毓是江苏省南通市通州区金沙小学五（2）班学生、该校第 60 届"雷锋中队"队员。毛永刚则是该校首届五（2）"雷锋中队"队员。

……

雷锋精神代代传承

几天前，北京王府井步行街，一座高达 1.9 米的雷锋同志铜像刚一亮相，市民游客纷纷前来瞻仰拍照。

北京的各大高校纷纷开展特色活动。北京天文馆等场馆迎来北京航空航天大学的志愿者协助开展科普活动；中央财经大学的志愿者，到社区给老人们上科技助老课程，教老人发"朋友圈"……

雷锋精神，人人可学；奉献爱心，处处可为。

……

"60年来，雷锋事迹已深深融入我们的精神世界。"东北大学马克思主义学院院长田鹏颖说，新时期，我们要将雷锋精神代代传承下去，让更多人实现追求自我价值与服务奉献社会的有机统一。

（新华社记者）

（四）电梯间式——"层层递进式"，按部就班

相较"大屋顶式"，"电梯间式"显然更鼓励记者"平均用力"，它更加轻巧、便捷，又被称为"层层递进式"，讲究层层叙述，层层剖析，条理清晰，按部就班。叙事四平八稳、缺少跌宕起伏的情节的文章，我们一般称它的行文是"平铺直叙"的，而"平铺直叙"正是此种新闻样式的主要特征，"铺地毯"算不上什么复杂的事情，但是，它给人带来一种顺其自然、顺理成章的感觉和印象。不以"塔尖"（倒金字塔式）倒立骇人耳目，不以"底盘"（正金字塔式）厚重压轴惊人，不以"帽顶"（大屋顶式）定鼎乾坤，只以"平易"（电梯间式）服务于人。应该说，这是一种让人很舒服的新闻表述方式。

案例 9

上医之境（节选）

（2009年12月23日《武汉晚报》）

好医生王争艳，从医25年，平均单张处方不超过80元——

昨日，武汉市汉口医院医生王争艳在社区医生岗位上正式退休。

9月25日，经过36,000多市民无记名投票，她从20,000多名医生中当选"武汉市人民满意的好医生"。

最后一天

2009年12月22日清晨。王争艳起床，简单的早餐后，骑着自行车出门。

天蒙蒙亮，已有病人在汉口金桥社区卫生中心外等候，王争艳裹着一身寒气到达。55岁的王争艳，头发花白，脚上是一双已不多见的翻毛皮鞋。她在那件旧旧的黑色棉衣上罩上白大褂，习惯性摸了一下装备：左上口袋里的小电筒，左下口袋里的棉

签，右下口袋里的听诊器。一天开始。

王争艳说话语速快，音量大，常伴手势，这是长期在嘈杂诊室里工作养成的。不过，她有个习惯——从不打断病人讲述，始终微笑着注视对方。接下来，她用双手为病人做检查。这是一双关节粗大、皮肤粗糙的手，多年来，这双手已像一台精密仪器，可以在病人就诊的几分钟里，基本锁定病源。

…… ……

冬日的太阳已落下，很冷，王争艳走出大门，深呼吸。这是医生王争艳重复了25年的普通一天。这是医生王争艳的最后一天。从这一天起，她正式退休，25年的医生生涯，在岁月的流逝中画上句号。

9月25日，她成为30名"江城好医生"中的一名。这是她医生生涯中最后一个荣誉，也是她最看重的一个荣誉——她视之为老百姓为她送别的歌声。

上医之境

1984年，30岁的王争艳从同济医科大学本科毕业。前30年，她随南下做军医的父亲和在医院做护士的母亲在洪湖市长大。少年时最清晰的记忆来自母亲。这位在手术室工作的护士是O型血，常常一边工作，一边挽袖子为手术台上的病人献血。她23岁考上大学，中途因严重的肺结核休学。这段病人生涯，为王争艳的人生规划完成最后一笔：不为良相，即为良医。

…… ……

大爱无疆

能治好病，是合格的医生，能花最少的钱治好病，才是好医生。25年来，王艳只有这么一个心得。

…… ……

一件制服

王艳的母校同济医科大学，是全国有名的医科学府。她的79级同学们，大都比她小十岁，如今正是各大医院顶梁柱。与她一同分到汉口医院的3名同学，一名高飞，一名南下，一名已是科主任；只有她，越做越"沉"，起初是本院住院医师，后来到门诊站点，最后做了一名社区医生。

…… ……

（记者：谢东星　田巧萍　鲁珊　彭学明　通讯员：袁英红　李京）

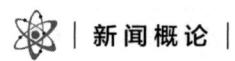 新闻概论

第三节 新闻体例——"十二样"

不了解新闻体例,就无从了解新闻业务,不了解新闻业务,就无法懂得新闻学原理。因此,在我们学习了"什么是新闻"以后,有必要进一步了解一些新闻体例的标准样式,至少要大概知道"新闻长什么样",也好加深对新闻学的理解。从严格的新闻专业角度看,新闻体例主要有以下种类,暂列12项:

(1)消息(news)
(2)通讯(a news story)
(3)特写(feature story)
(4)侧记(sidelights)
(5)人物专访(interview profile)
(6)调查报告(news survey report)
(7)报告文学(reportage)
(8)社论(editorial)
(9)述评(review)
(10)时评(opinion)
(11)评论(comment)
(12)随笔(essay)

新闻媒体的职业记者会将身边的"全能型"记者,赞誉为"十八般武艺"样样精通的"能人",我们在这里看到的不过"十二样"技艺而已。但是,如果你能够将它们样样掌握、驾轻就熟、运用自如、保证个个出彩,也的确非常不容易,一旦成为这样的高手,就会当之无愧地被同行称为——"报社第一杆笔"。

(一)消息(news)

什么是消息?作为新闻的消息至少有以下四个释义:

释义1:消息就像"ABC"。作为一个记者,明白消息是新闻职业的基本,是新闻记者入行的第一步,报道消息也是每一个报人的基本功。

释义2：消息是"五个W"。消息必须是五脏俱全的，其五脏就是"五个W"。消息的写作公式很简单实用，"五个W"如下：Who（何人）；What（何事）；When（何时）；Where（何地）；Why（为何）。

释义3：消息是"bird"。一条新闻消息，要短小、精致、美丽，用自然界中的小鸟——"bird"做喻非常适合。同时，"bird"一词也有"不寻常的人"的意思。新闻就是对不寻常的人和事的报道。我们已经知道小鸟的五脏是"五个W"，现在我们再来认识这只小鸟的四个生命体征或曰构成要素：① brief（简短）；② important（重要）；③ reliable（可靠）；④ distinct（清晰）。

现在，让我们逐一解释一下。

1. Brief——消息的第一特征——几个字至几百字（篇幅）

对于任何新闻媒体来说，它能占有的时间和空间都是非常珍贵的，纸媒——报纸、杂志当然是"寸土存金"，一则二三百字的广告，收费标准从数万元到十数万元不等（不过仅在报纸的黄金时期如此）；广播电台、电视台在新闻播出时段通过其收听率和收视率来吸金；网络同样依靠其丰富的信息传播渠道和大流量赢得广告商的青睐。因此，不言而喻，"brief"是媒体经营者为生存而做的选择。对于广大受众来说，无论他们是读者、听众还是观众抑或网络用户，自己的时间也同样珍贵，没有耐心听记者长篇累牍地唠叨。

案例10

中国三位航天员再次进驻天宫 拍下"全家福"（节选）

（2012年6月24日中国新闻网）

中新网6月24日电：据央视报道，在顺利完成手控交会对接任务后，三位航天员今日16时许再次顺利进驻天宫一号，并拍下"全家福"。未来几天，航天员将继续在天宫一号内进行各项实验任务。

（编辑：邓永胜）

2. Important——消息的本质属性——与受众关系密切（价值）

生活中，每个人都有自己认为最重要的事情；而新闻读者在意的事情，有以下五个常规选项，它们也与消息的本质属性相关：

（1）贴近性——与自己的生活有关联的事情。
（2）新鲜性——与自己的好奇有关联的事情。
（3）关键性——与自己的命运有关联的事情。
（4）传奇性——与自己的梦想有关联的事情。
（5）趣味性——与自己的娱乐有关联的事情。

案例 11

日本本田再次宣布在全球召回逾 43 万辆问题车（节选）

（2012 年 2 月 10 日新华社）

日本本田汽车公司 10 日宣布，将在全球范围内对 43.7763 万辆安全气囊存在隐患的汽车作召回处理。这是本田继 1 月 29 日因汽车车窗电动开关存在安全隐患宣布在全球召回约 64.6 万辆汽车后的又一次大规模召回行动。本次召回的车辆主要是在美国市场销售的雅阁和思域等 7 款车共 37.8758 万辆，在日本召回 3 款共 4042 辆，在加拿大召回 4.1685 万辆，此外其他国家和地区还有 1.3278 万辆。

（记者：刘浩远）

3. Reliable——消息的存在理由——事实是可靠的依据（真实）

没有事实，就没有新闻消息。真实，赋予了新闻消息生命。对于一个新闻记者而言，采访、报道事实就是正义。与"reliable"的要素相关的理论可以被总结为以下三句话，即"三求"：

（1）求真——真相高于一切。
（2）求义——正义权衡一切。
（3）求理——真理统领一切。

案例 12

曾格案件[①]

这是一桩美国新闻人争取新闻自由的著名案件，无论对新闻界还是法律界都影响深远。约翰·彼得·曾格创办的《纽约新闻周报》（*New York Weekly Journal*，1733

[①] 曾格案件是美国新闻史上的典型案例，在多种版本的教科书及论文中被采用。作者参考了多个信息来源，综合了多种史料，以求准确表述这一事件的来龙去脉。

年 11 月 5 日创刊），刊登了一则报道，抨击英国总督威廉·科斯比允许法国军舰侦察南部海湾的防御工事。总督恼羞成怒，指控曾格"对政府进行无耻中伤和恶毒谩骂，试图煽动反政府情绪"。1734 年 11 月 17 日星期天下午，警方以"煽动闹事"的罪名逮捕曾格，将他关进监狱。费城著名律师、80 岁高龄的安德鲁·汉密尔顿挺身而出为其辩护，辩护词中的名言是——"只有谎言才构成中伤，事实不构成诽谤"。最终，汉密尔顿赢得陪审团的"无罪"的一致表决，了不起的律师和勇敢的出版商一起胜诉。报人曾格被无罪释放。律师汉密尔顿的辩词穿越时空，犹如新闻人自由之钟鸣，一声声清脆而嘹亮，响彻大地，震撼苍穹："总而言之，法庭，还有你们，陪审团的先生们所面临的问题并非无关紧要或是仅仅关系到个人的私事……我们自己、我们的后代、我们的朋友所应享有的那样东西，即大自然和我们国家的法律赋予我们所应有的权利：自由——就是把事实真相讲出来、写出来，以揭露和反抗专断权力的自由和真理。"

4. Distinct ——消息的基本要求——想明白才能说明白（智慧）

新闻写作的难点是把一件事情说明白。我们自己想不明白的事永远说不明白。所以，新闻采访与写作，就像一种智力考试，或曰智力游戏，尤其考验记者的人生智慧。说清楚一个人和说清楚一件事，有三个前提，我们权且把它叫作"三光"（古人说："三才者，天地人，三光者，日月星。"）：

（1）心有阳光；

（2）脑袋灵光；

（3）笔尖锃亮。

对人、对事的理解和认知，需要心灵的悟性，需要心里敞亮、透亮，这就是——心有阳光。感受事物，不见得能理解事物。我们的大脑就是用来处理自己或强烈或细微或复杂或纠结的诸多感受和情绪的。思维的层次和质量，决定我们的认知水平；而深度、广度和高度，是我们立体思考的三个纬度。一管好笔，是将我们的心灵和大脑思考的成果具体落实到每一个词语、每一个句子、每一个段落和每一篇文章的关键和必需之物。

案例 13

为《新莱茵报》辩护

1849年2月7日，德国科伦的陪审法庭审理《新莱茵报》的"诽谤"案，卡尔·马克思当庭辩护："报刊按其使命①来说，是社会的捍卫者，是针对当权者的孜孜不倦的揭露者，是无处不在的耳目，是热情维护自己自由的人民精神的千呼万应的喉舌。"马克思说："管理机构和被管理者都同样需要有第三个因素，这个因素是政治的因素，但同时又不是官方的因素，这就是说，它不是以官僚的前提为出发点；这个因素也是市民的因素，但同时又不直接同私人利益及其迫切需要纠缠在一起。这个具有公民头脑和市民胸怀的补充因素就是自由报刊。"②

释义4：消息是"news"，意为：narrative（故事），express（表达），watch（观察），substance（实质）。

1. Narrative

一条消息不管篇幅长短，都是故事。记者学会采写消息，就是学会讲故事。恰巧，一条消息和一个故事的基本写作要求是一样的，两者都需要体现"五个W"。更加巧合的是，一条消息、一个故事都可以用"五个W"来界定，二者都必须回答——Who（何人）；What（何事）；When（何时）；Where（何地）；Why（为何）。

2. Express

从宽泛的意义上说，你所采写的所有新闻消息，都是一种表达。故事是一种表达，意见也是一种表达，任何文字、声音、图像、符号……都可被视为一种表达。人类是表情丰富、心理丰富、感受丰富、思想丰富的动物，表达是人类最基本的需要。人类是新闻动物，世界是新闻场。21世纪的新闻传播已经是"所有人对所有人的传播"，以智能手机为代表的智能终端的出现，让信息采集和发布不再是职业媒体人的专利，社会的每一个成员都可以参与。

---

① 1842年11月，马克思在《雷纳德致总督冯·沙培尔的信》中首次使用"报刊使命"这个概念，谈到"独立的报纸的使命"。1849年2月在科伦法庭上为《新莱茵报》辩护时，马克思再次使用了这个概念。
② 马克思，恩格斯.马克思恩格斯全集：第1卷［M］.中共中央马克思恩格斯列宁斯大林著作编译局，译.2版.北京：人民出版社，1995：378.

3. Watch

代表新闻和消息的英文单词是同一个。这一点非常有趣，可见消息在新闻体例中的重要地位。作为报纸、广播、电视、网络、手机的新闻中的一个基本构件，消息，无疑是具有"统治性"地位的一张王牌。新闻媒体的属性之一，就是普利策所言的"瞭望者"。瞭望者，即守望者，观察家是也。正像当年朱镕基总理所说的："舆论监督，群众喉舌。政府镜鉴，改革尖兵。"

4. Substance

新闻消息提供实质性的内容，反映社会事物的真相，所谓"新近发生的事实"强调的就是本质问题。采写新闻，是一种追求事物真相、发现事物本质、记述事物全貌的科学研究训练，我们时刻不能忘记自己的职业操守，要做到严谨、细致、周到和全面……

怎样判断新闻价值？

消息作为新闻主体的地位不可撼动，它永远是"新闻餐桌"上的主菜、"横菜"。据统计：新华社是国内权威媒体中发布稿件最多的一家，所发各类稿件中消息亦最多；美联社、合众社每天发稿300万字之多，其中消息就占三分之二。

在新闻业务中，消息的写作是基本功。就像在小学语文教育中，造句是要教会学生的基本功一样。每一个刚刚入行的新闻"菜鸟"，都必须经过这一关——学习采写新闻消息，写所谓"豆腐块儿"文章。

消息有"四个特征"：第一，真实（提供真实的信息）；第二，及时（提供新近发生的事实）；第三，字少（几十字至几百字或上千字）；第四，文短（所占版面小）。

消息的价值判断方式比较简单，只有"两项标准"：①社会意义；②公众兴趣。

从社会意义的角度来说，新闻与社会之间是一种互助的伙伴关系，又可被称为互利的盟友：新闻依托社会而存在；社会凭借新闻而完善。当社会黑暗、沉闷、滞重，欠开明与欠发达时，新闻也没有立身之地，杳无踪迹。虽然新闻作为产业诞生、存在不过四百多年而已，但它既是欧洲中世纪终结的产物，也是其原因之一。同样，当新闻变得不像新闻、萎靡不振的时候，社会就会变为一潭死水，出现毫无生机的窘况。关于新闻与社会的这种相互需要和彼此依赖的特殊关系，不必赘述，我们要说明的，是新闻能作为社会生活的晴雨表——它敏感的触角能感知生存环境的冷暖、生态环境的优劣、大众物质与精神层面的良莠和是非……

从公众兴趣的角度来说，新闻媒体的供养人，是热情追捧新闻产品的社会公众。"供养人"原指东西方进行艺术生产的古代艺术家的雇主和赞助人，用在这里来表述新闻与受众的关系最能说明问题。因此，我们的媒体人的心里有没有大众，就绝不仅仅是个人取向和态度的问题，而是一个职业品德和原则的问题。"才为天下用，心为苍生忧"，也不只是一种口号或表白，而是一种理想和信念。毫无疑问，广大受众包括用户的兴趣点，就该是新闻人的关注点，但是，负责任的新闻人也不能总是被动地一味迎合，而是要以开阔公众眼界、启迪民智、提升整个社会的文明程度为己任。

案例 14

报纸成了生日礼物（节选）
（2001年11月27日《北京日报》）

报纸是供人阅读的，它也能作为生日礼物送人吗？当然可以。记者在上周末的国家图书馆，见到60年代的一张《北京日报》被拍成"玉照"，镶嵌在有机玻璃镜框里，下面注明某年某月某日某人生日。

图书馆管理员介绍说："这是一个生日礼物的样本。每一个顾客都可以按照自己亲人或朋友的出生日和出生地来选择报纸。图书馆负责制作照片和镜框，收费50元。"

国家图书馆的报纸第三阅览室，收藏中文报纸4400余种，外文报纸1500余种，为扩大服务面，也为现代都市生活增添时尚色彩，今年特意开办了"报纸生日礼物"的新业务。到目前为止，已经有数十位读者为自己的家人和朋友订购了这种特别的生日礼物。其中，一位外企公司的老板，曾花了两千多元定做了一份豪华版的"报纸生日礼物"。

（记者：彭俐）

以上这则消息的"四个特征"明显。其"社会意义"在于既传播了报纸阅读文化，又起到融洽亲情、和谐社会的作用；其注意"公众兴趣"则表现在它所报道事件的内容是奇特、新鲜、好玩的。

（二）通讯（a news story）

如果说我们前面讲的"消息"是新闻信息，那么，现在说的"通讯"就是新闻故事。这一点从英文的字面上很好理解。事实上，若说"消息"注重"五个W"的话，"通讯"注重的"五个W"就是被放大了的，这种放大是全面放大，放大的程度根据"故事"本身和"讲故事的人"的需要决定。根据故事本身的需要，是因为新闻事实有它自身的尺度、体积和重量；根据"讲故事的人"的需求，是由于媒体的版面有限，不能事无巨细地刊登全部的新闻事实。

让我们说说具体的，什么叫通讯：

通讯，是对新闻事件、人物的一种报道形式，具有一定篇幅和容量，需要记者运用记叙（记叙文）、议论（议论文）、描写（小说）、抒情（散文）的笔法，具体、生动、鲜活、形象地表达故事内容。

写好通讯，就是讲好故事，讲好基于事实的各种社会、人生故事。

通讯对时效性的要求不及消息。如果说"消息"是"一尾鲜鱼"，那么"通讯"这尾鱼可以被稍稍冷藏。

通讯的类型主要有两种：

第一，人物通讯。

人物通讯是最受公众欢迎的一种新闻报道形式，人们对社会上的各种人物感兴趣，实际上是对自己或自己的人生感兴趣。因为被采访的人物行为和事迹都是对自己参与、置身其中的社会生活的折射、映照，所以人们读到后常常会感同身受，咨嗟不已。因此，我们对于名人、明星、网络红人等大受追捧；"名人效应"大行其道的极端现象，大可持冷静、平和、审慎的观望态度，抑或对媒体为之推波助澜的举动会心一笑。从一个职业新闻人的角度说，只有热爱人物，才能写好人物；而要写好人物，自己必须是个"人物"。倘若一个人的见识和理解力，远远不如被采访者，那么采访的结果可想而知。就像一面本身污浊的镜子映照不出一个清晰鲜明的面容，一个涉世不深、不善思考、思想混沌的记者，也很难准确、形象地再现一个"老江湖"的人生轨迹，包括心灵轨迹。从采访者的角度看"人物通讯"的写作，不难发现它颇有难度。从写作技巧上看其写作门道，则不在此赘述，只谈一点：写人物，要把自己暂时忘记，完完全全地投入人物的生活，而且要全身心投入。

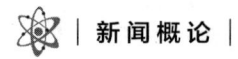

第二，事件通讯。

事件通讯中必有人物，但事件通讯写作不以人物为主，而是以事件为主。这就有点像俗语所说的："红花还须绿叶衬。"如果我们报道的人物分量大于事件本身，那么，前面讲的"人物通讯"就派上了用场；倘若我们报道的事件分量大于人物，那么我们就应毫不犹豫地选择"事件通讯"。最好的例子，就是对"二战"中的决定性战役——"诺曼底登陆"的报道。显然，无论谁来指挥这场战役，其主角都应该是海军陆战队的队员。当时的媒体记者的镜头，就对准了那些从登陆艇上起身，在法国西部海滩向德军奋勇冲锋的勇士们——其中还有许多中国籍的士兵。尽管有众多人物的参与，但事件本身——"诺曼底登陆"行动——是报道的核心。事件通讯要求作者做好案头准备工作，事先搜集、整理资料的过程花费记者一周或几周时间都是值得的，只要截稿时间允许。任何事件的发生都有前因后果，记者要懂得"事有必至，理有固然"的道理，并且把这一理念运用在实际操作之中。

通讯具有"四个特点"：

一是真实性，通讯的真实性是消息的真实性的延续，也是新闻存在的前提。

二是客观性，特指新闻报道者的职业操守，要做到公正透明，不偏不倚。

三是时间性，通讯对时间的要求不如消息高，但仍然高于其他。

四是形象性，无论是人物通讯还是事件通讯，把事实说清楚是对记者最基本的业务要求，而对事实的陈述不单调、不刻板，让人物形象更鲜明，个性凸显，则是一种职业追求。

通讯写作"四个要求"：

一是主题鲜明，一篇通讯必须只有一个主题，如果一篇通讯中出现了多个主题，主题间必须有主次之分，类似电话总机与分机之间的关系。

二是角度新颖，文章无定法，但角度有不同。是否有好的角度是通讯写作成败的关键。

三是材料精当，记者在面对海量资料，想要从中择优选取时，要格外仔细和小心。资料有真伪，观点有是非，所谓精当，就是指持之有据，让报道经得起推敲。

四是细节生动，新闻事实往往在细节处呈现，文学家在谈到散文写法时说，没有细节就没有散文，这一概念在通讯写作中同样适用。

通讯（包括人物与事件）写作要领：

下文所述是拟人化的观点表述，为的是便于初次接触新闻学的读者接受和理解。

第一，标题，是通讯新闻写作的"出生证"。

标题，要准确而醒目，让人一看文章标题就知道文章存在的必要性，所以是"出生证"。起标题和给孩子起名字一样，需要记者反复推敲，认真思考，务必妥当，不得有误。

一般来说，带有"动词"的标题比较生动，可以在起标题时尽量优先选择使用它们；在陈述句、疑问句、祈使句、感叹句四种句子类型中，适用于标题的优先顺序是疑问句、祈使句、感叹句、陈述句。可以尽量优先选择带有强烈感情、尖锐观点、新奇物象、非常状态的句子为标题。需要注意的是，不与此前任何标题重复是底线，我们要做到不拾人牙慧。

第二，第一自然段，是通讯新闻写作的"签证"。

第一自然段的优劣，决定读者是否还要在这里停留，也决定这篇报道能否获得走遍世界的资格，所以需要记者打起百分之二百的精神，使出浑身解数，写作第一自然段所花费的时间常常是写作其他自然段的数倍之多，但这非常值得。

第一自然段，要像一位京剧演员的出场亮相，做到甫一登场即获满堂彩。写作第一自然段的时候，一定要拿出你的看家本领，毫无保留，因为这是你留住读者的唯一机会！要做到四个字："语出惊人"。既可以将这一整篇新闻报道的看点浓缩表达，也可以适当地卖个关子。想想街边小店的吆喝："瞧一瞧，看一看，走过路过别错过！"就是这个意思，但你要用自己的语言，向读者说明白"别错过"的理由。

第一自然段的篇幅不要长，二三百字最好，四五百字尚可，千八百字则是红线！如果有需要且可行的话，用一两句话完成这参加"阅兵"的"第一方阵"也未尝不可。

真正会读文章的读者，一定会用挑剔的眼光来审视你的文笔，所以下笔万万不可随意，要拿出你的最佳状态，锤炼词句，语言要爽利，文字要讲究。事实上，文采欠缺、文笔不老到的人的文章和行文思路都会是僵硬的，其作的传播效果也会大打折扣。

一般来说，第一自然段的行文思路大致有这样几种：集中、简要介绍整个报道的内容；提纲挈领地推出惊世骇俗的高见；将新闻报道的人物或事件的有趣之处、闪光点、聚焦之所透露一二；为满足读者的猎奇心理而铺设一些悬念……

第三，接下来的每一个段落，都是通讯新闻写作的"健康证"。

接下来的每一个段落，又像一个人的四肢，必须让人看着匀称、舒服，不能"以丑态示人"。它们就如同一张张健康证明，证明这篇文章"身心两健"，从内在到外表皆有可取之处。

一个自然段中切忌出现两个主题思想，千万记住，主题思想只能有一个。这就好比烹饪一道佳肴。即使你拥有各种珍稀食材，但每一次下锅，你也最好只专注于烹饪一道菜，而不能试图将所有食材混在一起同时烹饪。同样，写作一个自然段时，我们也应该专注于表达一个清晰、明确的主题，避免让读者感到混乱或迷失。

五百字的文章，一个自然段不可超过三四百字；千字文，一个自然段不可超过七八百字；三千字文，一个自然段不可超过一千多字；上万字文，一个自然段不可超过数千字。随着文章体量的加大，自然段的字数可以相对递增，但是记者须把持一定的比例关系。否则，读者会读得喘不上气来，或者没有出头换气的机会，如同脑袋被别人强按在水里。给人这样的阅读体验是有点不人道的！

除非为了加强效果，有意为之，不可重复别的段落的句子，就连重复的词汇都有碍观瞻，好像记者理屈词穷一般。在一篇文章中始终保持语言的新鲜，就是在为登山队员不断提供氧气，尤其当记者希望自己的文章给人一种——"会当凌绝顶，一览众山小"的感觉时，更要为登临者着想。

每一个段落至少要有一两个情绪起伏点，或细节亮点，或见解独到的句子。总之，每一节"甘蔗"，都应该有滋有味。

第四，结尾，是通讯新闻写作的"终身荣誉证"。

结尾，恰恰是记者完成一件功绩的开始。它牵扯到一个人做事有始有终的态度问题。正所谓笑到最后的才是胜利者，也才能得到真正的欢笑。大概谁也不想半途而废，或是"晚节不保"——那该有多么糟糕啊！因此，无论我们从事什么职业，最好能在最后领回一张终身荣誉证书，那才带劲，报道的结尾亦如此。

现在，到了记者"钟情"一只豹子的时候，确切地说，记者在写作结尾时需要参考一只豹子的尾巴。豹尾的特点，四个字："坚劲有力。"记者还要向贝多芬学习，你看他的《英雄交响曲》和《命运交响曲》的尾声，多么干脆、壮美、铿锵有力、灿烂辉煌。

从方向上看，记者有两个选择：即向内与向外的取舍，可收，可放，收放自如。收束式结尾，是指为整篇报道做一个总结，或曰小结；开放式结尾，是指为整篇报道做一个前瞻式、超越式的展望，或提供一个远景以及愿景。若把这两种结尾方式比作"开关按钮"，那么：开，像一个省略号，留有余味，好比一个未了的心愿；关，像一个句号，首尾呼应，仿佛一个完整的循环。从语气上看，记者还有两个选择：可以肯定地慨叹；也可以满怀疑惑地发问。

根据需要，结尾的形式五花八门：可热烈煽情，可冷静断言；可动之以情，可晓之以理；可引用名言，可自造警句；可幽默诙谐，可肃穆端庄；可街谈巷议，可指点江山……

最佳结尾,是不结尾,即言有尽而意无穷……想想你和自己的亲人、朋友告别时的那种恋恋不舍,你就知道自己应该怎么做了。

案例 15

重读卞之琳(节选)
——为诗人卞之琳送行

(2000 年 12 月 20 日《北京日报》)

初次的造访已是永久的诀别,采访者恍惚间变成哀悼人。我沿街叩响了几家店铺的大门,想在隆冬的季节里能寻到一方青翠。"您去看什么人?"花店的女店主问我。"去看一个过世的人"。手持花洒往花瓣上淋水的少女嘟囔着:"水只能少浇一点儿,怕出门后冻冰。"我捧着一束白菊花摸索在夜色朦胧的胡同中,终于在一幢略显破旧的楼房内一个未曾装修的单元里,见到了卞之琳的居室、书桌和遗像。照片上的老人,蔼然安然,一双学者锐利的目光有着逼人的气势。

女儿卞青乔抱着爸爸的骨灰盒在四城转,想让老人最后一次看他居住了 70 年的古都街景。诗人在 87 岁时还曾歌唱北京午夜街景、售票员、岁月流逝、时代变迁……

离平安夜已经不到两个星期了,但卞青乔依然是愁眉不展。她是诗人卞之琳在 47 岁时才有的独生女,这些年一直陪伴在父亲身边,洗衣做饭,料理家务。青乔说,自从母亲在四五年前去世后,父亲就开始变得虚弱,但是没有大病。他是快 90 岁的人了,但只要一坐在书桌前,一拿起笔,就马上精神起来,一坐就是几个小时。记者常听三四十岁的作者说,不行了,没激情了,写不了诗了,诗是青年人的活计。可 87 岁的卞之琳却给我们留了一首吟咏北京午夜街景的清新诗篇。诗歌中那颗"驿动"的心,依然充满了好奇,充满了活力。《午夜遥听街车环行》是这样写的:

又来了,又一班街车在环行,
从闹市中心区偏巷一角又可以听到集散市嚣,
有如从故宫寂寥的空庭,
有如隔世,从远古至今。
收班车吗首发车?听不分晓。
驾驶员售票员,串联今明朝,
巡航过千万门户门外的冷清。
转折呢开端?几些人长开眼?

几些人长相忆重圆的旧梦，
或者忧别久不成愁，悬悬？
啼笑缘不尽，岁月惊回首！
迎明天，就共祷多福少愁，
终点与一个新起点相通！

（记者：彭俐）

以上这篇人物通讯体现了作者"笔端常带感情"的写作风格，以情动人与以理服人的写作手法相映成趣。作者不以旁观者的淡然述说，而以悼念者的情怀体恤诗人的人生。报道的主人公是诗人，还是写出了诗句"你站在桥上看风景，看风景人在楼上看你"（见《断章》）的诗人卞之琳，又怎能不用充满诗意的语言呢？人是风景，而且是世间最美丽的风景。

（三）特写（feature story）

从严格意义上说，"新闻特写"应该属于"新闻通讯"的范畴。但是，从字面意义上看，我们不难看出"新闻特写"意在强调"特写"两字。这就好比摄影中的"特写镜头"一说。我们所说的"新闻特写"，多少也有些"特写镜头"的意思，只不过是以文字为"镜头"深入刻画新闻事件和人物。电影中有"特写镜头"，报纸上有"特写"文章。

特写，是截取或攫取新闻事实的一个显著点，并通过新闻采写者的渲染和强化加以凸显之，记者需要捕捉一个富有典型意义的空间或时间，聚焦某个场面、人物行为，对事件和人物进行生动、细致、感人的描述，最后完成具有极强的现场感的形象化报道。特写——这一新闻体裁的特点和写作要求，与前面提到的通讯新闻写作的特点和要求基本重叠。特写类型同样包含两种：人物特写、事件特写。

案例 16

中国在读秒（节选）

（1999年12月20日《北京日报》）

午夜，隆冬的午夜，站在高大的计时牌下的人，注定要成为珍贵历史时刻的目击者和见证人。瑟瑟寒风中，广场上参加联欢晚会的三万人在读秒……坐在电视机旁的一千万北京市民在读秒……全国人民和散布在世界各地的骨肉同胞在读秒……

我们在读秒，我们在这特定的瞬间，屏住呼吸，读历史匆匆的脚步，读四百多年澳门的沧桑，读自1840年以来祖国母亲所遭受的一次次凌辱，读社稷为怀、恫瘝在抱的志士仁人为神州圆梦而做的前仆后继的努力。好像是有约在先要一同在这小岛相聚似的，中国近代史的揭幕人物林则徐曾在澳门驻足，民主革命的先行者孙中山曾在澳门盘桓。我们从心底说一声"澳门你好"，实际上也就是在说"民族英雄和先驱你好"，在说"祖国你好"。

我相信，我真的相信，正在和我们一起读秒的，一定还有许许多多长眠于地下却不眠的心。

（记者：彭俐）

记者写作特写时，往往采用报告文学的写法，使其具有非虚构文学作品的特质，很能体现"新闻专业主义"的业务倾向。这种新闻文体的特点就是平易近人，装腔作势恐怕行不通。新闻采写者往往作为目击者、见证人在场，因此他能够将现场气氛写活，让读者身临其境。特写不光是"镜头"意义上的突出、放大，还是"思想"层面的立意和表达。显然，在此案例中，作为一个生命个体的"读秒"和作为一个国家民族整体的"读秒"的价值和意义存在显著的差异，甚至可以说是天壤之别。

（四）侧记（sidelights）

侧记，顾名思义，就是侧面描写、记录。

作为一种新闻体例，它属于通讯中的一种表现形式，即非当事人对某一人物、事件的侧面观察、记述。关键在于从一个侧重点或片段来展开叙述，表现事实，突出重点。

新闻侧记与新闻特写稍有不同，特写更注重人物、事件的"点"，而侧记则注重人物、事件的"面"。侧记的"侧"，不光指空间方位感上的"侧面"，也指一个事件的截取面，它通过侧面或截取面体现事件的整体性，它更多是指内容呈现的一种"旁观视角"。

值得注意的是，侧记是具有一定难度的新闻文体：

它是新闻记者在报道重要会议、重大活动、重点事件时常用的报道形式，属于典型的纪实性通讯范畴。它强调现场感、动态感、人物鲜活感，攫取寓意丰富、生动的对话，记者在写作时可夹叙夹议亦可抒情，大开大阖，高屋建瓴。侧记尤其讲究记者的通篇架构能力和宏观理性思维，其思想性和理论性的色彩往往很浓厚，要给读者以深度思考的空间和深刻的启迪。

案例 17

中国文艺需要怎样的批评？（节选）
——中国文联文艺评论奖颁奖仪式暨 2004 当代文艺论坛侧记
（2004 年 12 月 5 日《北京日报》）

冬日的山城重庆，处处有梅花绽放。第四届中国文联文艺评论奖颁奖仪式暨 2004 当代文艺论坛在这里举行。假山川形胜，会各地鸿儒，闻术业专攻，信可乐也。一百三十多位文艺评论工作者的聚会，少不了慷慨激昂的宏论，鞭辟入里的解疑，见微知著的发现，条分缕析的探究。何西来、仲呈祥、陈醉、吕进、黄会林、丁道希、陶东风、资华筠、廖全京等专家、学者从不同角度，纵谈中国当代文艺及文艺批评之现状与发展，特简要集纳如下。

我有一个很顽固的观念，文艺批评要有独立品格

何西来（中国社会科学院研究员）：作为评委，我想说几句话。好文章，尤其是年轻人写的文章，让人提气，长精神。从中我看出文艺评论的未来的理论工作的希望。记得最有骨气的评论家之一钟惦棐曾经对我说过："要搞评论，你该有这样的准备，马革裹尸我所愿也。"有胆识而后有评论，有骨气而后有文章。文艺评论、理论和文艺创作一样，它的源泉在现实生活中。正是对社会现实的关注，使作者找到切入的角度，坚持从生活出发，从自己的认识出发才是正路。批评要有锋芒，所有的真理都有锋芒……自八十多年前的"五四"新文化运动以来，我们的社会对"民主和科学"讲得多，对"独立和自由"则谈得少。文艺批评要有自由，要以自己的独立意识、观念、理想作为依据，即便面对的是大家、大师，也要有一点儿鸟瞰的味道。我有一个顽固的观念，文艺批评要有独立品格，不抬轿子，不依附于作品，批评的水平不是艺术家的水平，而是批评者——你自己的水平，稍稍俯瞰是必要的，跪着是不行的。

文艺批评要秉承科学精神，评论家当重视自身的治学操守

仲呈祥（中国文联党组成员、副主席）：评论文章是有用的，但评论文章不是万能的。有时候麻木者还在麻木，自励者却在自励。而批评界也存在自己的问题，有的文艺批评受了浮泛的文艺报道的影响，以媚俗为务；也有的文艺批评本身学养有欠缺，在思维上有疏漏；还有的批评家自身缺乏真诚的勇气。因此，让秉承科学精神的评论发出声音，我们的文艺才有可能健康地发展。文艺批评的非理性化、非科学化是有害的，正像文艺本身需要面对市场，却不可完全依附于市场一样，文艺批评也不能以利润的方式来取代审美方式，所以，我不赞同衡量一部艺术作品时所采取的唯市场论、唯收视率论、唯票房论，那样的话就是唯利是图。而无视物质产品和精神产品的两者区别的态度，是不明智的。文化精神产品的商业属性被无限制地夸大，只能造成"快感"有余、"美感"不足的粗糙作品增值，而全社会的文化积累减少……

文艺评论有广告化倾向，导致文艺批评产生信任危机

黄会林（北京师范大学艺术与传播学院教授）：在我国当代文艺的整体框架中，文艺批评占有重要位置。它涉及由文艺作品传播、渗透所造成的全社会的历史观、价值观、审美观等根本性问题。

文化艺术是一个民族的美学纪念碑，是特定民族和时代的形象表达，既是个人的，又是民族的、时代的。由文化艺术的丰富实践及理性思考，而逐渐形成具有覆盖性的潮流，并因其普遍性与概括性而形成社会文化影响力。

今日中国社会文化与文艺，具有海纳百川、兼容并举的包容性，也具有天南地北、多元共存的多样性，但必须强调的是，其中主导的、健康向上的主体精神是不可迷失或削弱的。如今，一个令人担忧的现象是频频出现在各种媒介上的文艺评论广告化倾向，甚至有这样直言不讳的说法："要像炒股一样炒作。"由此引发文艺批评的信任危机……

（记者：彭俐）

以上举的这篇"侧记"之例，乃是国家级大型人文领域理论研讨会的纪实，其典型性价值和意义显著。新闻记者通过现场仔细认真地聆听和记录，将具有不同观点和见解的与会学者、专家们的发言内容进行深入整理、研究，重新排列、组合与提炼，最终形成新闻报道所需要的具有新观念与新观点性质的"事实"。记者如实地、及时地、适时地报道，能促进国家文化建设的健康发展，向大众传播文化批评、学术见地和声音，对艺术创作和艺术市场运作的方向性和原则性思考还能起重要的引导和启发作用。

（五）人物专访（interview）

人物专访，一方面属于文学概念里的记叙文类型，另一方面，在新闻实践中属于"独立成章"的一种文体，虽然隶属于通讯，但是其地位与新闻通讯平起平坐。专访一般短则数百字,长则千余字或数千字,长篇人物专访类似"小报告文学",是一种常见的新闻体裁。新闻媒体(多为报纸、广播、电视)的访谈对象,一般是社会各界精英或新闻事件中的当事人。

案例18

田迎人:色彩迎人(节选)

(2013年11月5日《北京日报》)

初识女画家田迎人,是在恭王府举办的油画展上。她的画作如人,鲜明耀眼,质朴清晰,不加修饰,任性天然,一种生命的激情与活力冲出画框,直抵观者的心灵,那是仅凭直觉就能感受的魅力。原来风景油画也可以这样无拘无束,让光和影快乐地在画布上跳跃、舞蹈,乃至尽情翱翔。她笔下的色彩是长着翅膀的太阳鸟,带给人温暖、明亮的心情与幽远、曼妙的遐想。

田迎人就是咱北京人,毕业于中央美术学院油画系研究生班,师从大画家朱乃正先生,有幸耳濡目染,得其亲授真传。比起在大学课堂上听老师照本宣科地讲课,她更愿意远游,愿去欧洲获取原汁原味的油画真经,于是背起画箱到意大利、法国、荷兰、比利时等油画故乡去求学,沿途写生绘画,足迹遍及欧洲、非洲、美洲等几十个国家。并于2006年在那不勒斯举办个人画展。

目前,她的作品常年在清华大学文津国际美术中心画廊展出,并获得国内外同行的肯定和赞许。如果说她的油画作品《魅》,在北京翰海拍卖有限公司春拍会上以34.5万元成交,说明她的抽象表现主义油画已经颇具升值潜力的话,那么,这样的经历,足以使她能够继续坚定地走她自己认定的创作道路。她说:"油画色彩是有生命的,我愿满怀激情地投入对自然生活的纯直觉观察中……"

如果说画家的画笔是练就的,那么画家的眼睛却是天生的,正像爱美之心是天生的一样……

"从小臭美。上幼儿园,走在路上,小辫儿散开了,就跟妈妈又哭又闹,非要回家去,重新把辫子梳好。害怕辫子弄乱,就别上一个小花卡子,走几步,摸一摸,生怕花卡子歪了,不好看。

"没有玩伴,总是一个人憋在家里,不出门,可能有点儿自闭症吧。没事儿就在纸上涂涂抹抹,画画解闷儿,画个模样好看的小朋友,然后和画里的人说话、聊天。第一次得到认可和鼓励是七八岁的时候,我在美术课上用彩色蜡笔画的雪橇,被老师一通表扬，得了全班唯一的'优'。我高兴坏了，就想着再得一个'优'，再得、再得，不断地得'优'。"

（记者：彭俐）

人物专访，重在一个"专"字。我们都知道，记者采访、报道的人物，在普通的新闻事件当事人以外，大多是公众人物，而每一位社会成功人士、精英人才都是自己专业领域的杰出者、佼佼者。正因为他们学有"专"长、业有"专"攻、名为"专"家、获有"专"利，媒体才会竞相追踪报道他们。从新闻报道的技术层面上看，"专"是指聚焦人物的特点或特质，并通过新闻人的专业眼光呈现人物的独一无二。新闻人的嗅觉灵敏，跟着"异味"走，但愿这种猎奇的线索能带来深层的社会"意味"，这样的报道才算符合新闻的社会责任要求，也才算完美。此篇人物报道，包含了艺术生活与生活艺术的双重导向，对画家的艺术审美与人生价值的追求加以诠释——教育家蔡元培曾说"以美育代宗教"，大致就是这篇报道想做的事吧。

（六）调查报告（news survey report）

调查报告，是一种"两栖"文体，既是"新闻文体"，也是"公文文体"（即应用文文体）。它需要记者针对某一问题、某一事件、某一现象做深入采访、细致了解、多方核实，是记者对获取的材料进行整理、分析、研究之后所形成的具有说服力的书面文字。

调查报告作为一种新闻体裁，具有"三性"标准。

针对性：调查报告是新闻报道中指向性最强的文体，唯在调查报告中，不会出现与其他新闻文体同质化的现象。因此，可以想见其采写难度之高，该文体要求写作者具有深入探究的眼光和挖掘表面事实背后真相的能力。需要说明的一点是，调查报告针对的大多不是事件光明的一面，而更多是鲜为人知的一面，即社会负面。

真实性：此处的真实性与其他新闻文体的真实性的分量不同，一般的新闻报道视眼见的事实为真实，但调查报告要求记者以眼见的事实为报道的起点，开始挖掘探索，以期发现表面事物背后的深层原因。这些原因有时是大众应该知晓却不曾知晓的。

论理性：调查报告不是对事实的简单排列组合，而是对复杂事实真相进一步进行揭示与诠释。它重在探究事物发生发展的深层原因与其产生结果之间的复杂逻辑关系，写作者由此得出理性判断并提出建设性意见。

案例 19

耕地问题调查（节选）

（2022年2月14日《经济日报》）

耕地是粮食生产的命根子，耕地红线是14亿中国人的粮食安全底线。

2021年末，中共中央政治局常委会会议专题研究"三农"工作。习近平总书记再次对耕地保护提出明确要求：18亿亩耕地必须实至名归，农田就是农田，而且必须是良田。

这意味着，守住耕地红线，不仅数量上不能减少，质量上也不能搞"变通"。

然而，一个不得不正视的事实是，保饭碗的耕地数量正在减少，局部质量也在变差。

耕地究竟怎么了

万物土中生。中国农业大学土地科学与技术学院副院长、中国土地政策与法律研究中心主任朱道林说，耕地是国家粮食安全的自然基础，天然具有稀缺性。当前耕地问题表现在耕地数量减少，优质耕地减少趋势也在持续。

据统计，1957年至1996年，我国耕地年均净减少超过600万亩；1996年至2008年，年均净减少超过1000万亩；2009年至2019年，年均净减少超过1100万亩。这一趋势反映在人均耕地面积上是，一调（第一次全国土地调查）为1.59亩、二调1.52亩、三调1.36亩。现有耕地19.18亿亩，如果以这样的速度减少，10年后可能会突破18亿亩红线。

事实触目惊心。目前，一些省份耕地保有量已突破耕地红线，有的甚至低于划定的永久基本农田面积。国土三调显示，10年间我国耕地净流向林地1.12亿亩，净流向园地0.63亿亩，有6200多万亩坡度2度以下的平地被用来种树。

记者梳理各地近年来通报的典型案例发现，除用于经济建设外，耕地减少主要有以下几类：有的违规占用永久基本农田绿化造林；有的在铁路、公路两侧占用耕地超标准建设绿化带；有的以河流、湿地治理为名，擅自占用永久基本农田挖湖造景、建人造湿地；有的把自然保护地以外的连片耕地划入生态保护红线；有的通过擅自调整县乡国土空间规划规避占用永久基本农田审批；有的存在未批先用、批少占多、批甲占乙的情况。

……

耕地保护难在哪

那么，耕地问题是如何产生的，症结又在何处？

纵观人类历史，因关系生存发展，耕地备受重视。工业革命后，尤其是现代城市发展后，耕地保护和经济发展间的矛盾日益凸显。这是全球的共性问题，我国正处于工业化进程中，这个矛盾不可避免。

一方面，土地投入支撑了中国经济增长奇迹。国家统计局新近发布的数据显示，我国经济总量已超110万亿元，稳居世界第二，占全球经济比重预计超过18%。我国工业和制造业增加值连续10多年居世界首位，220多种工业品产量世界第一。

改革开放40多年来，在地方经济发展中，与土地相关的财政收入起到了特殊作用，推动了工业化、城镇化进程，是基础设施超常供给能力形成的关键。但另一方面，"随着工业化、城镇化进程加快，工业用地、交通用地、城市扩张用地等需求十分强劲，建设用地供求矛盾突出，是导致耕地持续减少的重要原因"。郭永田说，城市周边的地相对平整，都是好地、成规模的地，当城市像摊大饼一样快速长大，正好和优质耕地高度重合，很多地慢慢变成了城市的一部分。

…… ……

18亿亩红线是怎么来的

无论是分析耕地问题的具体表现还是深层成因，一个绕不开的话题就是"耕地红线"。18亿亩耕地红线是怎么来的呢？

全国人大农业与农村委员会主任委员陈锡文说，18亿亩是综合经济发展、人口状况、粮食单产等因素测算划定的。考虑到复种指数，18亿亩耕地对应每年的农作物播种面积为24亿亩。其中，粮食播种面积约17亿亩，其余用于棉、油、糖、菜等种植。

从另一个角度看，我国粮食亩均单产不到800斤，以17亿亩的播种面积计算，对应的产量是1.3万亿斤以上，这正是目前粮食产量所站稳的台阶。近年来，我国进口大量农产品，等于变相利用国外耕地。以进口量最大的大豆为例，2021年进口9652万吨，如国内生产，以亩产130公斤计算，需要7亿多亩播种面积。考虑到粮食需求还在增长，红线已退无可退。

…… ……

保护耕地不能只算经济账

先天不足的农业资源禀赋、超多人口的粮食供给压力，使得我国耕地被迫长期超强度利用。

事实上，耕地质量保护和数量保护同样也是世界级难题。上世纪70年代的欧洲，荷兰是世界人均耕地面积最小的国家之一，在工业化、城市化压力下，平均每年损失耕地1万公顷。为此，荷兰更新耕地保护的相关法律制度，从城市和农村两方面统筹城乡土地规划，防止城市化侵蚀农业用地。得益于严格的耕地保护，荷兰已是世界第二大农产品出口国。

虽国情农情不同，但他山之石可以攻玉。对我国而言，耕地安全愈重要，耕地保护却也愈艰难。在统筹发展和安全的视角下，千方百计确保耕地安全，要处理好地方与全局、经济利益与国家安全、当下与长远三对主要矛盾。当务之急是坚持耕地管控、建设、激励多措并举，构建统筹数量、质量、利用于一体的耕地安全制度体系，梯次解决"有没有地""好不好用""种不种粮"的问题。

……………

寸土寸金关乎国计，一垄一亩承载民生。保护耕地就是保护我们自己和子孙后代。在耕地问题上决不能犯历史性错误。唯如此，才能实现"但存方寸地，留与子孙耕"。

（本报调研组成员：徐涵 乔金亮 黄晓芳 吉蕾蕾）

这篇《经济日报》的调查报告，以问题为导向，从多个视角对耕地保护难、守住耕地红线难等重大问题进行了深入剖析，客观、理性地揭示了我国耕地问题以及耕地保护的痛点、难点，并建设性地提出开展耕地保护的思路、措施。该文刊发后产生了强烈的社会影响，体现了中央党报的责任和担当。

（七）报告文学（reportage）

报告文学，是半个新闻体裁。

为什么这样说呢？

因为报告文学是散文的一种，其定位介于新闻报道和小说之间，是兼具新闻真实性和文学艺术性特点的散文。报告文学写作需要作者运用文学手法描述现实生活和真实人物、事件，揭露假、恶、丑，弘扬真、善、美。

报告文学有两个特性：

新闻性，报告文学是对新近发生的事实的文学性描述，它以事实为根据，以新闻报道为目的，以文学为工具。但是，它也是所有新闻体例中最忽视时间性的。

文学性，报告文学的文学性往往被新闻性掩盖着，这种无意识的掩盖恰恰是记者以新闻为主体的意识使然。文学性的价值和作用也不容小视，它能显著地提高报道的可读性。

案例 20

世界公园的瑞士（节选）
（《萍踪寄语》）

记者此次到欧洲去，原是抱着学习和观察的态度，并不含有娱乐的雅兴，所以号称世界公园的瑞士，本不是我所注意的国家，但为路途经过之便，也到过该国的五个地方，在青山碧湖的环境中，惊叹"世界公园"之名不虚传。因为全瑞士都是在碧绿中，除了房屋和石地外，全瑞士没有一亩地不是绿草如茵的，平常的城市是一个或几个公园，瑞士全国是一个公园；就是树荫和花草所陪衬烘托着的房屋，他们也喜欢在墙角和窗上栽着或排着艳花绿草，房屋都是巧小玲珑，雅洁簇新的（因为人民自己时常油漆粉刷的，农村中的房屋也都如此）。墙色有绿的，有黄的，有青的，有紫的，隐约显露于树草花丛间，真是一幅美妙绝伦的图画！

记于八月十七日下午十二点：离开意大利的米兰，两点钟到了瑞士的齐亚索，便算进了"世界公园"的境地。由此处起，便全是用着电气的火车（瑞士全国都用电气火车，非常洁净），在火车上遇着的乘客也和在意大利境内所看见的"马虎"的朋友们不同，衣服都特别的整洁，精神也特别的抖擞，就是火车上的售卖员的衣冠态度也和"马虎"派的迥异，这种划若鸿沟的现象，很令冷眼旁观的人感到惊讶。

由此乘火车经过阿尔卑斯山（Alps）下的世界有名的第二山洞（此为火车经过的山洞，工程艰难和山洞之长，列世界第二），气候便好像由燥热的夏季立刻变为阴凉的秋天。在意大利火车中所见的东一块荒地西一块荒地的景况，至此则两旁都密布着修得异常整齐的绿坡，赏心悦目，突入另一种境界了。

（作者：邹韬奋）

邹韬奋先生的这篇《世界公园的瑞士》具有极大的可读性，其浓厚的文学色彩让我们产生一种只有在阅读优秀散文时才能享受到的美感和快感。事实上，也正因如此，邹韬奋先生的系列报道甫一刊出，马上引起新闻界和文学界的广泛反响。作为一篇新闻体例的报告文学，从时间上看，它应该是中国新闻史上较早的佳作。今天读来，有隔世之感，却没有半点疏离。邹韬奋先生情景再现和情感代入的能力出众，正是他熟练使用的文学手法使文章隽永。

（八）评论（comment）

评论，是新闻媒体报道的"半壁江山"，新闻、评论是构成报纸、广播、电视等媒介的两项主要内容。但是，我们发现真正会读报纸、会看电视、会听广播、会上网的人，大多都倾向于重视后者，他们关注新闻事实，更想知道媒体对新闻事实的态度和判断。一句话，事实重要，观点更重要。

新闻评论的逻辑如下：

没有新闻事实，就没有新闻观点；没有新闻观点，新闻事实就失去意义。

因此，让我们拿媒体中的纸媒举例，对于一张报纸来说，如果说新闻是躯体，评论就是灵魂。

在所有新闻文体之中，评论是"首席文字"。倘若用新闻人的眼光看世界，就能知道什么应该发生，什么不应该发生；而这种判断力、认知力、思想力的形成，正是拜新闻评论所赐。

大多数纸媒的评论都是用楷体字排版，刚入行的年轻人都以自己的文字能被排成楷体为骄傲。这证明他已经从简单地记录报道一个新闻事实的新手变成一个对新闻事实发表见解和评论的资深从业者。评论，从概念上说是一个大门类，它涵盖"社论""述评""时评"等。但是，严格来说，它又与后者有些不同，它可以是"社论""述评""时评"以及"本报评论员文章""观察家文章""编者按""编后""特评""短评""专栏言论""记者手记"等，也可以区别于上述形式，独立成篇，业界一般以不同的专业领域划分不同的评论，例如："文艺评论""文学评论""音乐评论""戏剧评论""影视评论""教育评论""体育评论""科技评论""经济评论""美食评论""旅游评论"等。

评论，常常以新闻事实为靶子，为线索，为引子，为由头，作者借此生发千端思绪、万般感慨，或抒发纤毫末端之细谈，或鸣响莘莘大端之雷霆，事无巨细，全在笔端，妙笔生花，尽显才华。一般认为要写好一篇评论文章最重要的品质是冷静和理性。但事实上，在任何领域，所有真正好的东西，都是人类的激情与理性共同作用的产物。没有激情，就难以产生持久的动力；没有理性，就难以得出有力的结论。

撰写新闻评论——"六个度"的秘诀：

第一，角度——写法独特。

第二，锐度——表达犀利。

第三，向度——思维立体。

第四，深度——思想深刻。

第五，厚度——情感饱满。

第六，高度——境界高尚。

案例 21

不被看好，人生一宝

（2000 年 9 月 21 日《北京日报》）

昨天最让人欣喜和想不到的是，中国女子曲棍球队，以二比一的比分干净、利落地战胜了德国队，再次证明自己作为黑马的潜力。

"黑马"显然比"白马"好。"黑马"无人关注，无拘无束，常常给人带来意外惊喜；"白马"备受瞩目，六神无主，反倒容易马失前蹄。这真是应了古人的说法："大音希声，大象无形。"所以，我要说：不被看好，人生一宝。

赛前，谁知道蔡亚林是谁？何方人士？有何作为？谁又会有兴趣向我们唠叨这些？蔡亚林在承德的老爸寂寞地守着收音机，只想多知道一点儿儿子在悉尼参加射击比赛的消息。他万万也想不到"不见兔子不撒鹰"的记者，会在儿子得了金牌后以"十万火急"的速度来采访他。"众里寻他千百度，蓦然回首，那人却在灯火阑珊处。"——这是人们用诗来比喻做学问的境界，还是在暗指运动员在事业中应取的人生态度？

中国女子曲棍球队在刚刚来到悉尼时，也不过是一只丑小鸭，首次参加奥运会，小组排名老末。没有聚光灯的照耀，她们的头脑很清醒，内心很平静，注意力很集中——集中到比赛中，比赛以外的事情全然不顾。她们先是以同样的比分战胜了世界锦标赛冠军荷兰队，接着又向我们再传佳音。哀兵必胜，此之谓也。如果她们把哀兵的心态保持到最后，获得冠军也不是没有可能。

不被看好，不是坏事。对于志存高远的人来说，落寞不是落魄，隐忍不是隐忧。做人总不忘自己在"底层"，会激发许多斗志和机智。古人说："志士不忘在沟壑。"——说的就是不被看好吧。

（作者：彭俐）

（九）社论（editorial）

社论，是新闻评论的一种，是记者针对重大问题发声，"最大号"、分量最重的一种新闻评论。社论，尤其需要作者具有渊博的知识和深邃的思想，需要创造性的研究与思考，以及创造性的文字表达。在一些英语国家，它又被称为"总编评论文章"（leading article）。

20世纪初，中国"新闻学之父"徐宝璜，在他的《新闻学》中专门谈到社论：

> 社论须以当日或昨日本报所登之新闻为材料而讨论之，此理甚明。例如访员报告省议会为兴某种建筑，特拨一款，此新闻也。社论编辑以此为材料而讨论本省能否添此担任，某种建筑是否为必要，所拨之款项是否敷用，抑或有余，此社论也。访员与社论编辑职务上之分别，即在一则供给新闻，一则对于新闻加以批评耳。新闻既为多数阅者所注意之最近事实，故详言之，社论第一须以事实为材料，第二须以多数阅者注意之事实为材料，第三须以最近之事实为材料。由此可见，彼于社论中因发牢骚而无端谩骂他人者，或以四书五经上之句子为题而发挥讲道德谈仁义之空论者，或以类似《西学原出中国考》《中国宜亟图富强论》之题，而做极浮泛油滑之策论者，均属不当，因其非以事实为材料也。①

新闻学家张友渔认为：

> 社论，即英语 editorial 或 leading article，为报纸的论评，而由报社中人所撰，足以代表报社的意见。故可下定义曰："社论者，代表报社的意见和论评。"详言之，则为："社论者，代表报社的意见，对于时事，有所解释、批判及主张，以期指导读者的论评。"②

从中可得出社论的"三个要点"：第一，代表报社；第二，评论对象是重大新闻事实和重大时政；第三，目的是引导舆论。

案例 22

《实践是检验真理的唯一标准》（节选）
（1978年5月11日《光明日报》）

怎样区别真理与谬误呢？1845年，马克思就提出了检验真理的标准问题："人的

---

① 徐宝璜.新闻学[M].长春：时代文艺出版社，2009：64.
② 张友渔.张友渔新闻学论文选[M].北京：新华出版社，1988：26.

思维是否具有客观的真理性,这并不是一个理论的问题,而是一个实践的问题。人应该在实践中证明自己思维的真理性,即自己思维的现实性和力量,亦即自己思维的此岸性。关于离开实践的思维是否具有现实性的争论,是一个纯粹经院哲学的问题。"(《马克思恩格斯选集》第1卷第16页)这就非常清楚地告诉我们,一个理论,是否正确反映了客观实际,是不是真理,只能靠社会实践来检验。这是马克思主义认识论的一个基本原理。

(作者:本报特约评论员)

(十)述评(review)

述评,顾名思义,就是叙述加评论的意思,是新闻评论中的一种形式。述评是就国内外重要的热点、焦点问题夹叙夹议,发表看法,表达态度,提供见解和建议的文章。

作为新闻评论的一种类型,述评具有时评的味道,又与之有所不同。时评针对时事,而述评则评论比一般时事分量更重一些的事情。同时,述评的分量,又比社论的分量要轻一些,它比社论"小一型号"。

案例23

为何:韩美林热,毕加索温,张大千冷(节选)
(2002年1月17日《北京日报》)

《韩美林艺术展》刚在中国美术馆落幕。《毕加索版画原作展》仍在世纪坛展览。《张大千绘画艺术回顾展》日前在历史博物馆鸣金。——这是北京美术展览中少见的"三国大战"。

韩美林热

"韩"有作品3000多件,字、画、陶、青铜器应有尽有,且在第一号的国家美术馆展出。于是,参观者众,创下单个画展参观人数之最。原因一是有媒体关注,各报不惜版面从各个角度报道"盛事",激起观众的好奇。二是其作品的装饰性与工艺性强,时尚感特别浓烈,与大众的欣赏口味合拍。其作品,人物姿态横生,动物情趣盎然,字画变化多端,雕塑空灵妩媚。

毕加索温

"毕"虽在阵容上不敌"韩",但161件版画带着海域民族生性浪漫的气质和天马行空的想象空间,天下英雄谁敌手?但是,世纪坛不似美术馆,稍显偏远,使得非艺术挚爱者不愿前去花20元附庸风雅。与毕加索在整个20世纪的世界声誉相比,他在京的版画展是显得有点儿落寞。究其原因,大抵是版画并非毕加索成名之资本,而其许多杰出的油画作品才是其"镇山之宝"。

张大千冷

"张"在作品的阵势与宣传的声势上,都要逊于"韩""毕"。票价50元自然也是观众少的一个原因。这次展出的79件作品,有花鸟,有山水,有敦煌的临摹,其中多是大师晚年的力作。泼墨酣畅淋漓,写意气象万千,笔力鬼斧神工,境界天高地迥。徐悲鸿称"五百年来一大千",不谬也。

若从这三个画展的艺术含量和欣赏价值来看,可谓:百尺美林,千寻加索,万丈大千。

（作者：彭俐）

（十一）时评（opinion）

时评,是新闻评论的一种,是21世纪20年代国内"大红""最热""最流行"的一种新闻文体。

那么,谁是中国新闻史上的"时评"第一人呢?

19世纪,被誉为"中国新闻报纸之父"的王韬（1828—1897）,曾经在他于1874年开办的《循环日报》上,发表新闻政论文章,号称"王韬体",乃中华时评的源头,如大江大河之初发源,我辈须铭记在心。

19、20世纪之交,堪称"中国新闻政论之父"的一代报人——梁启超（1873—1929）的时政评论,洪钟大吕,振聋发聩,开时评之先河,其发表在《时务报》《清议报》的文章——《变法通议》与《少年中国说》,笔力雄健,汪洋恣肆。

20世纪二三十年代,被誉为"中国新闻时评之父"的是著名记者戈公振（1890—1935）。他在1915年至1925年于上海《时报》发表时评,总计1791篇,共28万字。[1]

---

[1] 参见：朱兆龙.戈公振时评[M].北京：南京大学出版社,2013.

戈公振先生不仅亲自操刀撰写时评千百余篇，也以史家风范（著有《中国报学史》）评论过时评这一新闻评论文体：

> 同光间之报纸，因受八股盛行之影响，仅视社论为例文……《时报》创始后，曾于社论外别立时评一栏，分版论断，扼其机枢，与今之模棱两可，不着边际者截然不同，故能风靡一时。①

学者胡适（1891—1962）曾于1921年为纪念《时报》创刊而著文——《十七年的回顾》，其中谈到时评对于读者的好处与便利："《时报》的短评在当日是一种创体……用简短的词句，用冷隽明利的口吻，几乎逐句分段，使读者一目了然，不消费工夫去点句分段，不消费工夫去寻思考索。"②

21世纪20年代倏忽而至，时评的兴盛岂止如江河奔腾之姿，实如大海之波澜壮阔。

当今，时评受到新媒体技术的推动，逐渐成为社会文化思想多元化的真实体现。时评，就是"意见""观点""看法""态度"，是记者针对眼前的新闻和新闻事实以及社会问题、现象发表的言论。

中国历史上时评理论的鼻祖，非白居易（772—846）莫属。这位唐代诗人无意说出时评文章的特点："文章合为时而著，歌诗合为事而作。"③今人总结出时评的"五性"——时效性、针对性、准确性、说理性、思想性，不过是白居易观点的现代诠释。时评篇幅一般在1000字至2000字为宜。

案例24

真正的英雄无权欲
——看《角斗士》

（2002年1月17日《北京日报》）

都说电影《角斗士》好，它到底好在哪里呢？

要说描写古代战争的影视剧，那可真是数不胜数，《角斗士》的题材甚至还有老套之嫌。况且，现在的观众品位高了，光是打打杀杀和卿卿我我，已经不能让有见解

---

① 戈公振. 中国报学史［M］. 上海：上海书店出版社，2013.
② 胡适. 胡适文存·二集［M］. 合肥：黄山书社，1996：285.
③ 出自白居易的《与元九书》。

的人得到满足。现代观念促使人们将对战争的关注点更集中于其根源上，尤其推崇虽不尚武但愿为和平而战的英雄。电影《角斗士》就展示给我们这样一位英雄，一位统率百万大军为罗马而战却一日不忘与妻子分离了多少天的英雄，一位被授予王位却执意要回家种地的淳朴的英雄。

区别真英雄和假英雄，有一个鲜明的标准，那就是看他有没有权欲。比起屏幕上那些用赞赏的笔调描写人的权欲怎样实现怎样挥洒的"皇帝剧"来，比起那些对铁腕人物和大权独揽者恭敬有加且不乏溢美之词的娱乐片来，电影《角斗士》可以说是"鹤立鸡群"。动人的影片之所以动人，必有声音和画面以外的东西使人产生共鸣。在影星拉塞尔·克劳扮演的角斗士麦克西姆的身上，有着感人至深的道德崇高感。他对祖国忠勇无私，在他的心目中，罗马的尊严和荣誉远在他个人的荣辱之上，否则他就不会在担任一国之君的机会来临时声称自己不懂政治。

身为弱者而没有权欲，还不足以看出其美德。只有像片中麦克西姆那样作为战场上的无敌英雄而置权柄于不顾，才有充足理由被称作风格高尚。而历史和现实生活所呈现的情形，常常是权欲被当作男人的天性和美质，被加以揄扬。人们似乎忘记了，一个不想控制任何人同时也不愿被无端控制的人，其心理才可称真正健康。畸形的文化观念，造就银幕荧屏畸形的英雄。畸形的英雄，败坏着观众的审美趣味和价值观念。《角斗士》以它特有的基于对人性深度思考的英雄观，取得了振聋发聩的效果。

（作者：彭俐）

（十二）随笔（essay）

随笔，是散文的分支、议论文的变体，兼具议论和抒情的特性，其篇幅相对短小，随笔作者往往语言灵活，笔法多样，婉而多讽，雅而戏谑。随笔既是一种标准文学样式，又属常见的新闻体例。历史上的英国培根、法国蒙田、美国爱默生、中国鲁迅，全都是此文体中的圣手。

写随笔不是为了就某个新近发生的事实发表观点，也不是为了就某个行业作出专业的观点表述，更不是为了对某个重大政治事件作出评论。随笔是最接近文学中的议论性散文的新闻文体。随笔不受时间束缚，也不受事实局限，不拘格式，基本不限字数，少则几百字，多则上千字。

案例 25

未应磨染是初心（节选）

（2018年6月7日《光明日报》）

"卅载光阴弹指过，未应磨染是初心。"近日，叶嘉莹先生宣布将自己的全部财产捐赠给南开大学教育基金会，用于设立"迦陵基金"，以继续支持中华优秀传统文化研究，目前已完成初期捐赠1857万元。

叶嘉莹先生是中国古典文学权威学者，是推动中华诗词在海内外传播的杰出代表，被誉为"中国最后一位'穿裙子的士'"。《左传》曾言：太上立德，其次立功，其次立言。先生此举，与其几十年来所言所行一样：于国家民族而言，是以义举助力中华传统文化引领与鼓舞社会风尚；于个人而言，是以对美德的不断追求而达至经世致用的圣贤人格，不负言志之诗。

先生的学术成果以及学术地位自不待言。作为一位九十多岁的老人，先生自20世纪50年代中期开始发表文章，出版著作数十种、千万字，风行海内外。正如很多从事叶氏研究的学者指出，先生的成就在于把古代与当代沟通起来、引西方理论入中国古代文学批评，更重要的是在直观感受生命活动的基础上重新理解生命的价值，包蕴了对人生终极意义的深切关怀。不仅如此，先生视野开阔、饱经忧患，其理论对国内古代文学研究有着方法论上的指导意义，其诗词发乎真情，"是悲心参透词心，并世清芬无几"。

先生最为可贵之处，还在于"诗教"……身处现代社会，在市场经济的影响下，对于理性的极端追求和受到功利主义的影响，人们很容易陷入缺乏宏大关怀而茫然不知所从的状态，这也是为什么需要我们今天继承与弘扬中华优秀传统文化。诗的精华在于情，是"民族之灵慧所悟也"，"蓄积了古代伟大之诗人的所有心灵、智慧、品格、襟抱和修养"。因此，重读古典文学，其意义也在于塑造"更完美"的人格品质、培养可贵的真情，以不同的体验差别育发个人的主体性，产生高瞻远瞩的眼光和见解，进而形成新时代的社会道德和社会环境。

不久前，央视《中国诗词大会》风靡全国，就折射出这个时代对中华优秀传统文化的渴求。与这一现象相对立的是，在世界范围内，人文学科在高校与就业市场的不断衰落。显然，这是一种供需关系上的结构性失衡。先生曾经说过："现在有一些青年人竟被一时短浅的功利和物欲所蒙蔽，而不再能认识诗词可以提升人之心灵品质的功能，这自然是一件极为遗憾的事。"因此，她决意回国教书说诗，力求让受众读出诗词中蕴含的真诚的、充满兴发感动之力的生命，这是"诗教"的知行合一，也为我们普罗大众在现世的喧嚣中寻求清澈明亮之处所指出了一条当代之路。

（作者：赵明昊）

第三章
新闻价值论
——新闻的价值和意义是什么？

第一章所述的新闻价值，是指新闻操作层面的一些基本概念和业务原则；本章所谈的新闻价值是学理层面的、社会意义层面的价值，本章还意在探究新闻学区别于其他学科，如社会学、法学、历史学、文学等的存在意义。首先，在社会生活中，新闻行业已成规模，新闻领域职业的专业性已和教师、医生、律师等职业的专业性一样被认可。因此，新闻学在现代社会已成为显学，在19世纪初叶，随着新闻业逐渐兴盛，世界各地的新闻学院、新闻研究者和新闻著述不断涌现，新闻学术成果亦相当可观，但必须承认，较之其他学科，新闻学仍然是一个年轻的学科，年轻就意味着有无限的潜力和可能性，我们可以不懈追求理论研究的广度和深度。

第一节 世界上没有新闻会怎样？

当我们问"没有新闻会怎样？"的时候，实际上是特指"没有职业性质上的新闻会怎样？"，此问也涵盖了"没有新闻职业会怎样？"的意味。一个时间概念必须明确，在漫长的人类历史上，媒体概念上的新闻，即职业性质上的新闻出现，不过400多年。但是，我们身边有许多事物（包括新闻在内）似乎必须存在，也有必要存在，它们具有显性的功能和价值，其存在的必要性与合理性也早已不证自明。

例如，在漫长的人类社会发展史中，人们的精神生活不断丰富、细化，智慧生命的心灵进化过程轨迹也逐渐清晰，大致包括以下几项内容，按出现的时间顺序可被排为：

第一，伦理；第二，教育；第三，文艺，第四，新闻。

我们首先要明确的概念是,人类的精神是以肉身为载体的;而人类发觉的第一个意识和概念,便是伦理。在遥远的宇宙洪荒,万物萌生的初始阶段,伦理意识,可谓最早的生命觉醒意识,它让野性未脱、处于蒙昧颠顶状态的早期先民,显露了文明物种的某些特征。这种生命的自觉迹象实在了不起,它的出现让人类终于可以分清人伦意义上的不同身份,建立道德层面的身份认同。人们懂得了血缘上的血亲关系,具有了家庭与家族的观念和认知,并且由此生发了尊老爱幼以及恺悌友善的孝亲理念和行为。家庭伦理意识又慢慢演化生成社会伦理意识和道德规范。在书本、课堂、学校出现之前,甚至在文字发明以前,人类最简单、朴素、基本的伦理意念和行为已经先行,让人类由懵懂变为清醒。随着家庭伦理、社会伦理的发展,现代社会又出现了各行各业的职业伦理。

其次,从古至今,自东徂西,"教师""学校""教育",都是神圣的字眼。教师普遍受到人们的尊重和礼遇,一个人只有在懂得尊师重教以后,方可谈懂礼仪、知廉耻。教师得到的"束脩"之礼也是为了表达一种古今不变的尊重师长的情义。"大学之道,在明明德,在亲民,在止于至善。"垂世立教者,善莫大焉。

再者,文艺。譬如文艺作品,中国"儒教"的教科书——"四书五经",是语言文学意义上的千秋范本,而且是散文、诗歌、小说写作的范式。《大学》《中庸》《论语》《孟子》中不乏散文瑰宝,而"五经"之首——《诗经》乃汉语诗歌之源泉,更被奉为圭臬。中国有屈原,英国有莎士比亚,美国有爱默生,法国有巴尔扎克,德国有贝多芬,丹麦有安徒生,荷兰有梵高,比利时有鲁本斯,意大利有但丁,俄国有普希金,奥地利有施特劳斯,印度有泰戈尔,日本有东山魁夷……这些世界各国杰出的文学家、艺术家的作品,将人类精神生活的夜空照亮,如无数颗璀璨的星斗般熠熠闪光,抚慰着大地亿万生灵美丽的梦乡。

简言之:

伦理,孕育道德;

教育,给予知识;

文艺,陶冶情操。

它们对于人类社会的文明进步,对于生命个体的心灵修为,贡献之大可谓厥功至伟。这一点显而易见,不容置喙,且影响深远。

最后,我们要强调的,是与上述三者在功能与作用上有相似之处,而其普及力、传播力、感染力、浸透力比上述三者都更强的一种肩负着伟大的"教化"使命的事物,它的名字叫作——新闻。我将之与伦理、教育、文艺三者并列,称之为"第四教化"——这一观点会在接下来的"四个第四"理论中详细表述，此处不作赘述。

但是，必须说明的是：

新闻，作为现实世界的存在物，却远远没有像它的三位"堂兄弟"——伦理、教育、文艺那样，得到政治界、经济界、教育界、文化界，乃至新闻界自身的深刻领会和认知，也就更难为社会大众所普遍认识和认同。

那就让我们想一想，假若没有新闻会怎样？

很现实的一个问题就是，我们将生活在与世隔绝的"信息孤岛"中，如同被文明社会所抛弃或忘记的蛮荒之人，见闻的缺乏会阻碍智识的发展，知识的缺乏会导致精神的营养不良，又势必会造成视野的狭窄、心灵的闭塞、观念的偏激、思想的保守，并会限制和阻碍社会的文明与进步。

第二节　新闻的别名是什么？

新闻的别名是什么？——"启蒙"。

从17世纪的欧洲开始，作为"启蒙纸"，新闻纸为科学与民主插上了洁白的翅膀。新闻纸的出现和普及与强调科学和理性的时代的出现同步，绝非偶然。

德国哲学家伊曼努尔·康德（Immanuel Kant）早在1784年就在一篇名为《什么是启蒙运动？》的文章中说，（启蒙就是）"人类从自己加于自己的不成熟状态中解脱"。他强调"一个人的天然使命就是要求知""要勇于运用自己的理智""学习能力将成为一个人在社会立足的根本"。而问题的关键是——"一个时代绝不能缔结某种条约，以阻碍后来的时代扩展眼界、增进知识、消除错误。这将是一种违反人性的犯罪行为，因为人性的固有使命正在于这种进步。"①

美国思想家、心理学家史蒂芬·平克（Steven Pinker）于2018年出版了他的新著《当下的启蒙：为理性、科学、人文主义和进步辩护》。书中的描述，正可以解释新闻启蒙的作用：

> 在1600年，也就是科学革命的前夕，一个受过教育的英国人对世界的理解是这样的：

---

① 康德.历史理性批判文集［M］.何兆武，译.北京：商务印书馆，1990.

他相信女巫可以掀起风暴，淹没大海上的船只。他相信世界上真的有狼人存在，尽管碰巧在英国没有，不过迟早会在比利时发现它们。他相信女妖喀耳刻真的把奥德修斯的船员都变成了猪。他相信老鼠是从秸秆堆中自己长出来的。他相信那个时代的魔法师。他见过传说中的独角兽的角，尽管他并没有见过独角兽。

他相信，如果一个人被谋杀，那么只要凶手在场，尸体就会流血。他相信世上有一种药膏，只要涂抹在匕首上，就能愈合这把匕首所造成的伤口。[①]

接下来的叙述，与新闻的功能与作用有着直接的关系："然而130多年后，一个受过教育的英国人就不再会相信这些东西。这不但将人类从愚昧中解放出来，也让人类远离无谓的恐惧。"[②] 为什么自1600年到1730年，这130年间，人类似乎一下子变得理性了许多，清醒了许多，聪明了许多呢？

因为，1605年，世界上第一张报纸在德国出现。

紧接着，1609年安特卫普（今属比利时）的《新闻报》；1621年英国的《每周新闻》（全名为《来自意大利、德国、匈牙利、波希米亚宫廷、法国和低地各国的新闻的周刊》）；1631年法国的《报纸》也相继问世，新闻报纸将欧洲和世界各地最新的科学知识、科学发现、科学成果，及时地介绍给自己的广大读者，从而大大地开阔了人们的眼界，拓展了人们的见识，丰富了人们的知识，提升了人们的认知能力……

自1605年至今，世界新闻史已有四百多年，而中国报业堪称"启蒙"之典范。

清朝末年，报人、政治家、思想家、"戊戌变法"六君子之一谭嗣同（1865—1898）[③]，

---

① 平克.当下的启蒙：为理性、科学、人文主义和进步辩护［M］.侯新智，欧阳明亮，魏薇，译.杭州：浙江人民出版社，2019：9.

② 平克.当下的启蒙：为理性、科学、人文主义和进步辩护［M］.侯新智，欧阳明亮，魏薇，译.杭州：浙江人民出版社，2019：10.

③ 谭嗣同，字复生，号壮飞，出生于北京宣武门外烂漫胡同府邸（今浏阳会馆），其父谭继洵时任湖北巡抚。10岁时，谭嗣同拜浏阳著名学者欧阳中鹄为师，对王夫之（与顾炎武、黄宗羲并称明清"三大思想家"）的思想尤感兴趣，受到爱国主义思想的启蒙。他读书讲求广博，乐于探讨经世济民的学问，文章尽显才华馥郁。他对传统的时文——八股文非常反感，在课本上写下"岂有此理"四字。他仰慕民间豪杰之士，年轻时与京城著名镖师"大刀王五"结交，后与之成为肝胆相照的挚友。他曾经主办《湘报》（湖南省第一份日报），力主开发矿山、修建铁路，宣传变法维新，推行新政。他在《仁学》一书的序言中说："凡为仁学者，于佛书当通《华严》及心宗、相宗之书，于西书当通《新约》及算学、格致、社会学之书，于中国书当通《易》(《易经》)、《春秋公羊传》《论语》《礼记》《孟子》《庄子》《墨子》《史记》及陶渊明、周茂叔（周敦颐）、张横渠（张载）、陆子静（陆九渊）、王阳明、王船山（王夫之）、黄梨洲（黄宗羲）之书。"谭嗣同推崇启蒙思想家黄宗羲尤甚，他抄录黄氏名著《明夷待访录》（明末清初），并大量刊印、发放之目的只有一个——"启迪民智"。该书被誉为与法国卢梭《民约论》（即《社会契约论》，1762年出版）具有同等的"人权宣言"性质，其批判君主专制的思想之锋芒锐利无比。黄宗羲在其书中说："天下为主，君为客。"并对帝制专政提出异议，"以我之大私为天下之大公"，实乃"天下之大害"；"天子之所是未必是，天子之所非未必非，天子亦遂不敢自为非是，而公其非是于学校"；"必使治天下之具皆出于学校，而后设学校之意始备"。

对新闻价值的探讨一语中的:"(新闻)助人日新之具。"① 显然,谭嗣同从前辈思想家黄宗羲那里得到启发,他发现"治天下之具"乃新闻媒体也,所以他才说新闻"助人日新之具",他在哲学著作《仁学》的自叙中也表达了自己对思想启蒙的观点:"初当冲决利禄之网罗……次冲决君主之网罗,次冲决伦常之网罗……终将冲决佛法之网罗……"②

古代先贤有言:"苟日新,日日新,又日新。"今天的新闻人可从中悟出道理:

——新闻,作为社会意识形态领域的有力工具,它的价值和作用就是作为信息和知识的载体,通过有效传播来服务大众、协调社会。

第三节　为什么说新闻强则国强,新闻弱则国弱?

为什么说——新闻强则国强,新闻弱则国弱?

且看1894年甲午中日战争。

在这场战争中,中国惨败于日本,看似源于军事力量的悬殊,实际上源于两国国家体制上的差异。尤其是日本自1868年明治维新以后,大兴"新闻纸",大力发展报业,刺激新思想,广开言路,年轻人办报门槛极低,凡是满18岁的成年人,稍有资产即可登记造册,获得报纸经营许可证。因此,日本新闻制度逐步健全,新闻媒体日渐发达,新闻记者甚为活跃,新闻信息广泛流布,其社会也逐渐开放,新闻帮助国民增进知识、普及文化,让他们变得视野宽广、雄心勃勃……

1872年,日本历史上第一家报纸《每日新闻》开办,直至150余年后的今天,依然长盛不衰。即便人类进入21世纪,进入电子技术飞速发展的数字时代,互联网、台式电脑、平板电脑、智能手机已经被广泛应用,进入千家万户,然而,日本的传统媒体如报纸依然较为畅销。不过,在社交媒体的冲击下,日本的传统媒体也呈分化趋势。据日本报业协会统计,2020年日本报业市场总收入为14,827亿日元,同比下降10.3%。其中,报纸销售收入为8620亿日元,同比下降6.1%;报纸总发行量为3509万份,同比下降7.2%;户均订阅量0.61份③。相对其鼎盛时期,报纸收入与市场占比有所下降,但与欧美国家的传统纸媒的衰落趋势相比,日本的纸媒并没有太过衰败的迹象。

如今,日本作为"报刊王国"的地位岿然不动,纸媒头顶的王冠依旧闪烁着耀眼

---

① 谭嗣同.谭嗣同全集:增订本[M].蔡尚思,方行,编.北京:中华书局,1981.
② 谭嗣同.谭嗣同全集:增订本[M].蔡尚思,方行,编.北京:中华书局,1981:290.
③ 林杨.2021年日本传媒产业发展报告[J].中国传媒产业发展报告,2022(1):364-371.

| 新闻概论 |

的光华。其国民中91%的人信任报纸，像每天必喝牛奶一样，必读报纸。日本经营状况最好的六大报业集团均属民营企业，政府并不干预，也无从介入。日本报社实行能充分体现"新闻专业主义"精神的总编辑负责制，让报社的经营与业务分开，让报纸的新闻业务在专家的引领下更专业化，确保其新闻质量与公众信誉。日本民众普遍认为，报纸是民意的代表，其职责是监督政府，因此批评政府是天经地义的，其公正性与可信度也由此而来。

日本报业自1868年明治维新改革运动至今，其商业化道路和市场营销份额未曾有低迷，而是一路走高，直接促进了社会信息的传播、科学知识的普及，推动了国民教育的开展，为日本迈向现代化国家的行列作出了巨大贡献。

再回到前面话题：19世纪与20世纪之交，正是中国新闻业起步的阶段。

但是，自唐代以来，一直在政治、文化、经济、科学、军事等领域作为日本"老大哥"的中国，忽然开始被"弟弟"小视，继而无视，最终蔑视，日本甚至暗藏野心，妄想吞并我中华辽阔国土——前有甲午战争，后有第二次世界大战中的侵华战争。

对比两个国家谁有更强大的硬实力、软实力有许多参照项，我们在这里只想单单以新闻作比，以期为历史研究与未来展望提供一个新鲜的视角。

新闻对社会的影响力早在20世纪上半叶就被邹韬奋所重视和研究，他为此还专门撰写了一篇文章《中国看报人民的数量》①，文中列举了颇有说服力的对比数字：

> 最近国民会议辽宁代表赵雨时君等一百余人向该会提出奖进新闻事业案，谓"新闻事业与国家文化，社会教育，宣传党义，修明政治，具有密切之关系。环顾欧美各国，报纸发达，几乎无人不阅……即在日本，每日全国销数约一千一百万，以其人口七千万计之，六人中必有一人阅报者。至我国全国报馆不过二百家，综合日销不及七十万份，视英伦《每日邮报》之一家日销二百万份者，不及其半，再以人口四万万约计之，五百余人始得一阅报者……"此种统计当然是粗枝大叶的约数，但即将此约数说，若谓日本的"民力"算作六分之一，中国的"民力"就只有五百分之一。我们有人口四万万，日本只有七千万，就表面上看，我们人数比她多近六倍。但

① 邹韬奋.小言论：第1集[M].上海：生活书店，1937.

是七千万中的六分之一有一千一百六十六万，四万万中的五百分之一只有八十万，反而比我们多了十四倍！我们原为多六倍，这样一来，反而少了十四倍，我们以后对于"质"的方面应如何努力精进，实在是一个宜加以十分注意的重要问题。

……报纸是"众人之事"的报告与批评，所以看报人民的数量和这种兴趣与热诚成正比例。我国看报人民数量如此之少，便足表示"众人"对于"众人之事"注意者不"众"，"众人之事"弄得这样不好，这便是一个很大的关键。

号称有四万万人口的中国，全国受高等教育者仅有一万九千余人，受中等教育者仅有二十三万余人，受小学教育者仅有七百余万人，文盲乃占百分之八十，以如此的"众人"，安望他们能知注意"众人之事"？故积极推广教育，实为巩固国基的唯一途径。

今非昔比，世事变迁，今日中国的媒体早已发展为一个巨大的文化产业，我们的纸媒动辄拥有百万读者，或千万读者，广播、电视观众数则可以亿万计，截至2022年12月，我国网民规模达10.67亿，其中网络新闻用户规模达7.83亿，占网民整体的73.4%。[①] 国力的强大与媒体的繁荣发展密切相关，新闻人的前进方向与国家、民族一致。

第四节 新闻地位如何？

新闻理论是新闻行业的驱动力，它不仅从理论上界定新闻的价值和意义，而且是推动新闻事业发展的必要条件。然而，国内以往的学术研究大多参照西方的新闻学理，并在其基础上加以发挥。今天，尤其是在国家新闻事业飞速发展、日新月异的局面下，国内新闻学科亟须学术理论的跟进。原创思维体现了学者的尊严，学者的理论研究不能依靠别人，只能经过自己的艰苦努力来实现。本节所述的四个"第四"理论，前两个"第四"理论是西方的传统理论，后两个"第四"理论则是我们的原创。新闻理论无国界，在前人的基础上有所拓展，有所创新，才是正道。

---

① 中国互联网络信息中心. 第50次中国互联网络发展现状统计报告［R/OL］.（2022-03-02）［2023-08-18］. http://www.cnnic.net.cn/NMediaFile/2023/0807/MAIN16913714428732J4U9HYW1ZL.pdf.

（一）第四权力（the fourth estate）

"第四权力"，是指与立法、行政、司法三者并列的一种权力。

它是西方社会的一种关于新闻传播媒体在社会中地位的比喻，认为新闻媒体总体上拥有与立法、行政、司法并立的权力。它既可以被认为是一种能行使制衡权的社会力量，或曰政治力量，也可被理解为是一种新闻媒体在法律保护和制度保障前提下所享有的新闻自由。

1974 年 11 月 2 日，美国联邦最高法院法官波特·斯图尔特（Potter Stewart）在于耶鲁大学进行的一次演讲中，根据新闻媒体在现代社会的重要作用，提出了"第四权力"理论，他从法学角度论述，认为宪法保障新闻自由的目的就是保障一个有组织的新闻媒体，使其能够成为政府三权之外的第四权力，以监督政府，防止政府滥用权力，使之发挥制度功能。①

通常的观点认为，就美国而言，其最高行政权代表为总统，最高立法权代表为国会（包括参议院、众议院），最高司法权代表为最高法院。此三权分立、互相制衡，在第四权力（媒体）出现后，制衡的力量又多了一个，第四权力可以防止前三者的权力被滥用或误用。

美国第三任总统托马斯·杰弗逊（Thomas Jefferson），《独立宣言》起草人，与华盛顿、本杰明·富兰克林被并称为美国"开国三杰"。他曾提出，自由权利（新闻出版）应成为对立法、行政、司法三权起制衡作用的第四种权力。他的言辞十分决绝："民意是我国政府赖以生存的基础，所以我们首要的目标就是要保持这种权利；若由我来决定我们是要个没有报纸的政府，还是要个没有政府的报纸，我会毫不犹豫地选择后者。"②

马克思曾提出"第三种权力（第三个因素）"的假说。他于 1850 年著文谈道："当报刊匿名发表文章的时候，它是广泛的、无名的、社会舆论的工具，它是国家中的第三种权力。"③ 此前，1843 年，他就在其主办的《莱茵报》上说：

---

① 顾理平. 新闻法学：修订版 [M]. 北京：中国广播电视出版社，2005：252.
② 新闻自由委员会. 一个自由而负责的新闻界 [M]. 展江，王征，王涛，译. 北京：中国人民大学出版社，2004：7.
③ 马克思，恩格斯. 马克思恩格斯全集第 19 卷 [M]. 中共中央马克思恩格斯列宁斯大林著作编译局，译. 2 版. 北京：人民出版社，2006.

管理机构和被管理者都同样需要第三个因素。这个因素是政治因素，但同时又不是官方的因素，它不是以官僚的前提为出发点；这个因素也是市民的因素，但同时又不直接同私人利益及其迫切需要纠缠在一起。这个具有公民头脑和市民胸怀的补充因素就是自由报刊。①

案例 1

费城《曙光报》批评总统华盛顿②

1797年，乔治·华盛顿（1732—1799）在连任两届总统后即将卸任。这位"美国国父"、开国元勋、独立战争中殖民地军队总司令仍然大权在握。但是，费城《曙光报》却毫不客气，居然刊登批评讽刺他的文章，言辞甚为激烈，非但大不敬，还实有诬蔑贬损之意。该文大意为："此人是我国一切不幸的源头，今天，他终于滚回老家了，再不能专断擅权，为害美国了。如果有一个时刻值得举国欢庆，那显然就是此刻。政治邪恶与合法腐败，将伴随华盛顿的黯然离去而退出历史舞台。"按照著名司法记者安东尼·刘易斯（Anthony Lewis）的话说："政治漫画家对华盛顿也毫不手软，有人甚至把他的头像安在一头驴身上。"

正如刘易斯所言："放眼美国历史，还有谁比华盛顿功绩更大，更能傲然无愧于各类批评？"

案例 2

总统夫人要奢侈，媒体与公众皆说"不"

20世纪80年代，时任美国总统里根的夫人南希·里根（Nancy Reagan），希望将白宫官邸内的卧房床铺换成好莱坞式的奢华床铺。此事经媒体报道，引起社会民众的不满，民众一致认为，国家首脑不该将自己奢华的生活方式炫耀于世，而应该以简朴垂范国人。公众舆论来势汹汹，迫使白宫主人思索再三，不敢招致众怒，置换床铺之事也就不了了之。这正是"第四权力"发挥制衡效用的体现。

---

① 马克思，恩格斯. 马克思恩格斯全集第19卷［M］. 中共中央马克思恩格斯列宁斯大林著作编译局，译. 2版. 北京：人民出版社，2006.
② 本文中未注明出处和作者的案例均来自新闻媒体的公开报道，经作者整合而成。

案例 3

中国记者张季鸾痛斥蒋介石

1927年12月2日,张季鸾(1888—1941)在他主办的天津《大公报》上发表社评文章——《蒋介石之人生观》。其文洋洋洒洒,不留情面,直抒胸臆,痛快淋漓,其中不乏对当时国民党领袖人物蒋介石的尖锐批评、嘲讽,甚至称其"浅陋无识""人生观谬误""崇拜本能""抹杀人类文明进步""不学无术""复误青年"。

(二)第四等级(the fourth grade)

"第四等级"又名"第四种族",是指在贵族、僧侣、平民以外的第四个社会阶层。它原是西方社会对新闻记者的一种称谓,体现了新闻媒体和记者特殊的社会地位。此种说法源于18世纪的英国,当时的英国议会在贵族、僧侣、平民的议席之外设置了记者旁听席,称他们为远比贵族、僧侣、平民都重要的第四等级。1774年,在一次国会会议上,政治家埃德蒙·伯克(Edmund Burke)首次称记者为"第四阶级",与贵族、僧侣、平民并列。此后,英国《泰晤士报》主笔亨利·里夫(Henry Reeve)于1855年10月的《爱丁堡评论》上撰文,认为今天新闻界已经真正成为一个国民等级,甚至比其他任何地方的等级都更强大。

国内研究者认为,正是受到日本学者松本君平(1870—1944)[①]于1899年出版的《新闻学》中对欧洲新闻媒体作用认识的影响,梁启超接受了"第四等级"观念,并开始使用松本君平的译法,称其为"第四种族"。

中国第一本国外新闻学翻译著作,即1903年上海商务印书馆翻译并出版的松本君平专著《新闻学》,全书共36章,11万字,分为应用、理论、历史、经营四部分。书中有言:"盖新闻之要旨,不在粉饰社会之现象,而在据实直书,以供社会之评断,做社会之鉴镜……社会美,则其镜明;社会恶,则其镜晦。"梁任公推崇此书,在1901年12月21日出版的《清议报》第一百册发表了《本馆第一百册祝辞并论报馆之责任

[①] 松本君平,笔名"世民学人",1870年生于静冈县富商之家,享年74岁。他受教于英国传教士,留学美国,获得文学博士学位。他是新闻教育家、政治家和外交家,曾任《东京日日新闻》记者,也曾随明治维新九元老之一伊藤博文访问欧洲。他将自己在东京政治学校所开设的新闻学课程的讲义整理成册,是为《新闻学》,也是其唯一一本新闻学著作。

及本馆之经历》一文，并于其中援引了该书文句："（记者）彼如豫言者，驱国民之运命；彼如裁判官，断国民之疑狱；彼如大立法家，制定律令；彼如大哲学家，教育国民；彼如大圣贤，弹劾国民之罪恶；彼如救世主，察国民之无告苦痛而与以救济之途。"

无论是松本君平"第四种族"的说法，还是英国政治家埃德蒙·伯克"第四等级"的观念，与前面谈到的杰弗逊最早提出的"第四权力"的意义都是相通的，目的无非是强调新闻媒体的作用和新闻从业者的影响力。

（三）第四需要（the fourth need）

"第四需要"，是指人类在空气、水、阳光三项生存基本需要之外，也需要新闻。

新闻，源于人类的天性——好奇心。21世纪的人类"基因突变"，变成了"新闻动物"。全球化、数字化、信息化、电子化带来的新媒体、融媒体和自媒体，让新闻通讯、信息传递成为"所有人对所有人的传播"。

在传统纸媒与新媒体之广播、电视、互联网和智能手机的共同作用下，新闻的受众几乎达到饱和的状态，使新闻传播在社会上能基本实现全天候、全覆盖的传播。

根据国家新闻出版署的统计，2021年，全国共出版报纸1752种。《中华人民共和国2022年国民经济和社会发展统计公报》显示：2022年，广播节目综合人口覆盖率为99.6%，电视节目综合人口覆盖率为99.8%；上网人数为10.67亿，其中手机上网人数为10.65亿，互联网普及率为75.6%。全球范围内，新闻已经成为规模最大、收益最大、影响力最大的产业。通常情况下，亿万普通人的日常生活都会被来自四面八方、铺天盖地的新闻信息所覆盖。人们24小时离不开电脑、手机，正像人们不可一日无新闻。

新闻，已经成为人类的生存需要。

新闻，是地球智慧生命继空气、水、阳光之后的"第四需要"。

（四）第四教化（the fourth civilizing）

"第四教化"，是指在社会中除了伦理、教育、文艺三者的又一种教化——新闻。我们知道伦理观念促进了文明，教育的浸润和文艺的熏陶也如此，那么，新闻的启蒙开智、移情悦性的作用亦不例外。

人类漫长历史中的文明进步是循序渐进的，在家庭为教养，在学校为教育，在社会为教化。就整个社会来说，最能发挥教化功能的非政府宣传莫属，学校教育体系的教化作用亦不可小视，文艺作品能对大众熏陶浸染，其启迪作用也值得认可，而新闻启蒙思想、传播知识、臧否人物、惩恶扬善的伟力却鲜为人知，或很少被人提及。

关于"教化"的理念，古已有之，堪称中华文化的珍贵遗产，所谓"德化"是也。春秋《礼记·经解》记载：

> 孔子曰："入其国，其教可知也。其为人也，温柔敦厚，《诗》教也；疏通知远，《书》教也；广博易良，《乐》教也；洁静精微，《易》教也；恭俭庄敬，《礼》教也；属辞比事，《春秋》教也……其为人也温柔敦厚而不愚，则深于《诗》者也；疏通知远而不诬，则深于《书》者也；广博易良而不奢，则深于《乐》者也；洁静精微而不贼，则深于《易》者也；恭俭庄敬而不烦，则深于《礼》者也；属辞比事而不乱，则深于《春秋》者也。"

孔夫子还曾说："故礼之教化也微，其止邪也于未形。"

西汉《毛诗序》在谈论《诗经》时也说："经夫妇，成孝敬，厚人伦，美教化，移风俗。"正如古人所言，千百年诗教可以"美教化，移风俗"，而当今的新闻传播同样可以提升个人的"人生修养"，并养成健全的社会。著名新闻人邹韬奋在谈及新闻刊物的职责和使命时曾说：

> 本刊期以生动的文字，有价值有兴趣的材料，建议改进生活途径的方法，同时注意提醒关于人生修养及安慰之种种要点，俾人人得到丰富而愉快的生活，由此养成健全的社会。①

第五节 新闻在社会和历史中扮演什么角色？

新闻在社会中扮演的是"社会推手"角色，在历史中扮演的是"人类日记写手"角色。

新闻作为社会推手，它的主要职能和作用是推动整个社会的文明进步，所使用的工具包括传统和现代媒介的纸媒、广播、电视和网络，具体的方法是挖掘、报道事实

---

① 邹韬奋. 韬奋全集：第1卷[M]. 上海：上海人民出版社，1995：839.

真相，传播有效的知识、信息，弘扬公平、正义的理念，表达广大民众的心声。

在社会文化领域，新闻比哲学朴素，比文学客观，比历史急切，比艺术知性，比法律温柔，比教育灵活，它较之此六者在更长时间内被更多人的目光所关注，在人们日复一日的日常生活中不断被更新，与时代同步，与大众同行，从而也更显得不可或缺、平易近人。这正是新闻文化的题中应有之义。

新闻——是人类的日记，是剪贴而成的历史。它通过真实地记录现实改变现实，也通过描述当下召唤未来。它扮演了一个社会文明进步的推手的角色。在传统媒体兴盛的很长一段时期内，读者收藏和剪辑报纸的行为令人感动。他们分门别类地将报纸文章裁剪下来，粘贴并汇编于一处，一天、两天、一年、两年、十年、二十年……连续不断地苦心积累，让剪报成册。这种不同地域、被冠以不同名称的"报纸剪辑本"，既是报章的私人珍藏本，又是公众共享的"史记"。

作为珍贵的历史文献，自1605年世界上的第一张报纸发行以来，数百年间，世界上数以千万计的不同国度、不同文字、不同名称的新闻报刊，被精心地、整齐地、按照编号序列收藏在大英博物馆、美国国会图书馆、柏林国家图书馆和中国国家图书馆等富丽堂皇、设施齐备的图书馆中。我们在中国国家图书馆查阅100年前的泛黄的新闻纸时，摩挲纸页，会顿觉怦然心动，恍如与隔世隔代的新闻前辈晤面、恳谈，而摄影胶片所复制的更早的报纸的影印件则更令人感慨万千。这就是"新闻司马迁"们的真迹啊！

案例 4

少年中国说[①]（节选）

（1900年第35册《清议报》）

故今日之责任，不在他人，而全在我少年。少年智则国智，少年富则国富，少年强则国强，少年独立则国独立，少年自由则国自由，少年进步则国进步，少年胜于欧洲则国胜于欧洲，少年雄于地球则国雄于地球。红日初升，其道大光；河出伏流，一泻汪洋；潜龙腾渊，鳞爪飞扬；乳虎啸谷，百兽震惶；鹰隼试翼，风尘吸张；奇花初胎，矞矞皇皇；干将发硎，有作其芒；天戴其苍，地履其黄；纵有千古，横有八荒，前途似海，来日方长。美哉我少年中国，与天不老；壮哉我中国少年，与国无疆！

（作者：梁启超）

---

① 梁启超.少年中国说［M］//梁衡.影响中国历史的十篇政治美文.北京：中国人民大学出版社，2012：59-65.

案例 5

记念刘和珍君[①]（节选）

（1926年4月12日第74期《语丝》周刊）

真的猛士，敢于直面惨淡的人生，敢于正视淋漓的鲜血。这是怎样的哀痛者和幸福者？然而造化又常常为庸人设计，以时间的流驶，来洗涤旧迹，仅使留下淡红的血色和微漠的悲哀。在这淡红的血色和微漠的悲哀中，又给人暂得偷生，维持着这似人非人的世界。我不知道这样的世界何时是一个尽头！

……………

惨象，已使我目不忍视了；流言，尤使我耳不忍闻。我还有什么话可说呢？我懂得衰亡民族之所以默无声息的缘由了。沉默呵，沉默呵！不在沉默中爆发，就在沉默中灭亡。

（作者：鲁迅）

[①] 鲁迅.鲁迅全集：第3卷［M］.北京：人民文学出版社，2005：289-295.

第四章
新闻功能论
——四大社会职能

新闻的社会功能体现在方方面面，它本身构成利润可观的巨大文化创意产业，同时具有难以估量的精神价值和意义，并逐渐成为大众群体日常生活中的必需品。自其诞生之日起，新闻就一直强有力地推动着历史的发展，在人类社会进步的历程中起到重要作用。新闻媒体的使用价值凸显于其检测社会环境，协调社会关系，传承文化，提供娱乐的功能上。打个比方，新闻和新闻业——如同我们脚下的大地上的古老的大树，深深扎根，夹带着新鲜泥土的芳香；又似我们头顶的天空中的拥有一双锐眼的苍鹰，纵览寰宇，展翅翱翔。谁不想在每天早晨醒来时，看到一个崭新的世界出现在自己面前？那份希冀，就如同我们第一次憧憬美好爱情时的冲动和期盼一样！

新闻，无非是人类对美好生活的期盼和愿景！让我们再重复一遍，中国伟大的文化先人曾说："苟日新，日日新，又日新。"此"汤之《盘铭》"用在新闻理论中也依然适用。又有古语曰："天行健，君子以自强不息；地势坤，君子以厚德载物。""天行健"，新闻人亦应自励；"地势坤"，新闻业亦该承载社会责任之大业。

法国新闻学者贝尔纳·瓦耶纳（Bernard Voyenne，1920—2003），在论述新闻的社会职能时说："广义地说，新闻就是在表现社会。因此，根据它所置身其中的社会环境的总和，它不仅采用多种多样的形式，而且具有多种多样的职能。"[①] 瓦耶纳将新闻业归结为"一种语言"："新闻企业毕竟与其他行业不同，因为它是一种语言，能连接所有人，也能为权力、意志优先提供场所。很多报刊的创办者并不以利润为最主要的目标，或者不仅仅是以利润为主，而是把报刊作为指导思想的工具，有选择地介绍事

---

① 瓦耶纳.当代新闻学[M].丁雪英，连燕堂，译.北京：新华出版社，1986：22.

物……"① 瓦耶纳列举了新闻媒体的诸多社会职能，例如"报道职能""辩论职能""娱乐职能""教育职能"等，但是，我们在这里要强调的是新闻伦理的观念与观点。作为新闻人，笔者数次思考新闻的意义，是什么让我们甘愿付出一生的努力，且无怨无悔呢？或许，答案就隐藏在新闻伦理之中。它们使新闻人拥有了一种神圣的义务感，使我们超越了对物质的追求，它们触及了我们灵魂的深处。从新闻伦理的角度看，新闻具有"四大社会职能"：

（一）启蒙发动机；

（二）民主推进器；

（三）社会晴雨表；

（四）政治监控仪。

真正履行上述新闻职能谈何容易，但是，我们的新闻前辈作出了榜样。

第一节 启蒙发动机

新闻时代是一个开启智慧的时代，21世纪的人们充分利用报纸、广播、电视、网络、智能手机来获取信息和知识，并且享受精神上的消遣和娱乐。回望历史，欧洲漫长的中世纪被称为黑暗的世纪的原因之一就是新闻缺失所造成的"暗室效应"，信息不畅使人们视线不明。只有在第一张新闻纸出现以后，社会大众传媒的"天窗"开启了，传播领域的天地才变得一片敞亮。古腾堡的印刷机刷新的不只是报刊的纸张和图书馆的书籍，还是人类知识传播的速度和效率，从而使新闻业的发展有了技术的支撑。这种情景被当时的思想家描述为"启蒙"。此后数百年的新闻史表明，启蒙的引擎一旦发动，其强大的威力便逐渐显现，它不断以指数级速度增长的受众群体会将知识和信息传播开，最终成就整个"地球村"村民们的知识盛宴。

在世界新闻史上，1947年的一篇影响巨大而深远的文献——《一个自由而负责的新闻界》，受到广泛关注。其中谈到新闻作为"启蒙发动机"的作用："着眼于公众启蒙的优良行为，同样也是优良商业。大众传播机构所服务的需求并非静止不变。年复一年，它们在增强和改变着公众的兴趣。它们有责任提升而不是降低公众情趣。"②

---

① 瓦耶纳. 当代新闻学［M］. 丁雪英, 连燕堂, 译. 北京：新华出版社, 1986：23.

② 新闻自由委员会. 一个自由而负责的新闻界［M］. 展江, 王征, 王涛, 译. 北京：中国人民大学出版社, 2004：56.

案例 1

王韬创办《循环日报》

王韬被誉为"中国新闻报纸之父",他于1874年创办了中国第一份有影响力的报纸《循环日报》,数年间,他于其上发表了洋洋洒洒共800多篇的具有启蒙价值的政论文章。应该说,是他首次在中国发动了纸媒的"启蒙引擎",带动了后继者(维新派领袖人物梁启超等),在此仅以一文为例。他在1874年登载于《循环日报》的《变法》中说:

"易曰:穷则变,变则通。知天下事,未有久而不变者也……自明季利玛窦入中国,始知有东西两半球,而海外诸国,有若棋布星罗;至今日,而泰西大小各国无不通和立约,叩关而求互市,举海外数十国悉聚于一中国之中,见所未见,闻所未闻,几于六合为一国,四海为一家;秦、汉以来之天下,至此而又一变。呜呼!至今日而欲辨天下事,必自欧洲始!以欧洲诸大国,为富强之纲领,制作之枢纽。舍此,无以师其长而成一变之道……然而一变之道难矣。以今日西国之所有,彼悍然不顾者,皆视以为不屑者也。其言曰:我用我法以治天下,自有圣人之道在。不知道贵乎因时制宜而已。即使孔子而生乎今日,其断不拘泥古昔,而不为变通,有可知也。今观中国之所长者无他,曰:因循也,苟且也,蒙蔽也,粉饰也,贪冒也,虚骄也;喜贡谀而恶直言,好货财而彼此交征利。其有深思远虑矫然出众者,则必摈不见用。苟以一变之说进,其不哗然逐之者几希!盖进言者必美其词曰:中国人才之众也,土地之广也,甲兵之强也,财力之富也,法度之美也,非西国所能望其项背也。呜呼!是皆然矣……变之之道奈何?其一曰:取士之法宜变也。贴括一道,至今日而所趋益下,庸腐恶劣不可向迩……其一曰:练兵之法宜变也……其一曰:学校之虚文宜变也……其一曰:律例之繁文宜变也……是不如减条教,省号令,开诚布公,而与民相见以天也。凡是四者,皆宜亟变者也。四者既变,然后以西法参用乎其间。而其最要者,移风易俗之权,操之自上。而与民渐溃于无形,转移于不觉。盖其变也,由本以及末,由内以及外,由大以及小,而非徒恃乎西法也。"

如此尖锐的争论文章,创作于19世纪70年代,其启蒙之宏旨,深邃幽微;思想之睿智,横绝四海。其中许多思考和见解,即使在今天看来依然具有现实意义,犹如木铎之音不绝于耳……

案例 2

梁启超：识"时务"者为俊杰（节选）
——写在《时务报》创刊 115 周年

（2011 年 8 月 2 日《北京日报》）

　　报人不知《时务报》，即不知近代报刊业的发端；记者不知梁启超，便不知新闻健笔之鼻祖。1896 年 8 月 9 日，中国人办的第一本启蒙杂志《时务报》创刊，创办人和主笔是梁启超，同仁尚有黄遵宪、汪康年等。这份旬刊以开启民智、变法图存为宗旨，发建立民权国家之新声。

　　先有报刊，后有现代国家。先有舆论，后有戊戌变法及辛亥革命。更何况清朝末年文字现代化自报刊始，而梁启超乃中国白话文写作大家。他以其汪洋恣肆的文笔才力，让观念老朽、表达呆板的八股文相形见绌。胡适赞曰："文字成功，神州革命！生平自许，中国青年。"

　　识"时务"者为俊杰。《时务报》吸引全国各地读者关注并赞助的原因，是它打开中国报业看世界的第一扇窗，让读者呼吸到来自五洲四海的新鲜空气。它首重言论，刊于头条，主要栏目为"东文（日文）报译""英文译编""法文译编"等。译编文章分为"中国时务""外国时务"。

　　在 19 世纪和 20 世纪之交，在近现代中国社会转型期，作为政治活动家、启蒙思想家、教育家、史学家、文学家的梁启超对国家与民族所做的贡献，至少在文化界恐怕难有能望其项背者。即使在 5000 年华夏历史上考量，其开拓中华新思想、新文化、新文字、新人格的成就也堪称巨大。

（记者：彭俐）

　　正是梁启超最先发现了民族劣根性。早在 1903 年，他就在《论中国国民之品格》一文中说："吾人其有伟大国民之欲望乎？则亦培养公德，磨砺政才，剪劣下之根性，涵远大之思想，自克自修，以蕲合于人格。"他指出当时中国人的顽疾：缺爱国心，少独立性，乏公共心，亏自治性。当 31 岁的梁启超发表《论中国国民之品格》时，22 岁的鲁迅正在日本读书，他也开始注意国民性问题。或许是梁启超的真知灼见启发了后来者鲁迅，让他于 1921 年写出旨在揭示民族劣根性的小说《阿 Q 正传》。很显然，发现民族劣根性并提出改造国民的这份功劳，应记在梁氏身上。梁启超的煌煌巨作《饮冰室合集》，洋洋 1400 多万字，思接千载，视通万里，博大精深，气度非凡，至今仍能阔人眼界，发人幽思，启人心智，动人肺腑，此等大家亦可被称作近一百多年以来执笔为文者中第一人也；而梁启超"学术之渊粹，人格之崇峻"更可谓无出其右。

第二节　民主推进器

历史上，中国新文化运动提倡科学与民主，被称为一次伟大的思想解放运动，"科学"和"民主"两个概念从此深入人心，它们在当时被形象地叫作"赛先生"（Mr.Science）和"德先生"（Mr.Democracy）。一般来讲，新闻报道的公开性和公正性与社会民主建设关系密切。有识之士认为——公开是最好的宣传，沟通是最好的疏导，而提高媒体的公信力，在很大程度上取决于新闻中的"赛先生"真能使人"哇塞"，新闻中的"德先生"真正"有德"。

和美国新闻业的起步阶段——适逢其作为北美殖民地的十三州时期——面临着英国殖民者的束缚一样，中国新闻业的开创阶段，也曾面对殖民列强，并且经历了1860年英法联军火烧圆明园、1900年八国联军攻入北京的惨痛。中国早期新闻人王韬、梁启超等办报办刊发轫于此，报刊作为天下之公器，也正是民主之利器。民主推进，无问东西。美国的独立先驱正是报人——美国新闻业的发端与美国革命的诉求息息相关。当时，北美十三州仍处于殖民统治之下，英国尽一切努力压制殖民地人民的言论自由。例如，1690年，出版商本杰明·哈里斯（Benjamin Harris）试图出版《国内外公共事件报》，他的努力很快遭到英国方面的阻挠。最终，对言论自由的压制激起了美国开国元勋们对民主的热情。

同样，中国报人也是在为推翻清朝封建统治而进行的艰苦卓绝的奋斗中，奋力呼号，以期启迪民智，开创未来。1895年创办《万国公报》的新闻人梁启超和先后担任《时务报》《湘报》（湖南省第一份日报）董事的谭嗣同，也曾为拯救民族于危亡而筹划于密室。当时的报界同仁对于新闻出版发行之于国家、民族的发展思考甚多，感慨系之。报纸乃受阳光暴晒之物，绝非在密室里策划而成。它可以反映国家的状况，揭示人性的真实。国家愈强盛，则出版物愈多。当时欧美的先进发达国家可以佐证，新闻纸大大增长了国民见识，使之不为国籍和疆界所局限，而中国欲图强，必视新闻纸贵。

19世纪末直到21世纪初，100多年的近现代中国新闻史，上演了一幕幕催人泪下，也催人奋进的鲜活"戏剧"。

新闻概论

案例3

中国民主同盟创办《民主周刊》

1944年12月9日,中国民主同盟第一个地方组织——民盟云南省支部创办了《民主周刊》。1946年1月,《民主周刊》北平版创刊,后改名为华北版,潘光旦、闻一多、潘大逵等人先后任社长。此刊宣传民盟政治纲领,发表民盟对时局的态度,当时的撰稿人曾昭抡、潘光旦、潘大逵、闻一多、闻家驷等,皆为文化学术界知名人士。其政治宣言文献,即1945年的《中国民主同盟对抗战最后阶段的政治主张》一文提出:"一、召集各党派会议,产生战时举国一致之政府。二、保障人民言论、出版、集会、职业、身体之自由,废除一切妨害上列自由权利之法令与条例。……七、废除特务及劳动营等类组织。"

案例4

责任感使我们出类拔萃(节选)

(2003年11月11日《新京报》发刊词)

北京这些日子风风雨雨,天空没有想象中那么澄澈。但是,天安门依然巍峨耸立,长安街依然车水马龙,香山的红叶还是如期而至,潭柘寺的钟声还是照样悠扬。时间伟大得无法遏止,该来的总归要来。新京报一声嘹亮的啼哭,划破千年古都的沉静。历史开始了。

历史闪回,往事历历:

155年前,卡尔·马克思创办了新莱茵报。152年前,亨利·雷蒙创办了纽约时报。85年前,邵飘萍创办了京报。54年前,光明日报和南方日报诞生在新中国的拂晓和黎明。4个月前,光明和南方一见钟情。3个月前,光明和南方共偕连理。今天,2003年11月11日,冰雪消融,多云转晴,新京报在中国首都北京横空出世。

……………

由于历史上进步报人邵飘萍创办的京报曾经烛照过一个时代,我们这张新京报的创刊,被外界广泛解读为一次伟大的复刊行动。这实在是一个善意的、富有创造性的误解。我们不敢掠人之美。但是我们也不能数典忘祖。作为有理想的当代中国报人,不能只向国外报业巅峰仰望,更要向本国史上难能可贵的报业传统致敬。知识分子的良心,从来就是奠定报业大厦的基石;知识分子的风骨,从来就是支撑报业大厦的脊梁。历史上的京报如此,新京报也理应如此。对国家和人民利益的看护,对理性的呼唤,对权力的制衡,对本真的逼近,对美好的追求,对公义的捍卫,对丑恶的鞭挞——这是媒体的普世价值和终极价值,也是中国执政党共产党所倡导的价值,那就是"权为民所用,情为民所系,利为民所谋"。

大众传媒乃社会生态链条中不可或缺的一环。一个地区媒体兴旺发达与否,乃判断这个地区社会生活质量的一项重要指标,有责任感的媒体人总是善于从中领悟报效国家、造福社会、服务人民的道理。

纵观历史,中国自秦始皇时代以来,在两千多年漫长的封建帝王统治下,天下一姓,庙堂一言,已经成为一种社会制度的常态。天下皇帝一家一姓,庙堂天子一人一言。"防民之口,甚于防川",文人因言获罪,言路闭塞。北宋"乌台诗案"(元丰二年,1079年)即一典型案例,御史何正臣等人上表弹劾苏轼①,指出苏轼移知湖州(今浙江湖州)到任后谢恩的上表中,用语暗藏讽刺朝政的内容;御史中丞李定也列举了苏轼的四大可废之罪,主要指控他写诗文诽谤朝政、反对新法、指斥皇帝。这一案件先由监察御史告发,后由御史台审理。所谓"乌台",即御史台,因其官署内遍植柏树,又名"柏台",柏树上常有乌鸦栖息筑巢,乃名"乌台"。其时,退居金陵(今天江苏南京)的王安石上书神宗皇帝说:"安有圣世而杀才士者乎?"许多与苏政见相同的有识之士也上书劝谏。因此,苏轼侥幸免于一死。清朝大兴文字狱更是有过之而无不及,康熙时的"明史案",共屠戮70余人,牵连千余人。其中,进士徐骏写下"明月有情还顾我,清风无意不留人"之句,只因"明月有情"有怀念明朝之嫌,徐骏被斩;民间传说查嗣庭作为乡试考官出题"维民所止"(《诗经·商颂·玄鸟》),被雍正朝廷下令将其全家逮捕严办。一家之天下,很可能导致"万马齐喑",往事不堪回首,却能警醒今人。

转眼到了近现代,新闻人沈荩(1872—1903)、邵飘萍、林白水(1874—1926)、黄远生(1885—1915)个个吐真言,却不幸以身殉职,而其他因言获罪的记者亦不在少数。"言论自由"(freedom of speech)一词来自西方,是指公民享有以口头、书面或其他形式获取和传递各种信息、思想的权利。西方强调"言论自由"是公民的一项基本权利,是人类自由和民主自治的基石,被誉为公民的"第一权利"或"首要人

---

① 1079年7月,苏轼在湖州上任,因"乌台诗案"获罪入狱,次年元月,被流放至黄州(今湖北黄冈)。《赤壁赋》(元丰五年,1082年)即贬谪黄州时所作。诗案之前,苏轼自1071年任杭州通判以来,曾任密州(今山东诸城)知州、徐州(今江苏徐州)知州和湖州(今浙江湖州)知州,政绩卓著。

权"。《世界人权宣言》第十九条指出：人人有主张发表自由之权——此项权利包括保持主张而不受干涉之自由，以及经由任何方法不分国界以寻求、接收并传播消息意见之自由。法国启蒙思想家伏尔泰（François-Marie Arouet，笔名 Voltaire，1694—1778）反对君主制度，提倡自然神论，批判天主教会，主张言论自由，为法国大革命（1789年7月14日）的爆发提供了舆论准备。伏尔泰作为18世纪法国资产阶级启蒙运动的泰斗，被誉为"法兰西思想之王""法兰西最优秀的诗人""欧洲的良心"。他主张开明的君主政治，强调自由和平等。他于1733年发表《哲学通信》，宣扬英国资产阶级革命的成就，抨击法国的专制政体。其书信集出版后立即被查禁，巴黎法院下令逮捕作者。有一句与他相关的名言："我并不同意你的观点，但是我誓死捍卫你说话的权利。"[1] 他本人亦信奉自然权利说，认为人们本质上是平等的，人人应该享有自然权利。他还认为：说出一个人真实的思想是人生极大的安慰。比法国思想家伏尔泰晚出生57年的美国第四任总统麦迪逊，对于"言论自由"的解释比前者更加简洁有力，他认为：如果有检查言论的权力，那也应当是人民拥有检查政府言论的权力，而不是政府拥有检查人民言论的权力。他还指出：当损害人民权力的手段由人民最不怀疑的人掌握时，人民往往处于最大的危险之中。

麦迪逊的文笔诙谐幽默而其思想又深刻隽永："如果人都是天使，就不需要任何政府了。如果是天使统治人，就不需要对政府有外来的或内在的控制了。在组织一个人统治人的政府时，最大的困难在于必须首先使政府能管理被统治者，然后再使政府管理自身。毫无疑问，依靠人民是对政府的主要控制；但是经验教导人民，必须有辅助性的预防措施。"[2]（If men were angels, no government would be necessary. If angels were to govern men, neither external nor internal controls on government would be necessary. In framing a government which is to be administered by men over men, the great difficulty lies in this: you must first enable the government to control the governed; and in the next place oblige it to control itself. A dependence on the people is, no doubt, the primary control on the government; but experience has taught mankind the necessity of auxiliary precautions.）

自从现代媒体参与社会生活，其舆论引导的功能越来越显著。尤其是在网络时代，公众对社会问题的参与和讨论越来越频繁，"人人都有麦克风"，大众对事物的看

---

[1] "你说话的权利"还有一说为"他说话的权利"，此语是为伏尔泰撰写传记的英国女作家伊夫林·比阿特丽斯·霍尔在其《伏尔泰的朋友们》一书中"引用"的伏尔泰的一段话。后来，霍尔承认，这段话是她个人总结的，并不出自伏尔泰之口。
[2] 汉密尔顿，麦迪逊，杰伊．联邦论[M]．尹宣，译．南京：译林出版社，2010：354.

法更加多元化，各种各样的多元信息平台也使人们的沟通与交流更加便利，促进了社会民主的发展进程。

第三节　社会晴雨表

假如你想了解一个国家的国事民情，那么，在没有语言障碍的情况下，你只须阅读一下该国销量最大的权威报刊；观看一些主流频道播发的新闻节目；浏览一番互联网名人们的脱口秀以及各种热门话题……你大概就能够知道该国的社会状况到底是风和日丽还是阴霾密布。只要做到这些，你一定会心中有数，因为新闻乃社会之晴雨表。

案例 5

本报 6 年前首报"三鹿奶粉事件"（节选）

（2014 年 11 月 24 日《长江商报》）

2006 年 9 月本报（长江商报）创刊，记者胡梦开始主跑医疗卫生口线。2008 年 8 月 27 日，她一如往常接受武汉同济医院邀请，采访该院小儿外科一项关于婴儿肾结石的新技术，本以为这只是一个普通的医疗技术采访，没想到背后隐藏着一个重大食品安全事件。胡梦至今还记得，当天下午，所有记者一同在医生办公室采访专家。介绍患儿情况时，专家将湖北和江西的三个患儿作为案例，采访过程中，专家说了一句话："这三个孩子喝的都是三鹿奶粉。"

听到这句话，再联想到婴儿肾结石十分少见，胡梦认为，吃同一种奶粉的孩子们患同一种病应该不是巧合。随后，她直接到病房找到了三个孩子和他们的家长。胡梦仔细查看了三位家长随身携带的奶粉，发现他们虽然来自不同地区，但奶粉完全一样。由于孩子们从来没喝过母乳，家长们来医院后也对奶粉产生了质疑。经多方打听，她还了解到，除了武汉，其他地区也出现了类似情况，一些儿科专家也对疾病和奶粉的关系有所质疑。

意识到这可能是个重大问题，并应采访被监督方三鹿集团，胡梦一边写稿，一边与三鹿集团取得联系。次日，《三个婴儿同一种病，奶粉是元凶？》的报道见报，这也是全国首报该事件的报道。由于并无确凿证据，报社选择了对社会、对企业、对媒体本身负责任的做法：不点名，但继续调查，掌握确凿证据后再点名。

……

此后连续多日，长江商报还刊发了《同一奶粉同一病 外省也有工商局：问题如定性将第一时间介入；该奶粉厂家相关负责人将抵汉》《武汉昨日封存三鹿幼儿奶粉 4.7 吨 我省全面清查"三鹿牌"奶粉 工商部门积极协调消费者退货》《700 吨三鹿婴儿奶粉受污染》等稿件，编辑部还配发了《以公共卫生危机高度看待"结石奶粉"事件》社论，这些稿件都先于全国其他媒体。

随着长江商报报道的不断推进，国内多家媒体跟进报道……国内多家媒体开始联系胡梦，当时唯一与三鹿集团接触并得到报告的也只有她一人……"揭露一个真相非常不容易，我收集证据的过程，回过头来看貌似是徒劳，实际上这一事件也正是在长江商报的首发压力下昭然若揭。"胡梦说，9月12日，新华社刊发真相：三鹿集团自曝致病元凶为"三聚氰胺"，为不法分子在原奶粉中添加。

要做出一个社会的"天气预报"，该由谁来观测阴晴之势，分析冷暖之由，探索飓风、海啸的行踪，发布初见端倪的灾害将要来临的预告呢？当然是要依靠新闻记者，依靠这些拥有强烈社会责任感的职业新闻人，他们多年业务经验积累而成的"千里眼""顺风耳"的本事，大可派上用场。

新闻人常说，记者是站在船头的瞭望者。

先让我们追溯历史。苏格拉底（Sokrates，前469—前399）是古希腊著名的思想家、哲学家、教育家、公民陪审员。他和他的学生柏拉图（Plato），以及柏拉图的学生亚里士多德（Aristotle）被并称为"古希腊三贤"，也被后人广泛地认为是西方哲学的奠基者。苏格拉底身为雅典的公民，被雅典法庭以侮辱雅典神、腐蚀雅典青年思想之罪名判处死刑。尽管他曾获得逃亡的机会，但仍选择"饮鸩"而死，因为他认为逃亡只会进一步破坏雅典法律的权威。他主张"专家治国论"，认为各行各业，乃至一个国家都应该让经过训练，有知识才干的人来管理，而反对以抽签选举法实行的民主。苏格拉底曾说：管理者不是那些握有权柄、以势欺人的人，也不是那些由民众选举的人，而应该是那些懂得怎样管理的人。比如说，一条船应由熟悉航海的人驾驶；纺羊毛时，妇女应管理男子，因为她们精于此道，而男子不懂。他还说，最优秀的人是能够胜任自己工作的人。一个人精于农耕便是一个好农夫；一个人精通医术便是一个良医；一个人精通政治便是一个优秀的政治家。2000多年后，美国著名新闻人约瑟夫·普利策（Joseph Pulitzer，1694—1778）提出了和苏格拉底相似的观点：倘若一个国家是一条航行在大海上的船只，新闻记者就是站在船头的瞭望者，他要在一望无际的海面上观察一切，审视海上的不测风云，并及时发出警报。

的确，向社会发布警报的人是值得尊敬的。新闻的"纠错报告"，是新闻社会价值的一种体现。在人类新闻史上，对于国家政府而言，新闻机构每每扮演着监督者的角色，并通过新闻传播的强大影响力而起到"调整航向"和"扳道叉"的作用，从而纠正了人们可能会犯下的错误，改变了历史发展的轨迹。

新闻，虽然不能遮风挡雨，却是国家的避雷针。

1850年的美国人被一个英国来访者称为"看报纸的动物"，当时全美有2000多份报纸，其中200份为日报。事实上，1783年，美国第一份报纸诞生于费城。如果说，是美国新闻界"煽动"了起始于19世纪30年代的废奴运动，并挑起消灭奴隶制的南北战争（1861年4月12日—1865年4月9日），也实不为过。当时，废奴运动因公众演讲而变成一广泛的群众运动，报纸、杂志全文刊登演讲稿件，推波助澜，导致社会舆论汹涌澎湃，不可阻挡，为解放395.3万黑奴而发动的南北战争也就在所难免。在废奴运动十年之际，波士顿市长讥讽、指斥新闻界为"罪魁祸首"，现在看来这却不啻为一种"表彰"。他称最可恶可耻的就是它（新闻界），因为它制造了公开演讲。他认为公开演讲在现在是非常普遍的，如果问一个人新英格兰各州的主要特产是什么，那么他的回答不应该是花岗岩和冰，而应该是公开演讲——这都是新闻界的错。在新闻界制造"废奴"社会舆论的过程中引发最为猛烈的一阵风暴的，是发表在废奴主义者杂志《民族时代》（*National Era*）上的小说——《汤姆叔叔的小屋》（又名《黑奴吁天录》）[1]。小说从1851年6月5日起，总共连载40周，一个主题贯穿全书：奴隶制度的罪恶与不道德。南北战争，即黑奴解放战争，是在19世纪60年代进行的。但从19世纪20年代起，废奴制问题就成为美国进步舆论的中心议题。当时许多著名的美国作家都站在废奴主义者这边，为解放黑奴而呼吁。哈里特·伊丽莎白·比彻·斯托（Harriet Elizabeth Beecher Stowe）便是这批废奴作家中最杰出的一位。

1850年，美国通过了第二部《逃亡奴隶法》，将协助奴隶逃亡定为非法行为予以惩处，并限缩逃亡者与自由黑人所拥有的权利；为了回应这部法律，斯托夫人写了《汤姆叔叔的小屋》这部小说。新闻出版物——杂志连载的小说，对当时的美国社会影响巨大。在南北战争爆发的初期，当总统林肯[2]接见斯托夫人时，曾说过："你就

---

[1] 哈里特·伊丽莎白·比切·斯托（1811—1896），是美国历史上一位著名的作家，出生于一个有名的牧师家庭。她是哈特福德女子学院（Hartford Female Academy）的一名教师，也是一名积极的废奴主义者。

[2] 亚伯拉罕·林肯（1809—1865），共和党人，美国政治家、思想家、战略家，黑人奴隶制的废除者。作为第16任美国总统，其任职期间，美国爆发内战，史称南北战争，他坚决反对国家分裂，废除了叛乱各州的奴隶制度，颁布了《宅地法》《解放黑人奴隶宣言》。林肯击败了南方分离势力，维护了联邦及其领土上不分人种、人人生而平等的权利。1865年4月14日，内战结束后不久，林肯在华盛顿福特剧院被同情南方的演员约翰·威尔克斯·布斯（John Wilkes Booth）杀害。他是第一个遭遇刺杀的美国总统，也是首位共和党籍总统，多次被评价为最伟大的总统。最新版5美元纸币正面印有亚伯拉罕·林肯的照片。

是那位引发了一场大战的小妇人。"在这之前，解放黑奴的南北战争爆发前一年，即1860年，林肯在纽约库珀学院发表演讲。演讲结束后，他马上前往《纽约论坛报》编辑部的办公室，亲自检查、校对自己的演讲稿件在排版时可能出现的文字差错。再早10年，即1850年，政治家威廉·亨利·苏厄德（William Henry Seward）在参议院做处女秀，发表了反奴隶制演讲。报纸为他的演讲做了一字不漏的报道，发行量多达10万份。

在中国新闻史上，最能体现新闻是国家纠错机制的案例，是一篇发表在《光明日报》（1978年5月11日）的政论文章——《实践是检验真理的唯一标准》[①]。这篇社论的作者，是胡福明先生等。该文堪称确定了中国这艘巨大航船驶向改革开放航道的伟大的历史文献。当时，这篇文章在全社会引发了一场关于真理标准问题的大讨论。文章指出，检验真理的标准只能是社会实践，理论与实践的统一是马克思主义的最基本的原则，任何理论都要不断接受实践的检验。这是从根本理论上对"两个凡是"的否定。这场讨论推动了全国性的马克思主义思想解放运动，是中国共产党第十一届中央委员会第三次全体会议实现中国共产党历史上具有深远意义的伟大转折的思想先导。这篇新闻政论文章在中国社会发展史上，作为历史转折、时代变迁的关键节点而存在，充分体现了新闻的价值与力量。

新闻智慧，是一种社会资源，而且是弥足珍贵的智力资源。新闻记者，是一个国家的显性或隐性顾问。

美国新闻人李普曼（Walter Lippmann，1889—1974），用语言和行动很好地诠释了记者作为一个国家和政府的显性或隐性顾问的职责。当有人贬低新闻记者尤其是时事评论工作的意义，说这些记者或评论家作为"局外人"，到处对美国的外交政策或者公共政策大加评论、横加指责时，他的观点是：这些批评事实上否定了民主原则本身。因为人民也是知之甚少的"局外人"，但是他们仍然有权对当局者的作为做出评论。并且，如果国家是在人民的赞同下得以管理的，那么人民对于当局要求人民赞同的事情必须形成见解。人民是怎样做到这一点的呢？——他们是靠收听广播和阅读报纸来了解记者们对于在华盛顿、在全国乃至全世界发生的事情是如何报道，进而形成他们的见解的。所以，记者的作用举足轻重！身为新闻传播学专家的李普曼对国家政策提出过许多良好的建议。譬如，1931年，"九一八"事变后，他向国务卿亨利·刘易斯·史汀生（Henry Lewis Stimson）建议拒绝承认日本侵占中国东北所获的

---

① 本报特约评论员.实践是检验真理的唯一标准[N].光明日报，1978-05-11（1）.

权益。之后,他又主张援助英法抗击德国,反对孤立主义和绥靖政策。1964年9月,林登·贝恩斯·约翰逊(Lyndon Baines Johnson)总统在李普曼75岁生日前授予其总统自由勋章。授勋书上写道:"他以精辟的见解和独特的洞察力,对这个国家和世界的事务进行了深刻的分析,从而开阔了人们的思想境界。"1974年,李普曼85岁生日时,纽约市授予他最高荣誉青铜奖。他一生坚持写作,创作1000余万字。他并不指挥千军万马,但他确实有左右舆论的巨大力量。他是美国最伟大的新闻记者之一。[①]

第四节 政治监控仪

对于一个社会政治机体的健康情况,以及其政治机制运行时存在的安全隐患,新闻的确可以起到监控仪的作用。对于这架颇有效能、常常能准确无误地精密检测和监控的仪器,关键在于你会不会合理地使用它,或愿不愿意使用它;而要想让它废弃不用,或者因为缺乏适当的护理和保养而致其生锈或迟钝,那实际上也是轻而易举的事情。

案例 6

一致的严厉监督(节选)

(1931年《生活》周刊)

以我们手无政权又无军权的一般民众,要收到反抗的实效,唯有采用不合作主义。军官不用命,商人不借款,铁路不开车,轮船不启锭,学界团结起来作反对之演讲宣传,言论界奋发起来作严正的责备;各抱坚决的意志,虽刀锯鼎镬,甘之如饴,如此故死,亡国亦死:共同以不怕死的精神,不合作的武器,作一致的严厉的监督。只需能万众一心,什么坏蛋都孤掌难鸣,抱头鼠窜而逃。倘对外不能作彻底的经济绝交,对内不能抱定团结一致对外的精神,作一致的严厉监督,这样的民族便失去生存于世界上的资格了……

(作者:邹韬奋)

在此,新闻业前辈邹韬奋提到两次"严厉的监督"。

[①] 李普曼,美国新闻评论家和专栏作家,著有《公众舆论》《政治序论》《冷战:美国外交政策研究》《自由与新闻》等,曾做过12位美国总统的顾问,分别于1958年、1962年两次获得普利策奖。

正像美国新闻人普利策所言:"人人负责等于无人负责——记者却要负责。"

这就是记者职责。没有记者,所有革新都要流产。记者监督官员履行职责,报人应当训练有素,明白其权利,敢于履行其职责。这样的报刊职员精干、无私、一心为公,这样的报刊维护社会公德,使人民政府不至于沦为伪装和笑柄。

我们在医生、教师、律师、记者——这四个职业中,会发现一个共性,那就是从业者必须具备相当的素质和品质,具备相应的伦理道德。美国新闻学学者纳尔逊·安特宁·克劳福德(Nelson Antrim Crawford)在他于1924年出版的《新闻伦理学》中,引用了美国报纸编辑协会的新闻伦理委员会于1923年撰写的"新闻规约":"报纸的首要功能是传播人类的行为、感觉和思想。因此,新闻从业者应具备最深入的理解力、最广泛的知识和经验,以及与生俱来或训练有素的观察、推理能力。作为历史的记录者,新闻业扮演着'社会民众的教师'和'社会信息的诠释者'的双重角色。新闻业是一种需要精确知识和博学修养的行业。"[①]——其中,"社会民众的教师"这一称谓,庄严、神圣。我们不能想象教师的品德有缺,或心地不好,或职业的操守可疑,同样,我们也不能想象记者的灵魂不洁。古希腊医师希波克拉底(约前460—前377)创立了医生职业圣典《希波克拉底誓言》,两千多年来成为众多同行的"医疗规约",一句"我要清清白白地行医和生活",让人们体味职业医生的职业操守和尊严。同样,新闻人也应有自己的"誓言"。

从新闻功能的维度看来,不可忽视新闻作为天平的作用,它是一种高品质的衡器。"新闻天平"指一种自由裁量权——为人类甄别真理与谬误提供方式和依据。

英国哲学家、思想家约翰·斯图亚特·穆勒(John Stuart Mill,1806—1873)[②]最早把实证主义思想从欧洲大陆传播到英国,并将其与英国经验主义传统相结合。他在哲学方面的主要著作有1859年的《论自由》。该书被誉为自由主义的集大成之作。通读该书,可以看到对个人和社会之间权利界限的划分是全书的核心要义之所在:一是个人的行动只要不涉及自身以外人的利害,个人就不必向社会负责;二是个人对社会负责的唯一条件是,个人的行为危害到他人的利益。他在该书中指出"人类自由的固有范畴"的三个要素:

(1)属于意识范畴的精神领域的自由(包括良心的自由、思想及感情的自由、认

---

① 克劳福特. 新闻伦理学[M]. 江作苏,王敏,译. 北京:中国传媒大学出版社,2018.
② 穆勒,或约翰·斯图亚特·密尔,也被译作约翰·斯图尔特·穆勒,英国著名哲学家、心理学家和经济学家,19世纪影响力很大的古典自由主义思想家,支持杰里米·边沁(Jeremy Bentham)的功利主义(效益主义)。他是效益主义哲学家詹姆斯·穆勒(James Mill)的儿子,受其父的严格教育,17岁时进入不列颠东印度公司。他一生以新闻记者和作家的身份写了不少著作,是奥古斯特·孔德(Auguste Comte)的实证主义哲学的后继者。

识与感想的自由、发表意见和出版的自由四种自由）；

（2）爱好和职业的自由；

（3）团结的自由。

他对自由的定义如下："每个人在不伤害他人的幸福，以及不妨害他人争取幸福的努力的前提下，用自己本身的方式追求自己本身幸福的自由。"① 该书第二章论及思想言论自由。他列举了三种情况：

（1）少数人的意见或许是真理；

（2）少数人的意见是谬误；

（3）多数人的意见与少数人的意见分别拥有真理。

穆勒主张少数人有发表意见的自由有四点理由，具体如下：

（1）当少数人的意见万一正确时，如果人们迫使其缄默，不使他人知晓而代替他人决定问题，那么人们就会犯认定自己绝对正确无谬的错误。

（2）少数人的意见虽然谬误，但含有部分真理时，如果人们迫使其缄默，人们就会犯认定自己把握了完整的真理的错误。

（3）即使人们所把握的真理完美无缺，如果不允许他人对此发表反对意见，那么人们接受这一真理的方式，就不是以合理根据理解这一真理的方式，而可以说是以一种独断的、片面的方式。

（4）在上述情况下，真理丧失了它的概念上的鲜明性和生命力，它所具有的生动的影响力就会显得苍白无力了。

新闻是一架天平，掂量真理与谬误。

1972 年，美国总统理查德·米尔豪斯·尼克松（Richard Milhous Nixon）的"水门事件"是一个很好的案例。

"水门事件"是美国历史上最不光彩的政治丑闻事件之一，对美国以及整个国际新闻界都有着长远的影响。在 1972 年的总统大选中，为了取得民主党内部竞选策略的情报，6 月 17 日，以共和党尼克松竞选班子的首席安全问题顾问小詹姆斯·W. 麦科德（James W.McCord, Jr）为首的 5 人，潜入位于华盛顿水门大厦的民主党全国委员会办公室，并在安装窃听器并偷拍有关文件时，当场被捕。由于此事，尼克松于 1974 年 8 月 8 日宣布于次日辞职，从而成为美国历史上首位因丑闻而辞职的总统。

它不是孤例，美国总统威廉·杰斐逊·克林顿（William Jefferson Clinton）的

---

① 穆勒. 论自由 [M]. 严复, 译. 南京：译林出版社，2011.

新闻概论

"桃色事件"[与白宫实习生莫尼卡·S.莱文斯基（Monica S.Lewinsky）的情事]也是一个例证。1998年1月17日，当时还名不见经传的新闻网站"德拉吉报道"（Drudye Report）爆出一条内幕消息，说《新闻周刊》删除了一条敏感新闻，总统克林顿跟白宫女实习生莱文斯基有染。几天后，克林顿在涉嫌性骚扰前阿肯色州女职员宝拉·琼斯（Paula Jones）案中，被指责隐瞒他跟莱文斯基的关系，需要接受涉嫌作伪证的调查。事件闹大，记者们越挖越深，独立检察官肯尼思·斯塔尔（Kenneth Starr）也为此介入调查，这些导致克林顿险些成为美国史上第二位遭众议院弹劾的国家元首。同年8月，克林顿向国人发表电视演说，首次公开承认与莱文斯基有不正当关系。不久后，众议院通过了两项弹劾条款，但被参议院于翌年2月否决，克林顿得以逃过弹劾。于是，克林顿"桃色事件"和"水门事件"成了两个独立但又彼此相似的新闻典型案例。

本章所述新闻四大社会功能从不同角度概括并彰显了新闻业在社会生活中的作用，也对职业新闻人提出了更高的标准和要求。尤其是在当前的媒介生态环境中，新闻媒体面临着巨大的压力和挑战，这更需要新闻记者具有强烈的社会责任感、使命感与职业担当。

第五章
新闻事业论
——"五驾马车"理论

新闻业既古老又年轻。说它古老,是因为自17世纪初叶(1605年世界第一张报纸诞生)至今,新闻已经有400多年历史;说它年轻,是由于其业态近百年焕发了新的生机,在20世纪,报纸四次"触电",它的竞争对手——广播、电视、互联网、智能手机相继问世。

正是在这"五种"新闻传播方式——报纸、广播、电视、互联网、智能手机并存且相互竞争的局面下,才会诞生"五驾马车"的新闻学理论。

白马、天马、骏马、黑马、幼马——"五马"狂奔,各显其能,新闻业态呈现前所未有的大格局,景象蔚为壮观。

简述如下:

报纸,是一匹白马,印刷纸白;

广播,是一匹天马,空中电波;

电视,是一匹骏马,画面好看;

网络,是一匹黑马,横空出世;

手机,是一匹幼马,方兴未艾。

各自特点:

(1)白马——报纸——读者——阅读——思考;

(2)天马——广播——听众——聆听——听闻;

(3)骏马——电视——观众——观看——见闻;

(4)黑马——网络——网民——扫描——浏览;

(5)幼马——手机——"指民"——点击——互动。

"五驾马车"理论，正好生动形象地概括了世界新闻事业的昨天、今天和明天。

第一节 白马——报纸

纸媒 400 年（17 世纪至今），人类新闻业跃进美好时代。

（一）白马诞生——报纸印制

1. 一张新闻纸是怎么来的？

我们知道——纸与盐一样洁白，而新闻纸正是带着海盐的味道，从海上漂来的！

新闻纸在大航海时代浮出水面，绝非偶然。倘若没有意大利的克利斯托弗·哥伦布（Cristoforo Colombo，1451—1506）引领的世界地理大发现（始于 1492 年），就没有欧洲资本主义的兴起和工业革命，没有工业革命带来的城市化新生活，就没有纸媒的一席之地。

克利斯托弗·哥伦布，是一位探险家、殖民者、航海家，出生于中世纪的热那亚共和国（今意大利西北部）。当时的欧洲国家纷纷通过建立贸易航线和殖民地来扩充财富。因为得到西班牙王室的资助，哥伦布曾经向西航行到达东印度群岛，并且当上了这一群岛的总督。

哥伦布的一项杰出功绩是发现了北美新大陆，他一路航行，不是在捞鱼，而是在捞纸。当然，这只是一玩笑话，可又不是玩笑话，正是他敢于向未知的世界挑战的气魄和伟大的探险精神鼓舞了与他同时代的人，刺激了各个领域的新发现与新发明，也促成了第一张新闻纸的诞生。

非常巧合的是，人类史上伟大的探险家哥伦布和世界史上伟大的发明——古腾堡的印刷机几乎是在同一年诞生的！1450 年，铅活字印刷机出世，意味着"物质的新大陆"和"精神的新大陆"陆续被人们发现，这极大地促进了人类社会发展的进程。

2. 一张新闻纸是怎么印出来的？

——是由德国金饰匠约翰·古腾堡（Johannes Gensfleisch zur Laden zum Gutenber，1398—1468）所发明的印刷机（用金属活字）印制出来的。

除了哥伦布，我们要感谢的第二个人，就是出生于莱茵河左岸的美丽城市——美因茨，将葡萄榨汁机改装成印刷机，于1450年开办印厂，印出200册《圣经》的古腾堡。①

的确，作为西方金属活字印刷术的发明人，他的发明导致了一次媒介革命，迅速地推动了西方教育、科学、文化和整个社会的发展，是能与东方的毕昇（？—1051）比肩的历史巨人。

人们甚至认为他的印刷术的发明，是诱发工业革命的关键性技术。也正是印刷机的出现使报业兴起，随着报业兴盛，新闻成为一个专业，新闻学成为显学。

让我们永远记住新闻历史上的这一伟大年度——1450年。古腾堡的印刷机不仅印制了《圣经》，也印制了可能是世界上最早的报纸——1605年德国的请求书。他对印刷术的发现不啻哥伦布对新大陆的发现，两项壮举都使自由的思想交流成为可能，让信息规模化传播得以实现。

3. 新闻纸是何时出现的？

有了哥伦布、古腾堡还不够，新闻纸的出现还需要一位报人。

世界上的第一份报纸是一份1605年印制的请求书，现藏于德国"古腾堡印刷博物馆"；一说是同年在荷兰安特卫普出版的《新闻报》；还有研究认为，是1609年在德国的斯特拉斯堡出版的报纸《报道》，该报曾刊登伽利略发明望远镜的消息。

1615年的《法兰克福新闻》[爱格诺尔弗·艾莫尔（Egenolff Emelmann）创办]因名称固定、定期出版、刊登若干新闻，被广泛认为是最早的"真正的报纸"。艾莫尔被誉为"德国报业之父"。

人类历史上有许多时间点上的巧合不是巧合，其中所蕴含的意义发人深思。笔者常想，为什么迄今为止最无可争议的伟大戏剧家英国威廉·莎士比亚（William Shakespeare, 1564—1616），偏偏选择于1616年撒手人寰呢？也许是因为，他看到世界上的第一张"真正的报纸"——《法兰克福新闻》，他觉得从此人类伟大的戏剧作品应该由新闻人去撰写，那是戏剧冲击力一点不少，悲剧、喜剧色彩同样浓厚的人间"活剧"。

事实上，自从莎翁过世，再无第二个莎翁出现，而接替莎翁使命的记者们，忠实

---

① 古腾堡是美因兹的骄傲，德国人自豪地把美因兹称为"古腾堡城"。那里有古腾堡广场、古腾堡大学、古腾堡印刷厂、古腾堡学会等。古腾堡广场上矗立着古腾堡铜像，离广场不到200步，即世界上极负盛名的古腾堡印刷博物馆。这里陈列着古腾堡印刷厂的精华——一架沉重的深色橡木印刷机（复制品），供参观的保险柜里保存着德国文化的珍宝——古腾堡印制的《圣经》，它是现存的西方第一部完整的印刷书籍，印刷于1452—1455年，每页印刷42行，所以又名《42行圣经》。

履行了自己"一支好笔写尽世态人情"的神圣天职。

4. 新闻纸是怎么获得自由的？

——是新闻史上的"侠盗罗宾汉"，约翰·弥尔顿（John Milton，1608—1674）争取来的。

他是诗人、政论家、民主斗士，本为伦敦富家子弟，其父亲从事法律，是一位清教徒，而他却以反皇权的演说《论出版自由》（于1644年被印成小册子）为新闻媒体赢得永久自由权，推翻了当时的官方新闻检查制度。他写作《论出版自由》的原因，是他因出版新作《论婚姻自由》的小册子而被官方查问。他的著名观点是，言论出版自由——是一切自由中最重要的自由。他认为：杀死一个人，是在杀死一个有理性的物质生命；而杀死（禁止）一本书，则是在杀死理性本身。

5. 哥伦布与古腾堡：物质、精神的寻宝人

哥伦布驾驶三桅船，扬帆远航，发现地球上的新大陆，将人们寻觅物质资源、寻金探宝的能力拓展一倍、两倍、三倍……

古腾堡开动印刷机，金属铿锵，找到纸张上的新世界，将蕴藏人们精神财富的书籍的制作效率提高了百倍、千倍、万倍……

此前，一位教士埋头抄书一年，不过能成书一本两本，而印刷机使成书的时间以天计算，且其效率不断提高，50年间复制不同种类的图书约2000万册。同时，报纸的印制速度也同样惊人。

6. 一张新闻纸与一架望远镜："天上人间"的奇迹

1608年，与报纸出现距离极近的一年，世界上出现了第一架望远镜。

伽利略用能放大30倍的望远镜所观望的是"天上"；德国的斯特拉斯堡的报纸《报道》所瞭望的是"人间"。这难道不是一个历史的巧合？或许这巧合暗示着——新闻记者要像天文学家一样，日夜不停地凝视、观察，满怀巨大的好奇心与探索欲，去发现和捕捉大地、生命、社会的运行轨迹和其中的奥秘。

7. 第一张新闻纸与第一台印刷机：诞生德国有原因

为什么世上第一台印刷机和第一张新闻纸都由德国人发明？

先说第一台印刷机，这和发明家约翰·古腾堡居住的城市美因茨的地理位置有

关。美因茨毗邻法兰克福，两座城市相距仅 43 千米。而法兰克福不仅诞生了大文豪约翰·沃尔夫冈·冯·歌德（Johann Wolfgang von Goethe，1749—1832），还是现今重要的国际图书贸易中心，有"德国书柜"之称。而且，早在 1240 年，法兰克福就获皇帝腓特烈二世特许状，首次举办商业博览会，1330 年已成为国际商业展览地。15 世纪的古腾堡，在这样一个素来工商业发达的城市圈里生活，从事金匠的工作，眼界开阔，制作活版印刷机顺理成章。这一发明也和当时德国政治、经济、文化社会的发展程度相契合。

再说第一张新闻纸——这样一个世界新闻业的"头功"，如果不是由德国人来完成，恐怕古腾堡先生本人和他发明的那一台印刷机都不会答应。然而，真正使印刷机发挥最大作用，真正把报纸办好的却不是第一个开办"真正的报纸"的德国人，而是后来的英国人、法国人和美国人。

（二）白马四蹄——纸媒诞生"四个支点"

1. 造纸术与印刷术

古埃及人于公元前 3000 年制造了莎草纸，又名纸莎草、莎草片，是古埃及人广泛采用的书写载体，它由当时盛产于尼罗河三角洲的纸莎草的茎制成。也是在公元前 3000 年左右，古埃及人开始使用莎草纸，它是古埃及文明的一个重要组成部分，古埃及人利用这种草制成的书写载体曾被希腊人、腓尼基人、罗马人、阿拉伯人使用，这种用纸习惯历时 3000 年不衰。① 羊皮纸在古代也曾被广泛使用，欧洲各国普遍使用羊皮纸书写文件，特别是在中世纪。中国蔡伦于 105 年制成"蔡侯纸"，"用树肤、麻头及敝布、鱼网以为纸"（《后汉书·蔡伦传》）。② 纸莎草、蔡侯纸与羊皮纸三足鼎立，构成了古代的造纸业，各自承载了不同的文化。

造纸术是前提，为报纸的复制和传播奠定了基础，而印刷术使报纸的批量生产成为可能。毕昇，北宋布衣，蕲州（今湖北蕲春）人，活字印刷术的发明者。其发明的胶泥活字印刷术，比德国古腾堡早了 400 多年。同时代科学家、政治家沈括（1031—

---

① 纸莎草（Cyperus papyrus），是一种莎草科水生植物，直立、坚硬、高大，和芦苇一样生长在浅水中。其叶从植物底部长出，覆盖茎的下部，可高达 90—120 厘米；茎部不长叶子，可高达 46 厘米；花朵呈扇形花簇，长在茎的顶部。纸莎草原生于欧洲南部、非洲北部等地。
② 蔡伦（61 或 63—121），东汉桂阳人，汉明帝时的宦官、发明家，发明了造纸术。

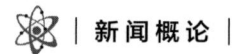

1095）的家人收藏其胶泥字字印，于是此工艺被载入《梦溪笔谈》。古腾堡发明的金属活字印刷术，为现代报业提供了技术支撑。

2. 城市规模与交通邮政

道路交通以及邮政设施的出现使报纸的递送成为可能。

谁发明了世界上的第一个邮筒？我们无从得知，但英国于1635年就规定由国家专营邮政，同时出现了邮筒。

近代邮政的出现，应当归功于英国人罗兰·希尔（Rowland Hill，1795—1879）。他发明了邮票，并于1837年1月发表了《邮局改革——其重要性和现实性》的论文，提出了邮政改革的建议。英国议会于1839年8月讨论通过"一便士邮资法"，1840年1月10日，英国政府决定，开始实行均一资费，降低资费标准并开始使用邮票。这也标志着近代邮政的诞生。世界邮政日——每年的10月9日，即万国邮政联盟的世界性邮政纪念日。

英国苏格兰邓弗里斯-加洛韦行政区的桑克尔邮局是吉尼斯认证的世界上最古老的邮局。该邮局于1712年首度开门营业，不过，因为现任主人打算退休，这家邮局可能会关门，世界上最古老的邮局的头衔也可能因此易主。如果桑克尔邮局关门，世界上最古老邮局的头衔将落到瑞典斯德哥尔摩一家邮局的头上，那家邮局于1720年开业。

勿忘我国的通邮历史——中国在汉代就已有"邮驿"（又名"驿传"），以专人送信取代声光通信（烽火、锣鼓），元、明、清称之为"驿站"。

古希腊雅典的城市人口40多万，古罗马城市人口100万，唐代都城长安（今西安）人口185万，宋代都城汴梁（今开封）有百万人口——只有城市人口的规模达到一定程度，报纸的存在才有意义。

3. 言论自由与行业准入制度

以上两点说的是纸媒出现的硬件条件，但是社会管理层面的软件条件也至关重要。比如，人们的观念。在17世纪初的英国，除了国王发布的政令文件，社会上并没有公众信息的权威发布，因此公众获取信息的渠道比较单一，知识和信息的内容相对匮乏。最早的纸媒必须经皇家许可才能出版，由"星法院"和皇家特许的出版公司具体执行监管。随着1644年弥尔顿在法庭为自己辩护，出版了著名论文《论出版自由》，言论自由的观念在人们心里埋下了一颗种子，他和其他思想家、哲学家对出版自由进行的探讨和他们的主张犹如一道闪电，照亮了黑暗的天穹和大地。人类最早的纸媒的出现实际上带来了一种思想解放，思想启蒙的意味自在其中，它在一定程度上推动了后来的英国大革命。

4. 新闻经营资本与新闻出版法律

"巧妇难为无米之炊"，可以想象，早期的报纸生存艰难，机器设备购置、印刷纸张采买、采编人员聘用都需要大量的资金投入。而世界各地新闻出版法的制定颁布使新闻从业者有了规范，自身的权利得到保护。

（三）白马马厩——世界报业史上的早期的报馆（日报）

1650 年，德国出版商里兹赫在莱比锡创办《新到新闻》，被认为是历史上第一家日报；一说第一家日报是 1663 年由周刊变为日报的德国东部萨克森州的《莱比锡新闻》。

1702 年，英国最早的日报《每日新闻》在伦敦出版，双面印刷，四开小张，成为现代日报的鼻祖；1785 年，现存最古老的报纸《泰晤士报》[①]面世，至今仍在出版发行，300 多年常办常新，令人敬畏。

1777 年 1 月 1 日，法国最早的日报在巴黎出版——《巴黎日报》（至今仍在出版）、《巴黎新闻》（1789 年停刊）。《巴黎日报》不问政争，登载与文学、戏剧、法院新闻、金融行情、卫生报道、时装、广告等相关的消息。巴黎面向全国的综合性报纸有 9 家，分别为《法兰西晚报》《世界报》《费加罗报》《解放了的巴黎人报》《巴黎晨报》《人道报》《解放报》《十字架报》《巴黎日报》。《回声报》为权威性经济日报。在法国 70 多种地方日报中，《法兰西西部报》发行量居全国之首。

1783 年，美国最早的日报《宾夕法尼亚晚邮报》于费城出版，双面印刷，四开小张，后来逐渐形成专业的记者团队。

（四）白马马场——世界最早的通讯社（欧美"四大"通讯社）

通讯社是一个"食品批发中心"，只不过它的"食品"不入口入胃，它是一个入

[①]《泰晤士报》诞生于 1785 年元旦，创始人是约翰·沃尔特的（John Walter）。诞生之初，它被称为《每日环球纪录报》（*The Daily Universal Register*），也有资料将之翻译为《世鉴日报》。1788 年 1 月 1 日，《泰晤士报》正式改为如今的名称。该报是英国的一家综合性的全国发行的日报，是一张对全世界的政治、经济、文化发挥着巨大影响的报纸。如今隶属于鲁伯特·默多克（Rupert Murdoch）的新闻集团。长期以来，《泰晤士报》一直被认为是英国的第一主流大报，被誉为"英国社会的忠实记录者"，其在英国国内政治和国际关系问题上也扮演了重要角色。

心入脑的"文化精神食品"的批发中心,它采集、收集、聚集世界各地最新发生的信息,通过各种渠道和方法向各个国家和地区的新闻媒体发送单语种或多语种的文字、图片及影像资料。通讯社历史悠久,竞争激烈,有的破产,有的重新组合,还有一些保持着旺盛的生命力,依然活跃在今天的新闻舞台上。如法新社、路透社,它们已是古董级的新闻机构,但风采依旧,其中也有规律可循。

1835年,历史上首个通讯社——法国的哈瓦斯通讯社,由法国人(葡萄牙裔)夏尔·哈瓦斯(Charles Havas)创办。它提供新闻与翻译外国报纸的服务,其用户多为外交官与工商人士。哈瓦斯通讯社先用信鸽、后用电报传递信息,是19世纪最具影响力的通讯社之一。在德军占领巴黎后倒闭,但战争结束后又获新生。

1849年,德国的沃尔夫通讯社由伯纳德·沃尔夫(Bernhard Wolff)在德国柏林创办,专门为报纸提供政治与非经济新闻。沃尔夫于1848年任柏林《国家日报》的社长。该通讯社后被改组为德国通讯社。

1851年,英国的路透社在伦敦创立,创始人是德国人保罗·朱利叶斯·路透(Paul Julius Reuter)。路透社也曾用信鸽传递信息,于19世纪末逐渐发展为世界上最大的通讯社。

1846年,美国联合通讯社在芝加哥成立,成为美国最大的通讯社之一。

(五)白马血统——世界报业史上的"质报"与"量报"

所谓做"质报"和做"量报",就是从经营者的角度看,面对不同的目标群体做不同的针对性报道。

1. 白马的典型代表之一——"质报"

所谓"质报",以质量取胜,多为高端、主流报纸,重视报道政治、经济、社会问题相关的严肃新闻,以文章、资料和评论的质量赢得读者,受众对象是社会上层人士和知识界人士,以高质量和高品位取胜,销量不大但影响力不小,多为"舆论重镇"。

例如:英国《泰晤士报》,法国《世界报》,美国《纽约时报》,中国《人民日报》《北京日报》。《大公报》曾被誉为"观察社会舆情的晴雨表",1941年被美国密苏里大学新闻学院评选为"世界最优报纸",其对国内外新闻始终充实而精粹,勇敢而锋利之社评影响国内舆论者至巨。

2. 白马的典型代表之二——"量报"

所谓"量报",以数量见长,是侧重大众化、娱乐性的通俗报纸,常以文艺、体育、时尚、八卦、丑闻等为卖点,在西方被称为"通俗小报"(tabloids)。

例如:英国《每日镜报》《太阳报》,法国《法兰西晚报》,美国《今日美国报》,德国《图片报》(德国和欧洲发行量最大报纸,最高发行量500万份)。中国《北京晚报》《新民晚报》《羊城晚报》(注重报道本地新闻和民生话题,发行量相当可观)。

(六)白马访华——中国报业的诞生与发展

中国现代第一张报纸诞生于1815年,即嘉庆二十年,是由英国传教士马礼逊(Robert Morrison)在威廉·米怜(William Milne)的协助下,于马六甲创办的报纸《察世俗每月统记传》。鸦片战争后,外报非常活跃,在中国的新闻传播中占据了主导地位,对中国的社会舆论影响很大,引起了有识之士的重视,如王韬、陈炽、郑观应等。他们提出"国之利器,不可假人"(陈炽),不能"坐视敌国怀觊觎之志,外人操笔削之权"(郑观应)。①这些言论为国人办报提供了舆论支持。19世纪七八十年代,出现了一些国人自办的中文报刊;19世纪末,出现了国人办报的热潮。此后百年,在政治、技术和市场的三重因素推动下,中国报业虽经历了波折动荡,但总体上仍处于繁荣发展进程中。据国家统计局数据,2019年中国报纸共1851家,报纸出版总印数共317.60亿份,有23家日报入围世界日报发行量100强排行榜。自2002年始,我国已连续成为全球日报发行第一大国。

总体上看,中国报业的演进受到政治、市场和技术三个重要因素的影响,中国报业经历了汉字激光照排系统、桌面互联网、移动互联网与人工智能技术的多次技术革命。在其社会功能上,中国报业先后扮演了宣传者、启蒙者、记录者和监督者、调查者和解释者、参谋者等多重角色。②

(七)白马功能——纸媒功效

17世纪以来,人类社会四百多年来的发展史尤其是新闻史,一再证明,仍在证

---

① 丁淦林. 中国新闻事业史:修订版[M]. 北京:高等教育出版社,2007:45-47.
② 张志安,章震. 新中国成立70年来中国报业发展与改革:以管理、技术和功能为维度的研究[J]. 编辑之友,2019(9):102-109.

明，还将证明，一张新闻纸托举天下，一杆新闻笔撬动地球。回眸往昔，瞩望未来，今日的新闻人、新闻研究者、新闻教育家内心感慨颇深、思绪万千，渴望表达并分享的核心观点如下：

新闻兴盛，国家昌盛；

新闻大国，必是强国；

新闻发达，社会发达。

世界新闻史也为上述观点提供了强有力的论据。按照时间的先后排序，最早出现的"新闻王国"，是拥有新闻出版自由理论的推动者——诗人弥尔顿，新闻经营大亨——北岩勋爵阿尔弗雷德·哈姆斯沃斯（Alfred Harmsworth）和新闻大本营——"旗舰街"的英国。在英伦三岛，出现了最早的新闻刊物《每周新闻》；诞生了最早的国际通讯社之一——路透社；发行着延续时间最长（300多年）的报纸——《泰晤士报》。而其新闻媒体方兴未艾的时代，正是"日不落帝国"崛起的时期，恐怕这绝不是一种巧合，而是一种历史的必然。21世纪，在全球新闻产业市场上占有巨大份额和影响力的现代"新闻王国"，也许是拥有新闻人、编辑、出版人普利策的美国。普利策是美国新闻界的最高荣誉奖——普利策奖创立的原因。与中国改革开放、民族复兴伟业步调一致的中国新闻业也在突飞猛进地发展，传统媒体与新兴媒体的融合正呈现着勃勃生机，可以预见一个大国的物质和精神的繁荣昌盛，指日可待，未来可期。

重温先辈的新闻理想与信念具有重要的现实意义，新闻文化精髓的薪火相传是一种责任。中国新闻教育家、著名新闻记者邵飘萍，论述了实现纸媒功效要具备的条件：[①]

（1）信仰上独立，唯有信仰事实与真理，才能不为党派与个人左右；

（2）组织上独立，不受任何政治势力与经济势力所控制；

（3）经济上独立，既不仰仗官方豢养，也不依赖党派津贴，应该有自己赖以生存发展的独立经济。

办报方针：[②]

（1）监督政府，"监督政府是报馆的天职……必使政府听命于正当民意"；

（2）唤醒民众，报纸要"从执政教育入手，树不拔之基，乃百年大计治本之策"；

（3）改进社会，"顺时代进步之潮流"，表达报纸"对于解决时局的意见""使社会得新闻事业之助以促其改进"。

[①] 邵飘萍. 邵飘萍新闻学论集［M］. 北京：北京大学出版社，2008.
[②] 邵飘萍. 邵飘萍新闻学论集［M］. 北京：北京大学出版社，2008.

（八）白马眼光——纸媒的标准和原则

新闻行业的行规和标准，是随着新闻实践的不断深入与扩展逐步制定和慢慢建立的。它们已经成为或应该成为广大新闻学子、新闻从业者谨记于心并付诸实践的行为准则。新闻学要研究和解决的问题，本身就包括新闻操作层面的"专业化""规范化"和"标准化"。"没有规矩，不成方圆"的古训并不过时，在新闻学理和新闻业务中依然适用。

中国"新闻教育开山祖"徐宝璜，字伯轩，江西九江人，是一位值得尊敬的新闻教育家，也是最先在国内开设新闻学课程的大学教授，著有《新闻学》。1918年，他与蔡元培、邵飘萍成立北京大学新闻学研究会，并被推为副会长、新闻学导师和会刊《新闻周刊》的编辑主任，被誉为"新闻教育界第一位大师"和"新闻学界最初开山祖"。他在《新闻学》中为我们树立了纸媒的标杆："（报纸）职务有六：供给新闻，代表舆论，创造舆论，输灌智识，提倡道德，（及）振兴商业。""余惟新闻纸者，近代文明中势力最雄伟之物也。其力足以维持政府，亦足以颠覆政府；足以促进外交，亦足以破坏外交；足以造成一人之名誉事业，亦足以毁坏一人之名誉事业；足以激起一时之怒潮，亦足以惊醒世人之迷梦……"①

新闻界名人梁启超的见解言简意赅，他的《衡量报纸好坏四条标准》至今仍能给人以启发：

（1）"宗旨定而高"——以"国民最多数之公益为目的"；

（2）"思想新而正"——思想鲜活纯正，"长江之初发源"；

（3）"材料富而当"——"全世界之知识，无一不具备"；

（4）"报事确而速"——"费重资以求一新事"，考一事实。②

1954年国际新闻工作者联合会在法国波尔多通过了《记者行为原则宣言》（1986年的世界大会又对其进行了修正）。此项国际宣言后来成为从事新闻采访、传播、发行与评论者，以及从事事件之描述者的职业行为标准。以下将其总结为四点：

（1）尊重真理、尊重公众知晓真理的权利，乃记者之首要职责。

（2）在履行此职责的过程中，记者应当在任何时候捍卫诚实采含新闻、出版新闻的自由原则，捍卫公正评判的权利。

（3）记者只能依照他（她）了解根源的事实进行报道。记者不得压制必要信息或

---

① 徐宝璜. 新闻学［M］. 北京：中国传媒大学出版社，2016.
② 梁启超. 梁启超全集［M］. 北京：北京出版社，1999.

者窜改文件。

（4）记者只能通过公正的方式获得新闻、图片和文件。

唯有符合职业原则和尊严的任务，才能被指派给报业及其他新闻媒介的工作人员，或由参加新闻事业的经济与商业活动的人员承担。发表任何消息或评论的人，应对其所发表的内容负完全责任——除非在发表时已明确否认这种责任。个人的名誉应予以尊重。有关个人私生活的消息与评论，在可能损及个人名誉，且并非有助于公共利益，而仅仅可能迎合公众好奇心理时，则不应被发表。在对个人的名誉或道德人格提出指控时，应当给予其答辩的机会。

1991年，中华全国新闻工作者协会通过了《中国新闻工作者职业道德准则》（2019年修订），提出要遵循新闻传播规律，坚持新闻真实性原则，坚持深入调查研究，报道做到真实、准确、全面、客观。

第二节　天马——广播

广播是历史、科技发展的结果，又反过来给历史以巨大的影响。

广播经历了漫长的、近百年的摸索与研究过程。作为一种电子传播，广播的产生需要具备三个基本条件：首先，需要具备能推动远距离传送的动力来源；其次，需要有能进行传播的发射和接收装置及渠道；最后，借助电波传递声音、图像和其他信息时，需要有能附载在电波上的编码解码方式。

（一）天马妈妈——名字叫"电"

中国——古人认为电是阴气与阳气相激而生，《说文解字》有"电，阴阳激耀也，从雨从申"。古籍《论衡》（约1世纪，东汉思想家王充著）一书中有关于静电的记载，当琥珀或玳瑁经摩擦后，便能吸引轻小物体；丝绸摩擦时也有起电的现象，但没有说明电的物理性质。

西方——公元前600年左右，希腊哲学家泰利斯（Thales）也发现琥珀的摩擦会吸引绒毛或木屑，这种电被称为静电（static electriclty）。而英文中的"电"（electricity）在希腊语的意思就是"琥珀"（elektor），和拉丁语"静电"（elektron）共通。

18世纪，美国科学家本杰明·富兰克林（Benjamin Franklin）认为电是一种没有重量的流体，存在于所有物体中。他做了多次实验，首次提出电流的概念。1752年，他在一个风筝实验中将风筝用金属线放到云层中，被雨淋湿的金属线证明空中的闪电与地面上的电是一样的。18世纪下半叶，英国化学家约瑟夫·普里斯特利（Joseph Priestley）与法国物理学家夏尔-奥古斯坦·库仑（Charles-Augustin de Coulomb）发现了静电的基本定律。

1800年，意大利物理学家亚历山德罗·伏特（Alessandro Volta）把铜片和锡片浸于盐水，接上导线，制成首个电池。1831年，英国物理学家、化学家迈克尔·法拉第（Michael Faraday）利用磁场效应变化，展示了感应电流的产生方式。1835年，美国画家S.F.B.莫尔斯（S.F.B.Morse）发明了莫尔斯电讯机（电磁式电报机）。1844年，莫尔斯在政府资助下建成了巴尔的摩至华盛顿的第一条架空电报线路。1850年，英国在英吉利海峡的多佛尔和法国的加来之间铺设了世界上第一条海底电缆。但遗憾的是，因为没有任何保护措施，这条海底电缆第二天就坏了。1851年，改用铠装电缆后，英国在英吉利海峡铺设了连接英法的海底电缆，成功将自己和欧洲大陆联系在了一起。1852年，伦敦与巴黎之间有了有线电报。1854年5月24日，莫尔斯用电报传送了一句话："上帝创造了什么？"（What Hath God Wrought？）

1858年8月，由美国实业家塞勒斯·W.菲尔德（Cyras W. Field）创立的一家英国私人公司在爱尔兰与纽芬兰之间铺设了第一条洲际海底通信电缆，英美两国开始用电缆通信。但好景不长，就在人们为此壮举举城狂欢的第二天，来自海底的信号越来越弱，越来越混乱，直到完全消失……虽然几经挫折，但坚定的菲尔德最终成功架设了新的可供通信的大西洋海底电缆，联通了欧美大陆。

1876年，美国发明家亚历山大·格雷厄姆·贝尔（Alexander Graham Bell）发明了电话，因此被称作"电话之父"。1876年2月14日，在庆祝美国建国百年的费城博览会上，贝尔展示了他的电话系统。电话问世后，人类开始了电传声音的时代。1878年，贝尔在波士顿和纽约之间通了第一次相距200英里（约322千米）的长途电话。1893年，匈牙利人西奥多·普斯卡什（Theodore Puskas）在首都布达佩斯将700多条电话线连接起来，定时向听众广播新闻，此装置在当时被称为"电话报纸"（一种有线广播），但没有普及。

1865年，英国物理学家詹姆斯·克拉克·麦克斯韦（James Clerk Maxwell）提出了电磁场理论，预言了电磁波的存在，后人在他的基础上测定了无线电波的速度与光速——同是约每秒30万千米。1887年，德国物理学家亨利希·鲁道夫·赫兹（Heinrich Rudolf Hertz）通过实验证实了电磁波的存在，后人在他的基础上发现了产生、发射、接受无线电波的方法。19世纪末，意大利人伽利尔摩·马可尼（Guglielmo Marconi）和俄罗斯科学家亚历山大·斯捷潘诺维奇·波波夫（Alexander Stepanovich Popov）皆对无线电的发明作出了重要贡献。1899年，马可尼成功自英国至法国，跨越英吉利海峡发送了电报。1901年12月12日，马可尼在加拿大的纽芬兰收到大西洋彼岸英国西南角的昆沃尔发出的莫尔斯电码信号"S"。

后来，无线电被用于岸对船、船对岸、船对船的通信联络，尤其在海上救援发挥了重要作用。世人所熟知的1912年4月豪华巨轮"泰坦尼克"号沉船事件中，无线电就曾发出求救信号。应用无线电通信最多的是军队，在第一次世界大战中，无线电通信传输情报的作用格外引人注目。无线电通信问世后，美国科学家德·福·雷斯特（Lee De Forest）、埃德温·霍华德·阿姆新特朗（Edwin Howard Armstrong）先后发明了真空三极管和超外差式电路，这些技术能将微弱信号放大并传送到远方，使声音传真度大为提高。

——这为广播的诞生奠定了坚实的技术基础。

（二）天马生日——广播诞生于美国

1906年的圣诞节前夜，纽约附近设立的广播站开始了人类有史以来的第一次广播——两段笑话、一歌一曲（小提琴独奏）。

"1906年的12月24日，圣诞节前夕晚上8点钟左右，在美国新英格兰海岸附近，在穿梭往来的船只上，一些听惯了'嘀嘀嗒嗒'莫尔斯电码声的报务员们，忽然听到耳机中传来了人的说话声和乐曲声——有人在朗读圣经故事和播放亨德尔的唱片，最后还祝大家圣诞快乐。报务员们怔住了。他们大声呼叫起来，纷纷将耳机传递给同伴们听，以此证明自己并非痴言梦语……"[1]

1910年，德·福·雷斯特将纽约大都会歌剧院上演的普契尼的歌剧《托斯卡》以及意大利男高音歌唱家恩里克·卡鲁索的表演片段以不间断的方式向大约50位听众做了试验性的广播，这被公认为人类历史上第一次真正意义上的电台广播实践。[2]

中国人在广播历史的元年做什么也是很值得我们思考的：

中国对无线电报的使用始于清朝末期。1880年，盛宣怀创建中国第一个电报局——天津电报局。1905年，袁世凯开办无线电训练班。他购置了马可尼无线电机，

---

[1] 周小普．广播电视学［M］．北京：中国人民大学出版社，2003．
[2] 常江．广播电视学导论［M］．北京：北京大学出版社，2016：6．

将其装配在南苑、保定、天津等处行营及部分军舰上，使它们可以用无线电联系对方。他还开办了中国第一所中央政府所属军用无线电报学堂。10月，袁世凯在直隶省河间秋操，首次使用电报、电话进行联络。1906年，清政府设立了邮传部，内设电政司，掌管无线电和电报、电话事宜。1915年4月，北洋政府公布《电信条例》，成为中国历史上第一个与无线电有关的法令。

（三）天马嘶鸣——世界第一条广播新闻和广播电台诞生

1920年8月31日，美国底特律8MK试验电台播出了一条新闻——据传是一条有关密歇根州州长的新闻。

1920年10月27日，美国商务部向匹兹堡的KDKA电台颁发营业执照。此电台成为美国具有合法经营权的第一家电台。据传它于同年11月2日晚8点播出了第一条新闻——共和党候选人哈丁击败了民主党人考克斯，正式当选总统。从此掀开世界新闻史上新的一页。

从技术角度来看，由于无线电的广泛使用以及人们对于大功率发射机和高灵敏度电子管接收机知识的精通，广播才成为可能。大功率广播发射机之于广播，犹如金属活字印刷机之于纸媒。

（四）天马行空——世界各国广播电台问世

1897年，马可尼在英国成立了无线电公司，奠定了英国无线电广播事业的基础。一说后来英国举办了一个女高音歌唱家梅尔巴夫人主持的"无线电—电话"音乐会，在法国、意大利、挪威甚至希腊都能清晰地收听到。

1920年11月2日，美国KDKA电台开始广播，如前文所述，它首次播送的节目是有关哈丁当选美国总统的新闻，在当时，此事曾轰动一时。

1920年12月22日，德国的柯尼武斯特豪森广播电台首次播送了器乐演奏音乐会。1922年11月14日，英国广播公司正式开始在英国广播每日节目，它后来在1927年改名为英国广播有限公司，即BBC。1922年法国埃菲尔铁塔也正式开始用于广播。

1922年5月27日，莫斯科中央广播电台进行了试播，到该年8月21日，此电台正式开始了播音工作。

到了1927年，美国国内已有700多个广播站。20世纪20年代末，已有半数美国

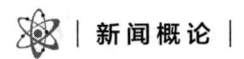

家庭拥有至少一台收音机。

（五）天马访华——中国广播电台诞生

1923 年，美国记者奥斯汀（一说奥斯邦）利用华商资本在上海外滩成立中国无线电公司，并与美资英文报纸《大陆报》合作，创办"大陆报—中国无线电广播公司"，呼号为 XRO。该电台于 1923 年 1 月 24 日晚间正式开始播音，播出内容参照美国，主要播送音乐和新闻，以音乐为主，被认为是中国境内最早的广播电台。

国人自己筹办的电台始于 1923 年。我国最早试办无线电广播的是哈尔滨人刘瀚，他把野战电话机改装成无线电台，进行不定时广播。在此基础上，1926 年 10 月 1 日，刘瀚开办了哈尔滨广播电台，以汉、俄双语播音，呼号为 XOH。这是中国人自办的第一座广播电台。

1927 年 3 月 19 日，我国国民自己兴办的第一座民间商业性质的广播电台成立。

1928 年 8 月 1 日，中国国民党北伐成功，政府在南京创办的中央广播电台开始播音。该电台全称为"中国国民党中央执行委员会广播无线电台"，简称"中央广播电台"呼号为 XKM。开播之初，上、下午各播音一次，每次一小时，上午为演讲节目，下午为新闻节目。1932 年，中央广播电台新添了一部德国造发射机，是当时东亚性能最好的广播设备，同年 11 月，新台开播，呼号为 XGOA，频率为 680 千赫。1939 年，国民党在重庆创办对外广播台——"中国之声"（voice of China），用于国际宣传。与此同时，国民党在全国大中城市建立了几十座广播电台，逐步建立起全国广播网，由此开启了政党宣传的广播时代。中央广播电台与《中央日报》、中央通讯社一道，构成了三位一体的国民党中央宣传系统。

1940 年 12 月 30 日，是中国人民广播事业创建的时间。中央人民广播电台的前身——延安新华广播电台在该日建成，呼号为 XNCR。该电台是中国共产党主办的第一座广播电台，领导筹建该电台的是以周恩来为主任的广播委员会，具体由新华通讯社、中共中央军事委员会三局九分队等单位的负责人组织筹建。延安新华广播电台组织上属于新华社，播送的稿件也由其编辑部负责编辑。

（六）天马身份——一句话说出广播定义

广播，是通过电波传送声音的传播工具。英文是 Radio broadcasting，Broadcast，

Be on the air，Airing。通过无线电波传送节目的是无线广播，通过电缆电线传送节目的是有线广播。

广播还有多种定义，目前较为权威、被引用较多的是《辞海》的定义：广播是"通过无线电波或导线传送声音、图像节目的大众传媒。通过无线电波传送节目的，称'无线广播'；通过导线传送节目的，称'有限广播'。仅传送声音的，称'声音广播'，简称'广播'；一并传送声音和图像的，称'电视广播'，简称'电视'"。

也有学者对广播作出自己的定义，中国人民大学周小普教授认为："广播是通过无线电波或导线，向一定范围播送声音、图像节目的大众传播媒介。按传输方式，它可被分为无线广播和有线广播。从传播信号看，只播送声音的被称为声音广播，简称广播；同时播送图像和声音的被称为电视广播，简称电视。现在还可按新的传播技术对其进行分类：网络广播与数字广播。"①

对传播者而言，广播的优势是：覆盖无限，速度无限，内容无限（三个无限）。对接收者而言，广播的劣势是：时间限制，语言限制，选择限制（三个限制）。

广播电台的出现推动了文化产业的发展，使以前不能登大雅之堂的曲艺演员，如相声、评书、单弦、大鼓艺人，成为社会的知名人物；也使京剧和各种地方剧，如沪剧、昆曲、黄梅戏、越剧、粤剧、豫剧、河北梆子等变得家喻户晓。同时，广播促进了音乐文化的普及，不仅使民族音乐广为传播，定期播放古琴、琵琶、二胡、笛子演奏曲，还将西洋音乐，如钢琴、小提琴、管风琴和吉他的表演通过热播的形式娱悦大众，培养了众多的音乐爱好者。广播将公众的听觉感官调动起来，天空中的声波信号将声音的魅力无限放大，它不仅传播了社会信息，还传递了文化知识。广播降低了受众接触媒介的门槛，它的受众不需要会读书认字，无论受众年龄大小、文化程度高低，广播适合所有人。广播还具有可移动性和便携性。人们可以随时随地、非常便捷地从广播中了解最新的信息。作为"伴随性"媒介，广播的优势很明显，纸质媒体的读者需要打起十二分精神阅读，而广播的听众在收听播音的同时可以做其他事情，比如驾车、做饭、聊天，甚至闭目养神。

（七）天马优劣——广播的5个特点

纵观整个新闻媒体发展历程，广播的出现使新闻业发生了结构性变化，一改过去作为平面媒体的报纸的一家独大的局面。新闻传播的跨界竞争被广播开启了，它无异

---

① 周小普. 广播电视概论［M］.2版. 北京：中国人民大学出版社，2023：4.

于开启了一个媒体传播新时代。诞生于20世纪20年代的广播事业，以无线电波为新闻传播工具，极大地提高了信息发布与接收的效率，在中国古典文学名著《西游记》中出现过的"千里眼"和"顺风耳"，在现代广播的传播过程中成为现实。不过，广播存在"一听而过、过时不候"的传播局限，不具备报纸可供读者重复阅读的优势，所以其传播效果也受一定限制。

1. 传播迅速，信息飞快

这里的"迅速"，一方面是指采集新闻和播报新闻的迅捷，广播新闻的制作和传递过程可以非常迅速，广播记者完全可以做到现场"即时"报道，同步播报，一秒钟也不耽误，这让纸媒记者羡慕不已；另一方面是指从媒介传播信息到听众获知信息的快速，这种"口耳之间，不过三寸"的传播方式，让新闻信息一旦从播音员的口中说出，听众的耳朵就能即时收到，信息传播便大功告成。而此前报纸所承载的信息则需要先到印刷厂转一圈，然后到邮政局走一趟，最后再到单位收发室或订户报箱里歇一会儿，才能被读者真正获取，报纸信息被搁置的时间太久，运转成本也太大。打个不太恰当，却能说明问题的比喻：报纸的传递速度如马车，广播的传递速度如闪电。

2. 听众广泛，覆盖面广

打个比方，一张（报）纸不能"遮天"，但一个电台发射机却可以"遮天"。首先，不识字的人会被报纸"屏蔽"，而人只要长着耳朵就可以收听广播。谁的覆盖面广，可以说一目了然。而且，倘若广播电台的发射功率足够强大，或者说现代卫星可以让它变得足够强大，那么广播的覆盖面就要多广有多广了。

3. 声情并茂，亲和力强

声音，不仅是一种物理现象，更是一种表情表达，是一种态度展示，是一种心情流露，甚至是一种思想的传递，一个播音员的职业素质，使他（她）能够轻易把以上"声音人性"或曰"人性声音"兑现为日常工作。对职业播音员来说，"声情并茂"不是什么难事，而"亲和力"就算不是他们与生俱来的本事，也是他们的声音本身具有的一种力量。播音员常常通过迷醉听众的耳朵而使一个个听众沉醉其中。

4. 转瞬即逝，不易保存

广播有许多长处，但也有很多短处，即与生俱来的弱点。它像一阵风似的吹来，又像一阵风似的吹去。读者读一张报纸时发现所需的信息或喜欢的格言警句，可以将它们剪贴收藏或笔录下来，但是，听众听广播时发现需要储存的信息却比较麻烦，我们总不能随身携带一个录音机吧。苛刻一点说，这就是它的"缺陷"。

5. 线性传播，选择性差

广播受时间意义上的"线性"局限，而且一旦听众选择了一条"线性"播送频道，想得到完整信息就必须一直听下去。当然，换频道是可以的，然而，换频道的结果是听众仍然只能在"线性传播"的制约下，享受他（她）的听觉快感。在单位时间里，听众的选择性差，是他（她）选择收听广播所要付出的"代价"。

（八）天马魅力——广播的两个"极致"

如果说纸媒是文字的艺术，那么广播就是声音的艺术。纸媒记者善于"码字"，而广播记者善于"播音"。广播业使人类择业的选择变宽了，善此道者，无须与人面对面就可以单靠好嗓子吃饭。但前提是，播音员的脑子要足够灵敏，且要伶牙俐齿。

广播有两个"极致"：其一，广播将人类声音的魅力发挥到极致；其二，广播让人们的听觉享受达到极致。

截至2020年底，全国开办的广播节目共3000多套，全年制作节目超过750万小时，其中近78.8%是调频播音，中波播音占比略超20%，说明目前国内调频的覆盖率已经很高。广播节目综合人口覆盖率约为98.4%，基本与2019年持平。[①]在融媒时代，媒体竞争异常激烈，但广播依然保持着稳健的发展态势，在媒体竞争环境中展现着不可替代的传播力和影响力。

第三节　骏马——电视

从世界范围看，尤其在西方国家，电视的诞生、发展和普及，几乎是在一代人（一般以30年为一代）成长的时间内完成的，即从20世纪30年代初至50年代末。中国电视传播技术开始繁荣，正值国家改革开放的初期，简言之，电视兴盛与改革开

---

① 2020年全国广播电视行业统计公报［EB/OL］.（2021-04-19）［2022-06-23］. https://www.nrta.gov.cn/art/2021/4/19/art_2555_55908.html.

放同步同行。没有电视的普及，开放的信息交流可能难以产生广泛的社会影响；反之，没有开放的信息交流态度，电视也难以发挥其作为信息传播媒介的重要作用。封闭，不是电子传播设备的特点；狭隘，也不是电视媒介的特征。电视作为媒介出现，具有划时代的意义。它较之以往的纸质媒体和广播，在新闻传播速度、传播覆盖的面积、受众数量和影响力上，都处于"大哥大"的位置。原因在于，电视通过文字、图像、声音等立体化传播方式给人们带来了全新感受。电视开启了读图时代，它以极强的娱乐功能极大地增强了其传播的效果。电子传播使新闻破天荒地与生活同步，广播使声音与前两者同步，电视又使声画同步，这堪称传播史上的奇迹。

（一）骏马落生——电视出世

在广播诞生的基础上，用无线电波传递活动的画面成为当时无线电爱好者和科学家们着力要解决的问题——他们首先需要找到光电转换的桥梁。1839年，法国物理学家埃德蒙·贝克勒尔（Edmond Becquerel）发现了光电效应，把光学现象与电学现象联系在一起。1865年，在敷设大西洋海底电缆工程中，英国人约瑟夫·梅（Joseph May）在对电缆进行测试时，也意外发现了硒的光电效应。

1884年，德国23岁的保罗·尼普科（Paul Nipkow）根据视觉暂留原理，利用硒光电池发明了电视机械扫描盘，被誉为"电视鼻祖"。1923—1929年，英国人约翰·洛吉·贝尔德（John Logie Baird）和同事应用尼普科的机械扫描盘成功完成电视画面的完整组合及播送实验。1930年，英国广播公司与贝尔德合作，成功制出有声音的电视图像。

1936年11月2日，英国广播公司在伦敦建立了世界上第一个公共电视发射台，开始了电视节目的定期播出，除周日外，每天下午、晚上各播出一小时节目。因技术问题，该台于播出4个月后停播，1937年初改用电子系统继续播出。1939年9月1日因"二战"爆发停播，战后恢复。

1939年4月30日，纽约世界博览会开幕，时任美国总统的富兰克林·D.罗斯福（Franklin D. Roosevelt）在开幕式上做了讲话，成为第一个出现在电视屏幕上的美国总统。美国无线电公司的老板戴维·萨尔诺夫（David Sarnoff）作为早期电视研究的支持者，称电视这项发明是"一门新的技术，它的意义非同凡响，必将影响整个社会"[①]。1940年，美国无线电公司成功研制出彩色电视。1954年，美国广播公司（NBC）

---

① 周小普. 广播电视概论［M］. 北京：中国人民大学出版社，2014：77.

首次正式播出彩色电视节目。随后，法国、德国、日本、加拿大等国也相继开办彩色电视节目。

广播电视的诞生与发展是社会科技进步的结果，正如加拿大著名传播学家马歇尔·麦克卢汉（Marshall McLuhan）所说的，媒介是人的延伸，广播电视的本质即在于充分利用电子技术，尽可能地延伸人类在听觉和视觉领域的认知能力，并给人类带来更为极致的感官享受。只要人类对声音和影像的依赖没有消失，即使在媒介融合趋势日益显著的今天，广播电视仍将持续发挥其独特的魅力。

（二）骏马访华——中国电视事业诞生

1958年5月1日，北京电视台（1978年5月1日改名为中央电视台）试验播出，它是中国第一家电视台。北京地区不到100台电视接收机接收了这次节目。1958年9月2日北京电视台正式播出，每周播出4次节目（周二、四、六、日），主要内容是新闻播报（栏目名称是"电视新闻及文艺节目表演"）。1958年10月1日，中国第二座电视台——上海电视台问世。1958年12月20日，哈尔滨电视台也赶在新年前与观众见面了。这是中国最早一批电视台，它们的出现标志着中国电视事业的诞生。1962年年底，全国省级电视台共有12家。1973年，中国电视行业开办彩色电视节目。据国家广播电视总局最新发布的信息，截至2021年3月，我国共有399家地级以上广播电视播出机构、35家教育电视台和2107家县级广播电视播出机构。

（三）骏马狂奔——电视兴盛

电视自20世纪30年代诞生，在60年代于欧美发达国家开始广泛普及。电视业的兴起一方面是广播业发展的延续，另一方面则是两者竞争的起始。它在人类社会发展的进程中扮演了一个重要角色，有时是正面的主角，有时又有意无意地扮演反派人物，对人们的生活方式、思维方式、行为方式产生了以往媒体从未产生过的巨大影响。

世界因电视而尽显丰富多彩；电视因世界而大展夺人魅力。

电视在其诞生之初的20世纪50年代末期，还不能被界定为一种新的新闻媒体或文化创意产业，它更多带有意识形态的观念和考量，甚至被部分学界人士称为一种出于政治目的或基于政治目的的工具，社会中有限的电视机保有量也限制了它的商业属性，妨碍了它大众传播媒介功能的实现。在电视日渐普及的时代——80年代至今，它作为新闻媒体、大众传播媒介的特性才得以显现，其发展变化的态势如同一条由窄变宽的河流，迅速地呈几何级数增长，最终变得浪潮汹涌、肆意奔腾。从广大观众的角度看，较之以往的传统媒体——纸质媒介和广播，电视最明显的特质是家庭化的观看（赏）氛围与相对固定的观看（赏）时间和地点。人们读报纸可以在家里、办公室、街边阅报栏、公交车站、咖啡馆、图书馆和阅览室等，阅读时间也很随机；听广播常在房间里或车上，即便长途旅行也不能妨碍耳机带给人的愉悦。读报纸、听广播常常是一种个人行为，而看电视通常是家庭成员共同进行的活动，其最佳时间也固定在晚上7点到10点。电视全天候的传播力与全社会的关注度也彼此合拍，电视不仅仅走进了大众的生活，更成了大众生活的一部分，甚至成了重要的组成部分。

（四）骏马风度——电视好看

我们前面谈到的广播的魅力在于声音，而现在论及的电视的美感在于图像。毫无疑问，对于大多数人来说，电视图像的吸引力和诱惑力是难以抗拒的，我们也许会对小时候阅读连环画时痴迷、陶醉的亲身体验记忆犹新，而彩色电视机能轻而易举地把我们拽回童蒙时代。这是对我们的一种恩赐和奖赏呢，还是在考验我们并不总能经受住考验的大脑呢，不得而知。然而，毋庸置疑的是，电视好看，它能消耗我们一天中的大部分时间，让家庭主妇为电视剧的情节痛哭流涕或喜笑颜开，让体育迷为各项体育赛事痴迷而忘记睡眠，让孩子们为动画片中的小精灵们手舞足蹈、欢欣雀跃。

（五）骏马特性——电视特点

电视特点鲜明，它具有直观的、可感的、具象的亲和力；音像在与人交流时没有设置任何门槛，这也是它吸引观众的原因；它还具有能与新闻事件同步呈现的现场感，使人身临其境，让其他形式的媒介望尘莫及；它立体化的传播方式——文字、声音、图像的组合更是极富魅力的，"聚是一团火"可以形象地描述电视的这种"组合优势"。

第一，电视能以敏锐、迅捷的镜头捕捉报道人物、事件。

新闻节目是电视播出的重头戏，占据每日节目表上的黄金时间，而其收视率也总是居高不下。地球上发生的几乎所有重大事件，如北京2008年奥运会、德国法兰克福书展、足球世界杯比赛、奥斯卡颁奖典礼、印度洋海啸、欧洲电影节……都会成为记者追踪、报道的焦点。被世人关注的重量级人物的动态和行迹，也是新闻节目的最佳素材，例如戴安娜王妃车祸、曼德拉出狱、马拉多纳离世、拜登当选美国总统……电视媒体把几百千米、几千千米以外发生的新闻事实鲜活地展现在我们的眼前；或将我们的视线聚焦在也许我们一生也不会亲身赶赴的天涯海角、异国他乡。我们儿时熟知的神话故事中出现的"千里眼"和"顺风耳"，如今拜电视这一电子媒介所赐，竟然能完全兑现为现实。电视新闻，让观众幸福、真切地体验到什么是佛陀所言的"如是我闻"。我闻如是，是是事实；如是我闻，闻为真相；真相不虚，实乃实像。

第二，电视能以轻松、愉快的方式与观众互动。

与新闻报道讲究敏锐、迅捷，常常带有深沉庄重的氛围不同，文化娱乐节目更强调轻松、愉快的氛围，其亲和力体现在观众的参与感中。共情，使电视艺术的功能得以千万倍地放大；共鸣，让生命美好的体验超越时空的局限。例如，央视主持人撒贝宁主持的《开讲啦》《故事里的中国》、江苏卫视主持人孟非主持的《新相亲大会》、湖南卫视出品的《变形记》《歌手》《乘风破浪的姐姐》、东方卫视的《极限挑战》、河南卫视的《武林风》，荷兰真人秀节目《我的生活》、英国独立电视台出品的《英国偶像》、美国ABC的《单身汉》等。电视台为广大观众开办了各式各样的趣味"大派对"和欢乐"嘉年华"，社会的文化、休闲、娱乐生活有多么精彩，屏幕上的大舞台就有多么诱人。正是电视让以往沙龙聚会中的美文诵读，走进了不同地域的千家万户；让人们难得一见的社会名流，成为观众能与之"悟言一室之内"的宾朋；让民间传说的月下老人和红娘迈入现场直播大厅，而他们的"牵线"效果立竿见影；让"草根"一族获得前所未有的展示自我的机会，而他们的才艺水平之高超每每出人意料……堪称人中翘楚的金嗓子、好拳脚在电视中悉数登场，电视还让粉丝们可以零距离捧场，无比忘情……

第三，电视能以知性、教化的追求濡染世风。

电视可谓21世纪的"空中泮池""电子杏坛""屏幕书院"，它的知性、它具备的教化职能与功用，最为鲜明地体现在名牌栏目央视的《百家讲坛》上，人们耳熟能详的王力群先生给人以美好的知识享受，促进了社会重视读书、人人求取知识和智慧的风气的形成。近些年出现的龙洋主持的《中国诗词大会》、鲁健主持的《中国地名大会》、北京卫视的《养生堂》等，既普及了中国传统文化知识，又使不少年轻才俊得以一展风采，收视率的上涨也可以算作文化艺术的"附加值"。

美国公共广播协会（PBS）创办的《芝麻街》，影响了跨文化、跨地域的不止一代人，它以寓教于乐的方式帮助少年儿童成长，起到一个很好的"校外辅导员"的作用。英国广播公司的纪录片如同一座标准的知识学园，其代表作如《蓝色星球》《基因密码》《地球脉动》《帝企鹅日记》等，脍炙人口，其中的地理学、生物学、植物学、物理学"讲座"，精彩纷呈。

第四，电视能以激情、奔放的"解说"推送赛事。

如果不是电视出现，我们大概不会知道，世界上有那么多狂热的体育迷，他们不分国界、不分种族、不分语言和信仰，数以亿万计的运动场看台上的拥趸构成一道壮美的人文景观，尽显体育赛事——这"没有硝烟的战争"的火热激情，给人带来强烈的心灵震撼。电视最大的特点是提供消遣娱乐，它是"沙发土豆"们的幸福乐园。除了新闻，就数文艺和体育节目最为热门，而一般来说，体育比赛又比文艺演出更受欢迎。回望历史，最应该感谢电视的媒体人，应该是法国人、现代"奥林匹克运动之父"皮埃尔·德·顾拜旦（Le baron Pierre de Coubertin），倘若没有电视对奥运会的普及以及后来的推波助澜，后者也许不会像现在一样举世瞩目，让整个地球村为之沸腾不已。正是小小荧屏让顾拜旦促成人类青年大联欢的梦想，让他在《体育颂》中表达的追求身心强健、灵魂高尚的体育人生的普世关怀，成为眼见的事实，九泉之下，他一定颇感安慰。最让人难以忘怀的是1984年的洛杉矶奥运会，那是中国重返奥运会大家庭的第一次精彩亮相，中国体育代表团高举五星红旗昂首迈入盛大开幕式的场地时，坐在电视机前的无数中国人心潮澎湃；国旗升起时，同胞们更是热泪盈眶，国内各大电视台的收视率也随之创下新高。据统计，2008年北京奥运会开幕式的全球收视率创下人类电视历史上的最高纪录，有10亿人收看了开幕式，其高峰收视率甚至超过"阿波罗号"登月直播、戴安娜王妃葬礼直播和奥巴马就职典礼直播，成为人类电视历史上观众数最多的直播和"首个达10亿播放量的直播"。据传，中国举办的北京奥运会的全球收视观众数多达45亿，创下奥运会历史之最，也创下电视传媒历史上的收视人数之最。电视人对奥运会激情、奔放的解说，主要是通过声音和画面的配合来实现的，各项具体赛事的体育解说员功不可没，从第一代"名嘴"宋世雄到后来的韩乔生、孙正平、黄健翔、张斌……有意思的是，这些体育解说员的名气，一点不比体育明星小，这又体现了电视媒体本身的魅力。

第五，电视能以亲民、朴实的视角展现社会人生。

在电视节目安排的日程表中，电视剧总是占据着相当重要的位置，说得过火一点，它占有电视收视率的"半壁江山"。其讲好"中国故事"的任务和义务，传递国家意识、振奋民族精神的社会责任，为大众提供喜闻乐见的、健康的精神食粮的文化使命，让电视在与其他姊妹媒体——纸媒、广播的竞争中先机在握，这很大程度上要仰仗动辄十几集、几十集甚至上百集的长篇电视连续剧。20世纪八九十年代热播并广受大众喜爱的电视连续剧《霍元甲》《渴望》《编辑部的故事》《红楼梦》《三国演义》《我爱我家》，和21世纪的《父母爱情》《琅琊榜》《山海情》《觉醒年代》等，不仅记录了电视艺术的发展历程，也记载了中国社会生活演进的过往。外国电视连续剧也一度抢占了电视播映的黄金时段，如墨西哥电视连续剧《坎坷》《诽谤》、美国电视连续剧《神探亨特》《成长的烦恼》《大西洋海底来的人》《加里森敢死队》、日本电视连续剧《血凝》、韩国电视连续剧《大长今》等，它们使追求时尚的新锐年轻人有了自己的偶像和心仪之演员。电视剧因其悬念丛生而使观者欲罢不能的故事情节，引来街谈巷议，成为餐桌话题；电视剧的衍生产品如纸质图书、主题歌曲光盘等在市场畅销；许多过去很难在表演领域如舞台剧和电影中担任主角或频繁出镜的艺人，终于有了显山露水的出头之日，一夜之间就可以从一个默默无闻的都市"隐者"，一跃成为万众瞩目的业界"达人"。同时，国内电视台还纷纷开设了电影频道，同样拥有较高的收视率。大量外国优秀影视作品的引进、播出，也适应了改革开放的时代精神与潮流，开阔了电视观众的视野与心胸，丰富了人们的情感世界、拓展了其思维空间……若说亲民、朴实、接地气，莫过"九大艺术"之一——电视剧艺术。电视剧有其独特的功能与影响力，它较之绘画生动，又比雕塑鲜活，更比建筑有趣，还比舞蹈沉稳，比音乐具象，比戏剧诱人，比文学立体，比电影通俗……总之，每晚播出的电视剧是几乎所有家庭的瞩望，退休老年人的巴望，少年儿童的盼望，失眠者的希望，当然，也是那些抵制读图时代的任何电子文化制品、提倡"关上电视，拿起书本"、愤怒指斥"娱乐至死"的学者和学究的绝望。然而，我们从媒介传播的效果和影响力的角度看，电视最重要、最可取的一点是"好看"，作为媒体中的一匹骏马，它真正做到了纵横无阻，昂首嘶鸣，一鸣惊人。

第四节　黑马——网络

　　网络媒体是一匹黑马。对比传统媒体的报纸、广播、电视而言，它也的确是试图挑战三位传媒老大哥，并有后来居上的野心和态势的一匹不容小视的绝对黑马。宋代朱熹曾说："天不生仲尼，万古如长夜。"我们要说："世不出网络，长夜无光照。"网络，是一颗冉冉升起的科学技术的太阳。它作为科技进步的成果，对人类社会生活的

新闻概论

意义，"极"而言之，就如同纸张的发明。其伟大事功与卓绝的推动力已经显现，并仍将继续发挥作用，不断地给我们提供科技时代特有的福利——最新产品、最新功能所带来的巨大的舒适与便利。科技创新的意义远远没有那么简单，它会让社会的政治、经济、文化产生深刻的变化。

在 21 世纪的今天，一个严酷无情的现实是：不会上网，就会落伍。今人不得不感叹古代先知的智慧，他们留下的语句有着惊人的预见性："天网恢恢，疏而不漏。"纵观寰宇，纵览众生，凡是执笔为文者或伏案读书人，哪一个没有被网络所"俘获""拘牵""套牢"呢。离开网络，人们的心情就会像自由落体一样下落，抑或感到无所适从，哪怕只是一时离开，也会伴生片刻绝望。人们被"一网打尽"已经是不争的事实。但需要说明的是，大多数人都是自愿地、实属幸福愉快地自投"罗网"。网络的出现对于新闻界来说意义重大，它引发了新闻行业山崩海啸一般的震动，这是许多传统媒体的人士始料未及的。

互联网的发展带来了新的传播格局与传播方式，对传媒业的影响是颠覆性的。

（一）黑马之横空出世——网络诞生

从技术层面来看，互联网就是一种计算机网络，它由若干台位于不同地理位置的计算机依托交换机、路由器、服务器等网络设备，借助网络通用协议实现信息的传输。

互联网始于 1969 年美国的阿帕网（Advanced Research Project Agency network，ARPAnet）。最初的阿帕网被用于军事连接，只有 4 个节点，由美国加州大学洛杉矶分校、加州大学圣巴巴拉分校、斯坦福大学研究院和犹他大学的四台主要计算机组成。之后，很多学校和机构也加入其中，到了 1972 年，已经有多个节点。

1974 年，斯坦福大学的温顿·G. 瑟夫（Vinton G.Cerf）和麻省理工学院的罗伯特·E. 卡恩（Robert E.Kahn）提出了 TCP（Transmission Control Protocol，传输控制协议）和 IP（Internet Protocol，互联网协议），1983 年，TCP/IP 被指定为互联网的标准协议，被全球范围内的网络广泛采纳，TCP/IP 成为互联网的标准协议，被认为是全球互联网正式诞生的标志。

1977 年前后，UUCP（Unix to Unix Copy Protocol，UNIX 间复制协议）在贝尔实验室被提出。1979 年，在 UUCP 的基础上，新闻组网络系统发展起来。

1989 年，英国计算机科学家蒂姆·伯纳斯－李（Tim Berners-Lee）提出了 WWW

（World Wide Web，万维网）的构想，为互联网成为一种大众传播媒介奠定了技术理论基础。蒂姆·伯纳斯-李让普通大众进入互联网世界，因此被称为"互联网之父"。

万维网是在因特网上以超文本为基础构建的信息网。超链接的出现，使网络信息通过链接产生了多元的、立体的、开放的关系，突破了原有的单一的、线性的、封闭的信息组织模式。同时，它为用户提供了一个可以轻松驾驭的图形化界面，用户通过它可以轻而易举地查阅因特网上的信息资源。但是，随着万维网的普及，网络信息以几何级指数爆炸式上升，使有效信息的获取过程不再高效，为满足大众信息检索需求的专业搜索引擎应运而生。

2004年，美国硅谷传奇人物蒂姆·奥莱利（Tim O'Reilly）创办的O'Reilly Media公司联合其他几家公司发起了首届Web2.0大会（后来更名为Web2.0峰会），这一会议预示着对Web2.0的应用的兴起与普及。奥莱利本人也被视为Web2.0思想的代表人物。虽然大家对于Web2.0众说纷纭，但大家所持有的允许用户参与网站内容建设、注重交互、强化关系的核心理念是一致的。正如美国《连线》杂志对新媒体（包括网络）的定义：所有人对所有人的传播。

Web2.0之后还出现了Web3.0，尽管人们对其的认识不尽相同，但将语义网视为Web3.0的一个关键组成部分和代表，这一点已经得到人们的普遍认同。

在全世界总人口达到78.3亿的今天，全球手机用户数量为52.2亿，互联网用户数量为46.6亿，全球互联网普及率为59.5%。其中，社交媒体用户数量为42亿。据统计，一般的互联网用户，每天用手机上网的平均时间为3小时39分钟。而相比之下，他们每天看电视的平均时间为3小时24分钟。这意味着，目前互联网用户在手机上使用联网服务的时间比看电视的时间长约7%。①

互联网起始于20世纪70年代，成长于90年代，兴盛于新世纪——21世纪。它既是传播领域的一个划时代产物，也是人类文明史上的一座里程碑。网络，与以往三大传统媒体——报纸、广播、电视迥然不同，它除了拥有全时空、全覆盖的信息采集与发布的传播力，还在很大程度上重构和改变了网络用户的生活。

随着技术的发展与设备的进化，互联网中的连接也在不断升级，其本质是各种对象间的联系与连接。互联网从人与内容（Web1.0）的互联逐渐转变为人与人、人与服务（Web2.0）的互联，再过渡到近几年的人与物、物与物、现实世界与虚拟空间（Web3.0）的互联。在人工智能等技术的推动下，人机交互将更趋向于自然化、本性化。

---

① 报告：全球网民数量达46.6亿 中国人每天上网5小时22分［EB/OL］.（2021-01-27）［2022-03-25］.https：//finance.sina.com.cn/tech/2021-01-27/doc-ikftpnny2352791.shtml.

（二）黑马之马踏飞燕——中国互联网从"边缘小众"到"主流大众"

一部网络门户的发展史就如一部中国互联网史。在中国互联网发展初期的20世纪末和21世纪初，"门户"几乎就是中国互联网的代名词，人们甚至形成一种独特的"门户情结"。以新浪、搜狐和网易为代表的三大门户网站，不仅代表了当时中国互联网最重要、最成功的商业模式，也成为扩大互联网之社会影响力的主力军。可以毫不夸张地说，无论是对用户的启蒙、产业的启蒙、资本的启蒙乃至社会的启蒙，门户网站在中国互联网行业中，都起到一马当先的作用。① 除了门户网站的蓬勃发展，由主流媒体创办的新闻网站也如雨后春笋般涌现。但是，由于当时主流媒体的传统业务仍处于黄金期，它们创办的新闻网站只是作为对传统媒体核心业务的补充和对新业务的探索。

1994年，中国第一个全国性TCP/IP互联网——CERNET示范网工程建成。

1995年，"水木清华站"BBS系统正式对外开放，一度成为中国人气最旺的BBS之一。网上论坛开始改变中国网民使用网络的习惯。

1996年，留美归国的张朝阳创办"爱特信公司"，推出"搜乎"，后改名为"搜狐"。

1996年，央视网建立并开始试运营。

1997年，丁磊创建网易公司。

1997年，人民网和新华网成立。

1998年，四通利方和当时海外最大的华人互联网公司华渊资讯合并组成新浪，并借助对世界杯、科索沃战争和悉尼奥运会等重大事件的新闻报道，一举成为中文第一门户网站。

1998年，腾讯成立。

1999年，中国媒体上网的一个高潮期。

2000年，中国三大门户网站搜狐、新浪、网易在美国纳斯达克挂牌上市。

2001年，下一代互联网地区试验网在北京建成并通过验收。

2002年第二季度，搜狐率先宣布盈利，宣布互联网的春天已经来临。

2003年上半年，阿里巴巴推出淘宝网，此后成为全球最大的C2C电商平台；下

---

① 方兴东，钟祥铭.中国门户网站之发展历程、规律和启示：反思门户思维对中国互联网和传统媒体转型的内在影响[J].新闻与写作，2019（2）：5-10.

半年，阿里巴巴推出支付宝。

2012年，今日头条创立。

…… ……

中国互联网发展的30年以来，网民从单纯的上网用户逐渐成为互联网的主体，到今天已经成为互联网整体的重要组成部分。截至2022年12月，我国网民达10.67亿人，手机网民达10.47亿人，人类开始进入一个网民就是人民、人民就是网民，网民与人民真正合二为一的新阶段。[①]

（三）黑马之黑——网络的特点

第一，容量大，速度快。

网络作为信息载体与传播工具，其容量之大和速度之快堪称"天下无敌"。容量大，是指它能储存海量信息；速度快，是说它的快捷特性。而这两个优点，极大地提升了人们无纸办公和文案工作的速度，以及包括教学和写作等一系列文化事务的办事效率。可以说，网络是工具书、资料库、书店、图书馆、阅览室，也是游艺厅、棋牌室、麻将桌……热爱读书、追求知识的人有福了，世界上所有国家的大型图书馆都有机会向你敞开，许多珍贵书籍以电子文本的方式呈现，所有销路很好的报纸杂志几乎都建立了数字资料库，而所有字典、辞典、百科全书和各类教科书的条目也都可以在不同网站搜寻、查找。例如，大英图书馆作为一个国家图书馆，拥有超过一亿五千万件馆藏，其英文官方网站每年吸引超过两千万名访客，读者可以尽情浏览网站上的四百万件数字藏品和超过四千万页的信息。被人们形象地称为"掌上国图"的中国国家图书馆网站，让人们不仅能够检索、阅读该馆的电子图书，还可以查阅全国各地几十家图书馆的馆藏信息，该馆仅社会科学类的电子图书就有1万多种，还有约50万个条目，70万幅图表。唯有现代网络能够实现中国古代孟子的梦想——"万物备于我"，至少在文本知识的意义上如此，"万物"可以理解为寰宇之内、万座智慧宝库之中的典籍，在网络的帮助下，它们为我所用，无论何类知识，我都"信手拈来"。速度奇快就不用说了，鼠标堪称世上最聪明敏捷的小老鼠，它的上蹿下跳不仅不会让人眼花缭乱，反而能让我们细致入微地看清大千世界的各种事物、各种观点和思想……

[①] 方兴东，王奔.中国互联网30年：一种网民群体画像的视角——基于创新扩散理论重新发现中国互联网的力量与变革之源[J].传媒观察，2023（1）：60-72.

第二，全时空，全覆盖。

媒体的传播范围随着传播技术的发展、更新而逐渐扩大，纸质媒体是第一个传播层级，它的触角所及局限在邮政通信能抵达的区域之内，由城市到乡镇再到乡村，报刊的订阅量毕竟有限，少则几万份，多则几百万份，顶多几千万份而已；广播是第二个层级，广播能抵达的范围与其发射器的功率大小成正比，也与收音机的普及率成正比，而广播听众比纸媒读者要多，比电视观众要少；电视是第三个层级，但仍然受大众电视机拥有量的限制，也受电视信号播放范围的限制，它的受众数量相较于纸媒和广播已经有了显著增加；网络则是第四个层级，无疑占据了主导地位，真正实现了前面所述三大传统媒体所不能实现的目标，能做到无盲点、无死角地发送和接收信息，做到在太阳系的第三颗行星——地球上全时空、全覆盖地履行一个数字时代新媒体的伟大职能。网络"上穷碧落下黄泉"的信号传播的惊人力量，不仅令人叹为观止，更使人类生活发生了前所未有的质的变化和飞跃。

第三，开放式，大平台。

没有网络时，我们不知道应该怎样设计、施工、建造一个比天空辽阔、比银河耀眼、比宇宙深广的平台。大平台没有围绳，也没有围墙，更没有铁栅栏，它不是四面漏风的，却实在是空心透明的，地球上的所有人都有机会站立其上，手持话筒，讨论个人体验、发表个人观点，无论是以口述还是以文字表达的方式，也不管是用英语、法语还是中文……它秉持开放的态度与公平的原则，亲切随和，平易近人，绝没有拒人千里的孤傲和骄横，也不会过多地询问你的出身、学历和家庭背景，只要你愿意，那么OK，大平台欢迎你，人人都有发言权。如果你不想说什么的话，每个人也都有座位，只须带着耳朵来——人们不是总说"贵人语话迟"嘛。网络有开放的襟怀与独特的风采，震古烁今，激发我们的无限感慨；而它所构建的平台之大，也正符合我们人类心灵的美丽、智慧、深邃与博大。

第四，圆桌会，互动好。

在这里，我们不是在讲亚瑟和他的"圆桌骑士"的故事。但是，网络太像一个"圆桌"，它让每个人都坐在一个相对平等、无差异的位置，这样每一位发言者和倾听者都能感到舒服、自在。一个"圆桌"的好处在于，它确保了人们的目光能触及每一位与会者，不会有一个遗漏。从前，报纸与读者的互动来得太迟缓，考验着人们的耐心，读者发给记者或编辑的信件以及记者或编辑给读者的回信，都需要经过太多程序，还会被路程耽搁；广播电台好一些，播音间的节目主持人和嘉宾可以随时、即时与听众交流，但是，参与交流的人数十分有限，在单位时间里得以发声的听众实在少得可怜；电视台也面临着与广播电台同样的问题和同样的尴尬，受演播厅场地和节目录制时间的严格制约，现场观众不能太多，而他们的发言也更受限制。唯有网络不然，广大网民的互动不受场地也不受时间的约束，网民可以尽情尽兴地聊天、讨论、辩论乃至争论，此时说不完，换个时间再谈，今天说不清，明天继续……

第五，参与性，干预性。

网络在政治、经济、文化等各个领域具有辐射功能，通过大众的广泛参与与发声形成巨大的影响力，这种影响力被称为能促进社会文明进步的民间力量。公元前6世纪，古希腊雅典城邦的公民大会已成规模，凡20岁以上成年男子皆有资格投身政治事务，参与重大决策，此举可被称为人类历史上公众参与社会政治生活的滥觞，而今天的网络时代不断地再现不被称为"公民大会"的"大会"场景，也频频出现不像"投票表决"的"表决"现场。广大网民的质疑和呼声对一些典型案件的进程有着不可忽视的影响。例如，2018年8月27日，江苏省昆山市一轿车司机与一电动车车主发生争执，轿车司机挥舞长刀砍向电动车车主，结果却被对方夺刀追砍，最后丧失了生命。此事引起社会的广泛关注，网民议论纷纷，最终电动车车主被认定为正当防卫，免于刑事责任，被宣布无罪。此事在律法层面上影响深远，采取防卫行为造成不法侵害人伤亡的不属于防卫过当，不负刑事责任的法律意识，从此深入人心。再如，在"江西宜黄拆迁事件"中，由于记者的努力、网民的围观，政府对于民意与舆论的及时呼应，使事件朝着正确的方向推进，相关责任人最终被立案调查。"网民"这个庞大群体中的每一个个体，犹如一粒粒渺小的、分量很轻的、可以忽略不计的芥菜种子，然而，一粒粒小小的芥菜种子却可以凭借自己执着的意志和信念，变成万亩青田。以上两个案例和其他未能一并陈述的许多事例，都是最直接的证明。

第六，大课堂，大舞台。

网络搭建的"空中课堂"，在病毒肆虐的背景下，起到关键作用。莘莘学子线上学习的效果虽然不能与线下读书的效果相比，但至少他们的学业不会停滞不前，网络将损失降到最低。疫情防控期间，全国"停课不停学"，大中小学广泛开展在线教学，教学信息化得到进一步普及，解了学校教学停顿的燃眉之急。根据CNNIC（中国互联网络信息中心）第47次《中国互联网络发展状况报告》的统计，截至2020年12月，我国在线教育用户达3.42亿人，占网民整体的34.6%。顺便说一下"线上医疗"，截至2020年12月，我国在线医疗用户为2.15亿人，占网民整体的21.7%。[1] 更具娱

---

[1] 第47次《中国互联网络发展状况统计报告》（全文）[EB/OL]．（2021-02-03）[2022-06-24]．https://www.cac.gov.cn/2021-02/03/c_1613923423079314.htm.

乐性，更吸引眼球，自带流量，大量"吸金"的，还要数网络所提供的"虚拟舞台"。众多"网红"都是邻家大爷、隔壁姑娘一般的普普通通的人。大批城乡木匠、铁匠、菜农、厨师等五行八作的从业者的视频，不仅能展示其独特的技能还起到带货直播的营销作用，效果极佳。最为典型的例子是李子柒的"美食短视频"，其中的乡野风光和烹饪教学自带艺术美感，中国文化符号也完美地融于其中。根据《中国卡车司机调查报告（No.1）》（以下简称"报告"），中国有3000万名卡车司机，其中有相当一部分司机活跃在短视频平台如快手、抖音和抖音火山网上，称自己为"卡友"。如快手上一个自称"宝哥"的人，被誉为全网最有人气的卡车司机，他和他的妻子也是最有名的"夫妻档"之一，他的单条视频播放量通常在300万以上，粉丝给他打上"为人友善""做饭好吃"和"爱老婆"的标签。

第七，机动性，可携带。

网络作为数字媒体的优势非传统媒体的报纸、广播和电视可以比肩，后三者甚至不可望其项背。其优势在于机动性强，便于携带。你不可能随身携带报纸的排字机和印刷机；也不可能把广播电台的播音间和信号发射设备装在背包里；更不可能随意移动电视台的直播间和发射塔，但是，一部手提电脑就能完成新闻信息的采集、整理、写作、编辑和发送等一系列业务操作。网络能让人们用最小的空间完成技术操作，又能在最大的空间、以最快的速度传播信息。它像一支野战部队中的特殊队伍——"轻骑兵"；又像一位能在新闻报道的竞技场上最先跑到终点并撞线的"短跑冠军"，而这一切，都是因为它的机动灵活。

第八，情绪化，碎片化。

以上讲了那么多网络的优势、特长，而它带来的负面效应也不容忽视。社交平台不设限、门槛低的特点是一把双刃剑，众多网民的素质高低不等，差异甚大，难免良莠不齐，乃至鱼龙混杂，其结果是发声者众而谈言微中者寡，谈吐不雅，斯文扫地者也是常有的，各大网络论坛每每声音嘈杂，甚至能听到谩骂之音。这牵扯到全社会的教育问题，部分网民因文化程度的局限而常识欠缺、思维混乱、认知有碍、表述不清，却又无比坚定、执着、强硬、自负，他们自信满满、认知狭隘、过度敏感、情绪波动极大，在算法推荐的"加持"下，"茧房效应"让他们只愿意接受自己认知范围内的信念。总之，他们的言论呼啸而来，龙卷风似的吹刮，又有地震海啸般的破坏力，需要社会花费很长时间才能修复其造成的灾难性破坏。我们这样说一点也不夸张，一旦焦点事件发生而舆论沸腾时，事实真伪难辨，谣传四起……这就是网络平台浩浩荡荡的大流量导致的"江河决堤""湖泊溃坝"。网民意念的混杂带来信念的混乱，见解的抵牾造成理解的偏颇，而其负面影响及其可能造成的后果我们不得而知，唯一确定无疑的是唇枪舌剑的"战火"频仍。谈到物质与精神的平衡，就势必要指出网络制造的失衡。我们都知道，网站的点击率愈高，广告愈多；"网红"们携带的流量愈大，平台赚取的财富愈加可观。一言以蔽之，网络的确是最佳的"物流"平台，在很多时候却很难被称为"精神交流"平台。有时一打开电脑，就会看到各种低俗、丑陋、淫秽、污浊的图片和信息，想删也删不了，想不看都不成，使人徒呼奈何，感叹世风日下。因此，我们不得不说，在21世纪的今天，在电子时代的社会生活中，一个"读书人"和一个"网络人"的区别，体现在他阅读纸质图书和阅读网络信息所用时间的比例，不怎么读书却只是上网的人和不怎么上网却大量读书的人的情感厚度、思想深度和精神高度势必不同。网络以其惊人的传播速度和广泛的覆盖面，在与纸质媒体的竞争中占尽先机，但是，人类的知识和智慧的获取却需要缓慢而长久地积累和沉淀。值得一提的是，网络的"双向拉伸"作用明显，一方面它把时空相隔甚远的人们拉近，使相隔万里之遥的人们可以"会面"、交谈；另一方面它使人们线下的交往变得日益贫乏，让固守"虚拟环境"不放的人们在现实生活中变得冷漠。

人人师，人人友。网络的理想状态，是一个世界大同、和合共生的状态。而这种世界大同、和合共生的愿景，由于网络的存在，在信息共享原则和发声权利平等的基石上，显得越发触手可及。

（四）黑马之挑战老马——新媒体应运而生，传统媒体面临挑战

（纸媒）告别铅与火，走向光与电；
（纸媒）告别纸与笔，走向键盘与鼠标；
（纸媒）告别卡片柜，走向光盘和数据库。[1]

以网络技术和数字技术的诞生为契机，纸媒、广播和电视也进入新时代——由单一的大众传播转变为多层次的互动传播。新媒体的诞生不仅带来了挑战，更给传统媒体的发展提供了动力。在《数字化生存》一书中，美国未来学家尼古拉斯·尼葛洛庞蒂（Nicholas Negroponte）指出："数字化会改变大众传播的本质，'推'送比特给人们的过程将一变而为允许大家（或他们的大脑）'拉'出想要的比特的过程。"[2]

---

[1] 李良荣. 新闻学概论［M］.6版. 上海：复旦大学出版社，2018：109.
[2] 尼葛洛庞帝. 数字化生存［M］. 胡泳，范海燕，译. 海口：海南出版社，1996：104.

在 Web1.0 时代，传统媒体纷纷"触网"，建立新媒体部门从而开设网站，但网络作为其信息发布之地，只是对传统媒体的一个简要补充，其所发挥的效力大小主要依赖于网站内容是否丰富，是否及时更新。因为与其同时代的新浪、搜狐、网易、腾讯等商业性门户网站以其信息海量、娱乐性强的物质而在流量上占据上风，而且传统媒体的"触网"模式又相对单一——比如部分报社创建的网站只能被称为其报纸的电子版，所以，传统媒体的网络传播影响力仍然较小。

无论是传统媒体所建立的网站还是门户网站的传播模式都没有发生根本性的转变，还是点对面的传播形式。用户所接收的信息多是同质化信息，用户就像在吃自助餐，"菜品"种类和数量是固定的，用户只有在有限种类中选择的权力。

Web2.0 时代，微博、微信等商业性质的社会化平台成为网民的聚集之地，用户得以在其中充分地表达自己。这些社会化平台将内容生产、意见表达与现实社交融合在一起，成为网民的"新宠"。曾拥有先发优势的主流媒体，在此阶段面临着社会化平台带来的新一轮技术改革与新传播模式的冲击，主流媒体的发展遭遇困境。

在当前的媒介融合环境下，新旧媒体的融合基本处于三种态势：[①]

第一态势：以旧媒养新媒，推动融合演化。

大多数主流媒体仍处于此阶段，虽出现了"爆款"产品，但"爆款"产品难以为媒体融合提供强大而持久的推动力，主流媒体需要从融合的机制、流程和产业层面寻求更大的突破。

第二态势：新媒体破茧重生，旧媒体被掣肘。

曾拥有先发优势的主流新媒体平台面临着新一轮的技术改革与新传播模式的冲击，再次承受着巨大的发展压力。有些新媒体平台在新一轮的技术迭代中呈现人才、资金匮乏的态象。有些新媒体平台依托原主流媒体平台，其根深蒂固的新闻生产与传播模式在新的市场竞争中是较为被动的。有些与传统媒体完全剥离的新媒体平台，呈现更具沉浸式传播特质的全新特点，如脱胎于东方早报的澎湃新闻。

第三态势：新旧平台实现全媒体融合，新旧媒体良性互动。

主流媒体建立了相对完善的新媒体传播矩阵，基本实现了全媒体融合，形成了"报（台）网端微"（报纸、网站、客户端、微博和微信公众号及其他传播平台）融合发展、协调并进的传播格局。如人民日报有独立运营的 APP、网站，也与商业平台建

[①] 李沁，徐诚，赵凡瑜. 技术、传播与社会：中国主流媒体融合发展路径——以长三角地区 12 家主流媒体为例[J]. 中国人民大学学报. 2020（3）：132-141.

立了相对密切的合作关系,抖音、快手等短视频平台,微信、微博平台亦如此。新媒体与旧媒体之间形成了良性互动,新媒体对传统媒体起到反哺作用,取得较为显著的经济和社会效益。

如2020年疫情防控期间,央视《新闻1+1》节目凭借"大屏+小屏"的联动传播,极大地提升了央视的传播力。除传统大屏的直播节目外,《新闻1+1》将视频直播内容重新剪辑、组合,以分主题形式进行"切片化"处理,将党和政府的决策要点、主持人与专家的对话焦点、疫情防控的核心要点等加以归纳提炼,在微博、微信和抖音、快手等短视频平台以及央视频客户端播出,从而实现"复次传播",取得较好的传播效果。

自2014年以来,主流媒体在内容生产、渠道拓宽、自主可控平台打造、流程再造、全媒体人才队伍建设等方面取得一定进展,但离媒体深度融合的目标仍有较大距离。① 主流媒体实现深度融合的目标是建立以内容建设为根本、先进技术为支撑、创新管理为保障的全媒体传播体系。② 但是,真正实现该目标是一项耗时较长的系统性工程,既需要顶层设计,转变观念;还需要整合内部资源,积极扩展,实现与各类外部资源的对接与协同。

(五)黑马之新科状元——"公民新闻"登场

20世纪和21世纪之交,人类从"准新闻时代""泛新闻时代"来到"纯新闻时代""后新闻时代",新闻与新闻学的许多基本概念和观念都面临着"版本更新"。我们从未听说过的"公民新闻""电子报""脸书""自媒体"等新词汇、新名词让人应接不暇。在我们目前所处的"新闻动物"华丽登场的"电子时代"探讨曾让前辈新闻人苦恼透顶的"新闻自由"问题,都会显得有些"过时",其原因是——在美国新闻学学者比尔·科瓦奇(Bill Kovach)和汤姆·罗森斯蒂尔(Tom Rosenstiel)看来,"今天的信息传播十分自由,那种认为只存在一种新闻的观念已经过时。把媒体看成把关人,决定公众应该知道什么和不知道什么,这种观念已经无法严格界定新闻的角色"③。是的,过时的是新闻观念,而不是新闻传播的新手段

---

① 郭全中. 媒体深度融合的"大融合"思路及实施关键[J]. 现代传播,2022(9):1-7.
② 中共中央办公厅,国务院办公厅. 关于加快推进媒体深度融合发展的意见[EB/OL].(2020-09-26)[2022-10-30]. https://www.gov.cn/zhengce/2020-09/26/content_5547310.htm.
③ 科瓦奇,罗森斯蒂尔. 真相:信息超载时代如何知道该相信什么[M]. 陆佳怡,孙志刚,译. 北京:中国人民大学出版社,2014.

和新渠道。

1998年，当《新闻周刊》（News Week）推迟刊登关于总统克林顿的丑闻报道时，马特·内森·德拉吉（Matt Nathan Drudge）作为最早也是最著名的网络记者之一，抢先在他于1995年创办的网站——"德拉吉报道"上发布之。而"德拉吉现象"的出现挑战了传统新闻的采集、发布方式。

的确，黑马犹如媒体的"新科状元"横空出世，"公民新闻"也强势登场。

"公民新闻"报道出自"公民记者"（又名民间记者，即非专业新闻的发布者、传播者）。一般认为，"公民记者"概念诞生于20世纪90年代的美国，而第一个被冠以该称谓的人就是网络达人——德拉吉。不过，直接使用"公民记者"（citizen journalist）一词并产生广泛影响的，是韩国人——媒体创业者吴延浩。他参与创立了韩国第一个新闻网站——OhmyNews，并于2000年宣称："每一个公民都是记者。"① 到了2007年，该网站已经拥有来自世界上100多个国家的55,000名供稿人。

美国作家、编辑纳维德·萨利赫（Naveed Saleh），在他的《新闻写作的艺术》一书中说："公民新闻的一个显著产物就是'特技'新闻或者'事实'新闻……他们试图在其他媒体组织不太可能访问的记录事件结果的地方，提供有新闻价值的新闻事件……如今，只要对新闻稍有了解，有一部智能手机，装上必要的应用软件，任何人都可以发布吸引人的消息。"②

国内的典型案例也体现了"公民新闻"的价值和意义，特别是在有关新冠疫情的新闻报道中。网络技术赋能使每个人都成为信息的发布者，2020年到2021年的冬春之交，民间未署名"公民记者"的公民自制短视频，近9亿名短视频用户进一步确立了普通人作为影像叙事的主体的地位。"抗疫短视频"更多呈现的是生活场景，虽然不像职业新闻工作者制作的短视频那样主题突出，却是直接有力的，更易唤起观者的共情和共鸣。武汉女孩曾宇辰所记录的"只有一道菜的年夜饭、不情不愿拖地的爸爸、做监工的猫咪、每天化妆换衣美美地呈现在镜头前的妈妈"，以及其他个人拍摄的欢送英雄回家的"荆门人民夹道十里送亲人""各地民航机场过水门迎接英雄凯旋""被按下暂停键的湖北，重新飘出久违的烟火气"等诸多场景，引起了众多网友的共鸣。

---

① OhmyNews是韩国最具影响力的新闻媒体之一，英国《卫报》认为它是"世界范围内对本国事务影响最大的新闻网站"。现在，OhmyNews网站的日均访问量已达700万人次，页面日均点击数高达2500万，占据了韩国网络新闻市场份额的33.62%。
② 萨利赫.新闻写作的艺术［M］.陶娟，译.北京：中国人民大学出版社，2018.

那么,"公民记者"也好,"公民新闻"也罢,对传统新闻媒体又会产生怎样的影响呢?

美国职业新闻编辑萨利赫的看法非常乐观:"对于公民新闻将会扰乱优秀专业记者的工作这一论断,我本人表示怀疑。相反,我认为,公民新闻可能会辅助专业记者的工作。正如收音机、电视机、电报和互联网的发展并没有阻止人们阅读纸媒一样,公民记者传播的新闻消息也不会取代专业记者产制的新闻。最可能出现的是,人们将公民新闻视为一种新选择。"①

的确,多一种选择总是件好事情。"公民记者"以一种新兴新闻传播者的身份出现,其群体成员可被分为两类:一类成员本身就是职业记者,只不过在下班后采访报道了自己感兴趣的事件,且不通过职业媒体发布报道,属于非职业行为;另一类成员则是非职业记者的新闻事件记录者。"公民新闻"是非权威媒体人的"权威"新闻报道,"权威"在于其报道的内容是富有价值和"吸睛"的,譬如我们前面列举的中外案例。必须承认,这些"公民记者"的劳作,不但极大地丰富了新闻来源,也导致了新闻传播格局的转变,有媒体将"公民新闻"的出现称为一种"舆论变革"。但新闻来源的多元、传播格局的改变,也是一把双刃剑。过去,公民手握"金话筒"的机会不多,让自己的声音高效传播、千百倍放大的可能性更小,而今天不同,社会上的话语权被分流、分享,公民意外得到电子技术带来的红利,他们也能更轻易地履行舆论监督的责任和职能,正是科技进步让公民分摊了以往职业新闻人独有的话语权。然而,就像一枚硬币有两面,"公民新闻"的出现也容易导致"公民记者"发布的新闻内容与事实不符,因为核实新闻内容不是其强项,公民与政府各种职能机构之间也难以建立牢固的联系,其与信源的熟悉程度更不能与职业媒体相比,这会使虚假新闻层出不穷,还可能造成负面影响。

第五节 幼马——手机

智能手机是智慧生命的好伙伴,也是新闻媒介诸姊妹中的新成员。它以新媒体的姿态出现,与报纸、广播、电视、网络并驾齐驱。当报纸作为人类历史上首次出现的主流媒体在三百多年的时间里始终一家独大时,很难预见有朝一日广播会以声音占

---

① 萨利赫.新闻写作的艺术[M].陶娟,译.北京:中国人民大学出版社,2018.

其发声权，电视会以影像抢其关注度，网络会以流量夺其广告份额。同样的，我们今人也如不久前的"古人"一样，难以想象有那么一天，手机居然以"掌上媒体"或曰"指尖媒体"的新型微缩媒体的形象，傲立传媒界，且傲视群雄。

用手机来代表新媒体可能会引起一些争议。各种终端（如平板电脑、智能手表、智能眼镜、各类智能家居设备等）都在新媒体世界占据一席之地。它们承载着信息，实现了各种连接，也是互联网的核心基础设施。但结合现阶段的媒介应用与需求的发展情况，手机仍处于一家独大的地位，我们更愿意将手机作为新兴媒体的代表来进行讨论。

2007年，iPhone发布，标志着移动互联网时代的正式到来。曾有学者进行统计，一种新的传播介质普及5000万人，收音机用了38年，电视用了13年，互联网用了4年，微博用了14个月，微信用了10个月，抖音用了5个月。① 随着手机智能化程度的提高，手机成了压倒性的"绝对媒介"。美国媒介理论家保罗·莱文森（paul Levinson）曾提出媒介进化的"人性化趋势"，他认为"人性化媒介的进化趋势是其再现真实世界的水平不断提高……不仅是再现前科技环境，而且是技术世界的延伸，这样的延伸大大超越了原来的生物局限"。②

手机端产品的普及，满足了大众在手机上随时随地办公、办事、娱乐的需求。手机成为压倒一切的媒介接触终端，大众的信息来源主要是手机社交媒体（如微博、微信等）和各类新闻客户端（如今日头条、腾讯、网易、人民网、央视频等）；大众的娱乐需求多在手机视频平台（如抖音、快手、爱奇艺、腾讯、优酷、B站等）上得到满足；大众购物也逐渐趋向淘宝、京东、拼多多等电商平台。老年人群也在逐渐适应智能手机，跟上数字时代的节奏。在各类手机客户端应用软件中，即时通信、网络视频、短视频类应用软件的使用时长占比均超过了10%。③ 因此，主流媒体的媒体深度融合战略中也应结合手机媒体的应用特点，采取"大融合"思路，在注重用户连接的基础上提升传播能力。

著名传播理论家约翰·杜海姆·彼得斯（John Durham Peters）认为："媒介是容器和环境，它容纳了一种可能性，这种可能性又锚定了我们的生存状态。"④ 不同的容器与环境会决定新闻的生产与传播方式，从而影响人类的生存方式与生存状态。纵观

---

① 赵随意.媒体融合深入阶段要解决的三大问题[J].中国广播，2018（11）：38.
② 莱文森.新新媒介[M].何道宽，译.上海：复旦大学出版社，2011.
③ 崔保国，徐立军，丁迈.传媒蓝皮书：中国传媒产业发展报告（2020）[M].北京：社会科学文献出版社，2020.
④ 彼得斯.奇云：媒介即存有[M].邓建国，译.上海：复旦大学出版社，2020：2.

400年新闻历史,"五驾马车"并驾齐驱,让人感慨万千。回顾历史,展望未来。新闻行业和新闻事业是两个层级的概念,世上行业很多,并不是每个行业都能被赋予"事业"这一崇高的称谓。行业让人们履行自己的职责,事业则让人们履行自己的使命。我们的前辈,伟大的新闻先驱们,为我们作出了榜样,他们忠实于自己的职业信念和使命,不仅为新闻事业本身,也为全社会的文明进步作出了巨大贡献。他们的实践和理论是我们的宝贵财富,而承继他们的事业,使之薪火相传,则是你我的责任。

第六章
新闻哲学论

　　新闻高等教育已有百年历史，而它与哲学的关系正在变得越来越密切——这是新闻实践与新闻理论的需要，因为哲学对各门学科的指导意义毋庸置疑。在以往的知识体系中，我们最常见的是独立的新闻学和哲学，鲜见将两者结合在一起的理论研究和探讨。本章尝试打通这两门学科的界限，找到两者的衔接点，并尝试提出一些新观点。

　　新闻与哲学的关联是最为密切的，用个不恰当的成语，就是"唇齿相依"。新闻传播从本质上说，是世界观的输出与接纳的过程，通过信息传递呈现意识形态；而哲学恰恰是对世界基本和普遍的问题进行研究的科学，是关于世界观的理论体系。因此，从某种意义上来说，新闻与哲学之间是一种相互需要、相互依托的关系。众所周知，新闻报道的主要对象是人类及其社会生活，而哲学本质上是人理解人、人认识人的理性活动，只不过新闻更关注和表述的是（人所构成的）社会群体的实践活动，但新闻报道会通过理性指导、经由实践活动最终抵达理性，也就是说新闻可谓用媒介的方式进行的哲学实践，而哲学则是综合总结人类实践而成的一种形而上。在新闻学专业开设新闻哲学课程，不仅大有必要，而且势在必行。

　　目前，各高校已在各专业开设的与哲学有关的课程包括："政治哲学""经济哲学""历史哲学""社会哲学""文化哲学""宗教哲学""艺术哲学""语言哲学""逻辑哲学""数学哲学""物理哲学""生物哲学""天文哲学""地理哲学""法律哲学""体育哲学""医学哲学""军事哲学""教育哲学""建筑哲学""科技哲学""戏剧哲学""电影哲学""音乐哲学""管理哲学""价值哲学""环境哲学""行为哲学""城市哲学""儿童哲学""趣味哲学""情感哲学""旅游哲学""交际哲学"，等等。[①] 值

[①] 系列课程的名称来自各专业的招生目录或专业简介。

得我们重视的是，在这长长的课程名单中，在广大的教育和科研领域，竟然没有"新闻哲学"的一席之地，我们这些新闻与传播学学界人士岂能对此无动于衷？！

第一节　哲学与新闻哲学

什么是哲学？

——哲学（philosophy）一词，起源于希腊语，原意是"爱智"，指对基本信念之根据及其基本概念的研究分析。爱智慧者爱哲学，爱哲学者爱深思。哲学追根溯源，思考人类世界万物万念之本质、由来。

按照教科书上对于哲学理论的说法，哲学是有严密逻辑的宇宙观，它研究宇宙的性质、宇宙内万事万物演化的总规律、人在宇宙中的位置等一些很根本的问题。又曰，哲学就是元知识、元理学，大道至简。哲学就是对现实世界进行元理层面的把握，把多综合为一，把一区分为多，无论是研究一还是多，都是在研究元理。元理，虽然是基本、元初之理，却需要学者清晰表达、系统构造、理顺逻辑，如此，元理系统才能解释世界、开悟人生。哲学是元理，科学是原理。如果非要用一句话来说明，哲学的确是——有严密逻辑系统的宇宙观。

哲学研究什么呢？

——它研究宇宙本体以及人在宇宙中的位置等问题。

既然哲学一词出自希腊语，那么古希腊哲学家亚里士多德（前384—前322）对它的解释应该可谓原汁原味："求知是所有人的本性。人都是由于惊奇而开始哲学思考的，一开始是对身边不解的东西感到惊奇，继而逐步前进，对更重大的事情产生疑问，例如关于月相的变化，关于太阳和星辰的变化，以及关于万物的生成。一个感到困惑和惊奇的人，便自觉其无知。"

德国哲学家格奥尔格·威廉·弗里德里希·黑格尔（Georg Wilhelm Friedrich Hegel，1770—1831）说得很绝对："哲学是一种特殊的思维运动，哲学是对绝对的追求。"

英国哲学家伯特兰·阿瑟·威廉·罗素（Bertrand Arthur William Russell，1872—1970）说得很清楚："哲学，就我对这个词的理解来说，乃是某种介乎神学与科学之间的东西。它和神学一样，包含着人类对于那些迄今仍为科学知识所不能肯定之事物的思考；它又和科学一样，是诉之于人类的理性而不是诉之于权威的，不论是传统的权威还是启示的权威。一切确切的知识都属于科学；一切涉及超乎确切知识之外的教条都属于神学。介乎神学与科学之间还有一片受到双方攻击的无人之域，这片无人之域就是哲学。"

最后，我们听听科学家、物理学家阿尔伯特·爱因斯坦（Albert Einstein，1879—1955）是怎么说的吧。"如果把哲学理解为在最普遍和最广泛的形式中对知识的追求，那么，哲学显然就可以被认为是全部科学之母。"

我们为什么要研究新闻哲学？

北宋哲学家邵雍说："学不际天人，不足以谓之学。"

尽管新闻哲学对我们来说还比较陌生，但我们仍然抑制不住自己的渴望，要执着地追寻她、了解她。

人生受限于岁月时光，因此，每做一事前一定要问自己——为什么？然后，找到一个将让你永不后悔的理由，它让你力量百倍而决不气馁，这个理由是一个字：爱。任何学科的理论学术创造，都是人类智慧的体现。它是由科学家的头脑和艺术家的灵魂合作而为的成就，人之为人的尊严与骄傲尽在其中。

第二节　哲学意义上的新闻本体论

当我们从哲学层面思考新闻的时候，会发现新闻不仅是我们惯常所认知的人类社会生活之现象，更是地球所有智慧生命拥有的一种本质属性，倘若剥离了这种本质属性，那么生命的价值和意义将不复存在。换一种表述方式就是，如果新闻不作为物质和精神的实体存在，生命将呈现一种虚无状态，其内在会变得干瘪、空洞，不再饱满、丰盈。我们无法想象一个无知无识、无视无聪、无问无答的沉默与死寂的世界。新闻，正是生命蓬勃旺盛之生机的重要体现。

论点一　地球是"新闻行星"

太阳系的第三颗行星——地球，与其他七颗行星——水星、金星、火星、木星、土星、天王星、海王星有所不同，它们最大的区别是——地球是一颗陆地表面布满发射塔和卫星通信地面站的"新闻行星"。

另外，地球有强烈的磁场，它在地球周围空间分布着。磁场是地球最神秘的特征之一。在地球内部，液态的外核围绕着固态的内核旋转，它的流动使地球产生了磁场。地球的磁场也会受其他因素的影响，例如地壳中的磁化岩石以及海洋环流。

地球有磁场；人类有"新闻场"。

人类的心灵和大脑被"新闻磁力"左右，产生巨大、强烈的"电磁效应"，今日——21世纪的电脑、智能手机等终端设备就是标准的"磁源"。和磁场是地球最神秘的物理特征一样，"新闻场"也是人类生活最神秘的精神现象。地球的磁场对所有生命体来说都至关重要，它确保大气层不会被太阳风剥离，使地球生物免受有害辐射的影响。同样，"新闻场"对所有生命体来说也至关重要，它让天空不会被雾霾遮盖，让大地不被酸雨腐蚀，让城市不被飓风破坏，让人类理智清明，免受愚昧盲从或异端邪说的影响。

地球磁场所发出的电流与磁信号，就好比人类社会传播的新闻与信息。我们随时被新闻吸引，如同金属被磁铁所吸附。

磁场之于地球，是宇宙的发明创造；"新闻场"之于人类，是人类自己的创造发明。美国学者马克·布尔金（Mark Burgin）所著的《信息论》提供了大量人类是"新闻动物"的论据。他认为信息充斥在我们周围，也存在于我们体内，我们靠感觉器官收集它，我们醒着的每一秒，大脑都在过滤、组织和处理信息，信息使我们的生活成为可能。

作为一颗"新闻行星"，地球的方向感和方位感是我们首先要考虑的。夜晚的北斗七星构成一个大大的问号，帮助那些跋山涉水的远行人辨明方向。俯瞰地球，以今日新闻人的眼光看，经纬线就像是为确定新闻信息的行踪而设置的。新闻总是在一个特定的地点发生。地球的经纬线还很自然地使人联想到网络，网络范畴的经纬网可以确定地球表面的任何一个地点的准确位置。公元前334年，亚历山大大帝的随军地理学家尼尔库斯第一次在世界地图上画出了一条纬线，之后当时担任亚历山大图书馆馆长的埃拉托斯（Eratosthenes）又补充了经线。到了1492年，德国航海家、地理学家马丁·贝海姆（Martin Behaim）发明了地球仪。

地球是"新闻行星"，为了让自己领地上的新闻信息能以最快的速度、在最大的范围传送，它又向自己头顶的天空发射了大量的卫星，仅中国在轨卫星就有300多颗（截至2020年年底），其中包括不少通信卫星。据统计，2020年，我国直播卫星用户总数突破1.45亿。与其说整个地球被大气层所包裹，不如说它被往来穿梭的电子传播信号所覆盖，地球的头上不是迷茫的雾水，而是昼夜不息、清澈流淌着的层层电波……

中国古代的哲学家庄子虽然没有直接说地球是"新闻行星"——在他所生活的时代，无论是"新闻"还是"行星"的概念都还不曾生成——但是，他仍然说出了很大气的话，足以概括地球人在自己的家园——"新闻行星"上应有的感受和态度。他说："天地与我并生，而万物与我为一。"那么，是什么能让我们真切地感受到"天地与我并生"，又是什么可使我们体验那"万物与我为一"？当然是至少包括电视和网络在内的媒体，它们让天地人间所发生的一切重大事件尽收我们的眼帘，让相隔万里乃至天涯海角的奇闻怪事都能被我们知晓，让我们感到"天地为我庐，日月话家常""足不出户，便知天下事"的欢喜与惬意。

论点二 人类是"新闻动物"

毫无疑问，人类是"新闻动物"是一个大胆的想法，但我们现在这样说，不早不晚，适逢其时。数字时代网络应用的普及让电脑成为人们生活的必需品，手机数量多达 80 亿，网民数量达 46.86 亿，占人类人口总数 60.1%，这些划时代的人类生活方式的剧变，为我们的理论和观点提供了足够的论据。

我们仍然要提到布尔金，他的《信息学》强调了人类不仅是信息的利用者，也是信息的生产者，他认为我们生活在一个信息无处不在的世界，一切知识都是可能的，因为我们无时无刻不在接收、收集和生产信息。

人，既然是"新闻动物"，就需要一个"信息系统"。"人们被信息所包围，没有信息他们无法生活，他们自身就是信息系统……整个生活基于信息处理。"[①]

布尔金在这本书中还引用了汤普森 1968 年所说的话："有机体是信息。"斯卡罗特 1989 年的观点更加明晰：每个活着的生物的要害器官和它的细胞都是通过信息连接的有组织的系统。

2000 年，生物学家认定：生命也是写在 DNA 里的数字信息。既然生物学家这么认定，那么，我们也可以说：数字信息也是生命。倘若没有生命有机体，也就不存在什么信息。

布尔金进一步谈道："DNA 借助特别排列的核苷酸碱基序列传递遗传信息（存储遗传信息的表层基因）给蛋白质，这个传递是地球上构造生命的基本过程，所有生命形式的传递代码都是相似的，仅有很小的差异，遗传代码均被用于存储和传递遗传信

[①] 布尔金. 信息学 [M]. 王恒君, 嵇立安, 王宏勇, 译. 北京: 知识产权出版社, 2015.

息。在这个意义上,我们可以把遗传系统的细胞繁殖规律视作表征代码,表征代码的规范被所有生命形式遵循。"①

人类生命有机体神奇无比,它同时具有生产信息和检测信息的能力:"检测有意义的信息的能力是生物体的明确特征之一,这使细胞和有机体接受它们的遗传天性,调节它们的内部环境,并对环境的变化产生响应。每个有机体和每个细胞都装备了感觉感受器,感受器使有机体或细胞能够检测和响应它所处环境里有意义的信息,这些感受器包括用于检测运动觉和化学信息的感受器,用于检测视觉、嗅觉、味觉和听觉信息的感受器,用于检测组织、细胞和遗传信息的分子感受器。"②

在此,人类"新闻动物"的特征尽显无遗。

西湖大学校长、生物学家施一公,曾在他的一篇题为《生命科学认知的极限》的演讲稿中提问:"我们人是什么?"他回答说:"人就是宏观世界里的一个个体,所以我们的本质一定是由微观世界决定,再由超微观世界决定……我相信,你也应该相信,我们每个人不仅是由一堆原子,更是由一堆粒子构成的。所以,我们真的就是一堆由粒子构成的原子,如此之简单。"③

——简单,也不简单。

什么构成了人的定义?

"什么叫作人?"——"胡泳之问",石破天惊。

北京大学新闻与传播学院教授胡泳作为翻译者之一,在发表对尼古拉斯·尼葛洛庞帝(Nicholas Negroponte)的《数字化生存》一书中文版问世20周年的感言时,提出了一个很值得我们思考,也很有趣的问题:

> 在充分联网的环境下,到底还有什么东西能够构成人的定义?什么叫作人?什么叫作人性?这其实是互联网文明的可能性问题,最终的含义是人的可能性问题——我们可能会到达"后人类状态"。④

胡泳先生还借用了尼葛洛庞帝的同事(同在麻省理工学院任教)、建筑学家威廉·J.米切尔(William J.Mitchell)的一个比喻:人不过是猿猴的1.0版。现在,经由

---

① 布尔金.信息学[M].王恒君,嵇立安,王宏勇,译.北京:知识产权出版社,2015.
② 布尔金.信息学[M].王恒君,嵇立安,王宏勇,译.北京:知识产权出版社,2015.
③ 尼葛洛庞帝.数字化生存[M].胡泳,范海燕,译.北京:电子工业出版社,2017:译者感言20.
④ 转引自:施一公:生命科学认知的极限[EB/OL].(2023-01-20)[2023-03-25].http://mp.weixin.99.com/s?_biz=MzAxNzEwNjY2MA==&mid=2651090086&idx=8&sn=ca3091.

各种比特的武装，人类终于将自己升级到猿猴的2.0版。

毋宁说，人类在数字化的生存环境里已经"升级"为标准的"新闻动物"，说是"电子动物""信息动物""数字动物"也可以。

总之，我们已经对于自己的生物属性有了一个突破性的、全新的界定；我们日常习得、应用的"指上神功"（上网）就是我们最新练就的"生物功能"。

信息论学者马尔金与生物学家汤普森等的论述也表明，作为生物现象存在的人类生命，也同样作为信息现象而存在。

> **案例 1**
>
> **基因编辑婴儿实验**
>
> 2018年11月26日，南方科技大学生物系副教授贺建奎在第二届国际人类基因组编辑峰会召开前一天宣布，一对名为露露和娜娜的基因编辑婴儿在中国诞生。
>
> 消息一出，引发舆论轩然大波。
>
> 这一惨痛事例说明，人类不仅是"新闻动物"，还可以编辑、制造"新闻动物"。无疑，前几年发生的"基因编辑婴儿"事件属于世界级的大新闻，各大媒体都为"露露和娜娜的诞生"而感到错愕和震惊，将此消息放在头条位置发布。

人的出现是新闻，是一个绝对的大新闻，地球上有史以来第一个人的出现是一件多么了不起的事情。我们想一想，人作为智能生命，经历过多么复杂、精密的编程？

人体，难道不像一个功能齐全的"多媒体"或"融媒体""数字媒体"吗？人的眼睛是"摄像头"，耳朵是"录音笔"，嘴巴是"麦克风"，双臂伸展是"天线"，双腿站立是"地线"，头颅里安装着大脑的"芯片"，随时随地接收和发送各种各样的信息，就连自己睡觉时也不闲着，在梦境中体验逼真的"虚拟现实"（virtual reality，VR）。我们的五官就是传感设备，还是先进的三维交互设备，人体的每一个细胞也都是"信息包"。

"作为一个物理学家，我觉得人类文明最高的建树还是科学真理。科学真理最重要的是两点，一是能量，二是信息。"[①] 注意，美国华裔物理学家张首晟先生所言科学真理之两个要点——"能量"和"信息"，也正是我们所说的"新闻动物"的本质特征。

---

① 张首晟：如果世界末日来临 我会带这几句话上诺亚方舟［EB/OL］.（2018-12-06）［2022-06-23］.https://tech.sina.com.cn/d/i/2018-12-06/doc-ihmutuec6854142.shtml.

同样，美国政治学家、传播学家、"传播学四大奠基人"之一的哈罗德·拉斯韦尔（Harold Lasswell），不仅提出了著名的"5个W"传播模式，也为我们提供了"新闻动物"理论的依据。他在其《社会传播的结构与功能》一书中说：

> 传播是生物体每一个生命层次上的特征……任何生命体都用特化（specialization）的方式从环境接受刺激，相对独立也好，与其他生命体关系密切也好，无一例外。无论单细胞有机体或多成员的群体，任何生命体都要维持生命的平衡，都要以特定的方式回应环境的变化以维持内平衡。回应的过程需要特化的方式，以便使生命体的各部分协调行动。多细胞的动物完成了细胞功能的特化，以适应外部的接触和内部的协调。①

下面，让我们作一个文学性的比喻：

地球是一款椭圆形的智能手机。它的内部软件始终在不断更新，不断升级，不断加速……而我们人类不过是被任意编排的程序而已，人类社会只是程序中的游戏，一时热闹，一时复归沉寂。

地球是一颗高品质的"新闻行星"，人的大脑是一部超高配置的电脑。我们的大脑每天都在处理无数信息，有时有条不紊，有时也难免"死机"，需要重启。地球的经纬交织，正如我们大脑的神经元网络，这种结构上的相似性绝非偶然，地球如一台带电作业的智能机器，从太阳中汲取能量，维持着地球生命的繁衍循环。

21世纪的无数事实表明，人类正在成为一种典型的"电子物种"，不知是退化还是升格为彻底的"新闻动物"。

如今，人类赖以生存的要素除了空气、水、阳光，第四要素就是"新闻"。所有人对所有人传播的自媒体遍地开花，在现实生活中坐实了人是"新闻动物"的事实。

人体——媒体；

人脑——电脑；

五官——信息发送器和接收器；

四肢——地线和天线。

事实正是如此，人体传导的是信息。

---

① 拉斯韦尔.社会传播的结构与功能［M］.何道宽，译.北京：中国传媒大学出版社，2013.

论点三 我闻故我在

首先，套用一下哲学家亚里士多德的语式——"求知是所有人的本性"，而这里想表达的观点是——"寻求新闻是所有人的天性"。不过，从人类社会发展史的角度看，在所有智慧生命不断进化的漫长过程中，无论是求知的本性，还是对"新闻"的天然需求，它们的出现都属于"晚生晚育"的一种滞后现象。几万年前，甚至几十万、几百万年前，人的求知本性就开启了人的智慧。太过遥远的远古石器时代不必多说，即便到了几万年前、几千年前的游牧和农耕时代，倘若没有学校这一教育平台，人们求知的本性也无从彰显，而步入工业和电子时代后，假如没有媒体这一重要的传播途径，人们寻求新闻的天性更难以得到张扬。由此推断，正和人类本身的进化主要以脑力发达、心智成熟为标志一样，人类社会的文明与进步，也更多地体现在知识积累形成一定规模、新闻繁盛到一定程度——这两个关键标志上。这两个关键标志的出现以及它们出现的大致时间段，从我们所处的21世纪20年代上溯，实在也称不上有多么久远。世界上第一所现代意义上的大学被广泛认为是意大利的博洛尼亚大学，它创建于1088年，而第一张新闻纸诞生于1605年的德国，我们不妨记住这两个时间节点，以便更清楚地认识到人类群体只作为"知识人"和"新闻人"存在了千八百年或四五百年而已。不知是人们的幸运还是不幸，也正是在这样相对短暂的岁月里，我们得以更多地捧读书本，接受知识的熏陶，并且大量地制作新闻，广泛地传播信息，现在竟然还能回顾以往，瞻望未来，进行一番所谓哲学思考和探究。然而，虽然新闻哲学这样的命题看上去有些深奥，其实它并非深奥的，有关新闻哲学的思考和探究实在是非常必要的。这是对新闻学人，也是对新闻学科的形而上的必然要求，因为任何一门学科，尤其是在科学史、教育史上"迟到""晚生"的学科，若想得到兄弟姊妹学科的尊重和认可，就必须在哲学的层面有所发现，有所挖掘，有所成就，有所建树。

哲学家笛卡尔的名言——"我思故我在"，无人不知，无人不晓，有人心领神会，有人百思不得其解，或解析不详。大象无形，大音希声，这五个字的思想含量不逊于千言万语，而诠释其含义又不只需要万语千言；笛卡尔的思维空间不限于宇宙天地，而其冥想范围又囊括了天地宇宙，真乃哲思锐敏、雅人深致。世人皆知，人类作为地球生物具有双重属性，一方面是被自然所创造，另一方面则是被社会所形塑。当我们在漫长的历史发展过程中，只以自然人或在很大程度上以自然人的身份出现时，特别是在幕天席地、茹毛饮血、结绳记事、刀耕火种的艰难的生存情势下，安静、闲暇、悠然自得的时间自然非常稀少——不免"思"之少也，"在"也不在，"我"之我不，"故"也无故。不过，当人类进入一个繁荣的、现代化的社会大环境，尤其是当人类群体被纳入数字化、信息化的"快车道"的时候，我们所提出的观点和论断——"我闻故我在"就派上了用场。传播学所描述的信息传播的事实是非常生动形象的——"所有人对所有人的传播"，而这句话说出后不久，几乎是眨眼之间，全球的网络人口和智能手机拥有者的统计数字就再度攀升，据大数据统计，全球网民共 46.48 亿人（截至 2020 年 5 月 31 日），手机销量大约 80 亿部（截至 2018 年），中国手机网民达 9.86 亿人（截至 2020 年 12 月 31 日）。以上数字充分说明，我们所处的世界早已经是一个全新的、以融媒体为标志的"新闻世界"，新闻信息之于全人类的全天候、全覆盖的传播，已经是一个不是神话的神话，不是传奇的传奇。

的确，我闻故我在。

我闻故我在，是新闻哲学的第一个概念，也是最基本、最重要的概念，它一语道破天机，阐明了（我）生命与新闻相互依托、共存共荣的新型关系。人类的社会生活实践最能说明问题，在你我身边发生的、亲眼得见的事实是最无可辩驳的，对今天，对 21 世纪的整个人类社会来说——人在，则新闻在；新闻在，则人在。

人在新闻中存在，大致有三种可能：第一，人是新闻事实的参与者（构成主体）；第二，人是新闻事实的报道者（媒介主体）；第三，人是新闻事实的接收者（受众主体）。让我们一一详细说明，首先，在大多数新闻事实中都有人的参与。例如，一则新闻讲的是英国驻重庆总领事史云森在 61 岁时去重庆中山谷镇游玩，跳水救起一名年轻女子。在此新闻事件中，史云森先生和落水女子都是构成新闻事实的主体，都可谓新闻事实的参与者。还有很多突发事件，如办公大楼坠物伤人、高速路交通事故、居民住宅区失窃等，也都是人为造成的，即新闻事实由人的行为所构成。当然，也有一些新闻不在人为之列，譬如动物园的熊猫生下一对双胞胎或扬子江的白鳍豚灭绝，就属于动物构成新闻事实主体，但这里也有人为因素，尽管人不是主角。人是新闻事实的报道者很好理解，如今国内新闻工作者数以百万计，而数量更多的网络记者、"公民记者"还未被统计在内。至于新闻事实的接收者，就是广大读者、听众、收看者、网民，大众和媒体发布的文字、声音和图像无时无刻不在被一个规模庞大的"地球村"的村民们所享用。

一个国家的繁荣发展，一个社会的文明进步，都可以用一把叫作新闻的尺子来加以度量，发展进步与否要看其新闻信息发布数量的多寡与质量的优劣，更主要的是后者。一个显而易见的与新闻学、人类学和社会学相关的指标是,"一方新闻"的质量往往可以体现"一方人"的素质。换句话说,"我闻故我在",也可以被解释为优质、优秀、优异的新闻人在,则优质、优秀、优异的新闻在,水涨船高,此之谓也。

论点四 人是新闻存在的原因

人在新闻中存在,人通过信息的沟通、观点的碰撞、思想的分享而表现其存在,尤其表现人丰盈、活跃、健硕的精神生命的存在;同时,人又是新闻生成、传播、接受的根本原因。简而言之——新闻的存在即人的存在;人的新闻即存在的新闻。

人,不仅如德国诗人弗里德里希·荷尔德林(Johann Christian Friedrich Hölderlin)所言"诗意地栖居在大地上",也以信息的方式生存于社会中。人与其他动物的区别,在于能够制作新闻。人们自己制作新闻,同时被新闻所制作。人体的五官即新闻的功能器官,视觉、听觉、触觉、味觉、嗅觉是被人收发的信息,而人体既是新闻主体、导体,也是新闻的接收器和处理器。我们无法想象天空中的鹞鹰、大海里的鲸鱼和陆地上的老虎或狮子,个个手握话筒、手机或平板电脑出席新闻发布会。蜂拥,不过是为了采集花蜜;蚁聚,或许只是为了挪动一个面包渣。——但这不值得我们骄傲。在地球上,我们人类以外,恐怕没有一种动物能被称为——"智慧生命";而对"智慧生命"的三个定义中,第二项内容——"知识传播能力(第一项为"定义能力"、第三项为"种族文明体征"),即涵盖"新闻传播"的能力。如果我们将人类特有的自我提问、回答他问、主动或被动地回应与自己思想观念不同的质疑、争辩,甚至挤兑、排斥等行为,放大来看,聚焦来想,就会得出一个结论:

人存在于新闻中;人,是新闻存在的原因。

人的新闻意识,即对外部世界的好奇、探索、发现之心,是与生俱来的。当人类第一次睁开探寻知识和真理的眼睛——"新闻之眼"的时候,智慧的曙光便在天边升起。那么,人类始祖直立双腿、走出非洲的真正原因,一目了然,人类开启了一双硕大无比而又无所不在的"新闻之眼",如日在天,如月行空,光照寰宇。公元前三四世纪西方的学人"古希腊三贤"——苏格拉底、柏拉图、亚里士多德在广场、画廊等公共场所传播"智性的新闻";同时代的东方先哲孔子则选择在杏坛进行"新闻发布",出席他"新闻发布会"的弟子众多;庄子鼓盆而歌、老子骑驴而隐也堪称一种别样的"信息传递",他们的思想穿越时空。《理想国》与《论语》可被称作新闻读本。还有马拉松，作为最经典的长跑比赛项目之一，全程距离 42.195 千米，为纪念公元前 490 年发生的波斯人和雅典人的一场战役（希波战争，雅典人获胜）而设立。当时，一名叫菲迪皮茨的雅典士兵从乌拉松平原跑回雅典传递胜利的消息，传报喜讯后力竭而亡。这个历史故事中的"飞毛腿"，该算作人类历史上第一位殉职的"职业战地记者"。"马拉松"是一个地名，在希腊语中意为"多茴香"——倘若有记者喜食茴香，那也许是一件再自然不过的事情。

站在新闻哲学的立场，极而言之：新闻是人类生命所依赖的重要元素，信息交流是人类生存所必需的基本条件。

百万年前最初的人类面临的生存危险的程度之高，非今人所能想象，他们面对着凶猛、强悍、力量数倍于己的野兽，只能以群体优势与之抗衡，而每个生命个体之间的信息交流，就成为不可或缺的求生与谋生的手段。

信息，就是生命；信息交流，就是生命的连接和互助。因此，发布信号与接收信号，是人类的生存本能；生命与生命之间的信号联系一旦被阻断，或者失灵，后果都将是致命的。无论是尖声号叫，还是眼神传递，抑或手势语言，人与人的默契沟通维系着种群、族群的生存，原始部落中野性未脱的人类，个个都是"准新闻世界"中的新闻业务高手。

危急时刻的嚎叫是语言之母，而语言成了人类生产新闻和信息的工具，有了语言则可以加强人群与人群联系的纽带，更能高效地传递人类的意念和意愿，人类可以聚众谋划狩猎、种植与采摘活动，于是其物质生产能力得以大幅度提升。信息交流不仅是生存的必需品，也是谋生的必要方式。

新闻，是人类作为群居动物的生活必需品，也是人类个体存在的体现，更是社会生命和理性动物的思维的反映。群居不是人类独有的特性，其他动物也有此习性，譬如蝗虫、老鼠、热带鱼、抹香鲸、野马、金丝猴、黑猩猩和火烈鸟等。但是，无论如何，社会是人类的发明和专利，而理性也是我们这些所谓高等动物的专属特权。人类社会也有经纬纵横，这些编织整个社会生活的经线和纬线，就是新闻和信息。假如我们剔除这些新闻和信息，地球就会变得黑暗、冰冷和岑寂，如同经历第四纪冰期，社会团体将无法维系，日常生活也将混乱失序，我们只得接受社会解体带来的巨大灾难，每一个生命个体都很难存活……事实上，我们人类只有两种身份——一种是职业记者，另一种是业余记者。职业记者每天发布对群体和社会而言更重要的信息，而业余记者每天发布与自己和亲朋好友、单位同事等有关的信息。

——这就是"新闻人类学"的基本观念。

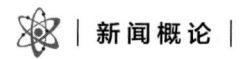

论点五　人类历史是一部新闻史

人类历史是一部新闻史，可将其划分为三个时代：第一，"准新闻时代"（语言传播）；第二，"泛新闻时代"（文字传播）；第三，"纯新闻时代"（电子传播）。

新闻，与智能生命结缘，自诞生之初就与人类结伴，日复一日，年复一年，效用随人类智识的发展而发展，功能随人类的进化而进步。原始时代，"每弋猎，即相啸聚"，人们或呼叫，或吹哨，或举火相约，或鸣金为号，此乃原始的信息沟通，人们传递"原始新闻"；文明时代，语言渐渐完备，文字诞生，竹简羊皮各得其用，及至印刷报、电子报相继问世，人们传播"文明新闻"。人类繁荣，新闻繁盛；社会发达，新闻发达。"人""闻"一体，莫不如是。近400年的新闻事业的加速发展，改变了人类社会生活的面貌：1609年德国报纸定期发行周报；1906年美国的费森登和亚历山德森在纽约附近试验广播；1926年电视发明者之一、英国的贝尔德首次进行电视试播；1969年美国的阿帕网——互联网创建；1993年西蒙个人通信设备面世……

一部人类史即一部新闻史：

"准新闻时代"（语言传播）——自二三百万年前至公元元年；

"泛新闻时代"（文字传播）——自公元元年至1969年（互联网诞生）；

"纯新闻时代"（电子传播）——自1969年至今。

特别值得我们注意的是，在人类从时间角度来说最为漫长的"准新闻时代"，即语言传播时代，几乎不存在公共意见场域；在人类文明进步的速度明显加快的"泛新闻时代"，即文字传播时代，意见拥有一个自由市场；在人类科学技术高歌猛进的"纯新闻时代"，即电子时代，意见场域变成由零售商组成的大排档。

论点六　新闻是世界的物象，也是人类的心象

新闻的定义毋庸赘述，它是关于"新近发生的事实的报道"，而"事实"本身与"事实报道"的呈现，皆为物象。那么，我们又为什么会说新闻是人类的心象呢？心象，是指新闻编辑部人员在处理新闻素材（新闻事实）时所形成的心理映象。这就牵涉到一个新闻学术语，即美国学者沃尔特·李普曼在其舆论学中所提到的——"拟态环境"。

我们知道，新闻采访者、报道者很难或很少有机会成为"新闻事实"的第一目

击者，也就是说新闻记者很难或很少有机会处在"新闻事件"的发生地，尤其是社会突发的事件、事故现场；而新闻记者所匆忙赶赴的"新闻现场"，实际上是"第二现场"——记者往往通过采访目击者来获得"新闻事实"，这个"新闻事实"已经是经人转手过的"第二事实"，所谓非当事人所述事实也是目击者所述的"二手材料"。那么，目击者凭借其印象所述的"事实"，是通过他个人的感官和感觉"过滤"的"事实"，不免存在其主观感受的成分，他所述的"事实"受他本人观察和感受能力的限制。因此，势必带有一些目击者关于"事实"的"心象"痕迹。记者闻其所述，记下笔录，此过程又受记者本身的理解力和记忆力的限制。因此，"事实"经过记者的主观理解和判断而被再次"过滤"，其结果又势必带有记者关于"事实"的"心象"痕迹。最终，记者整理采访记录、撰写新闻稿件，稿件又要经过编辑和编辑部主任的审阅和修改，势必又会多少带有编辑本人和编辑部主任本人对文字的理解和价值判断（这也是一种"心象"）。这还不算总编辑对于新闻稿终稿的删删改改。那么，这里的"心象"还少吗？！新闻业是大众传播活动形成的"拟态环境"，它还有一个功能叫——"议题设置"（agenda setting），由美国传播学者马克斯韦尔·麦克姆斯（Maxwell McCombs）、唐纳德·肖（Donald Shaw）提出。这又是一个新闻是世界的物象、同时是人类的心象的有力证据。该理论指出大众传播对某些议题的着重强调，与这些议题在公众中受重视的程度显著成正比关系。换言之，大众传播越突出某一事件，越多次、大量地报道某一事件，就会使社会中的公众越突出地议论这一话题。也就是说，媒体人的"吆喝"，就像做买卖的人打起幌子引人注意，买卖是人为地兜售货物，而新闻传播是人为地引导受众的思考。毫无疑问，这是媒体人在拿自己的"心象"来界定"物象"，并且用自己的"心象"来设置"物象"。因此，毋宁说，此时的新闻是"预制新闻"。新闻编辑部成员在房间里策划、研究、商议，最终依照新闻客观性标准选择有价值的新闻事实，然后将之加以合成、制作，并通过媒介向大众传播。

论点七　新闻学与萨特原理的交集：存在先于本质

"存在先于本质"——法国哲学家让-保罗·萨特（Jean-Paul Sartre）这一存在主义的基本原则，世人皆知。萨特认为，人与物不同，事物或器具的特质可以被预先确定，它们的本质先于存在；而人的存在则表现为种种可能性，经领会、筹划、选择获得本身的规定性，所以人的存在先于本质。新闻也大致如此，像人一样，基本符合萨特原理。新闻作为"新近发生的事实"存在，却还远没有"发育成熟"。当受众通过媒体看到新闻事件时，也许会被新鲜的事实触动，一时或惊奇或亢奋，但是，受众总是知其然，却不知其所以然。鲜活的事实存在于那里，而其本质却需要受众的进一步认识，其"本身的规定性"也需要受众聪明而又冷静的头脑来厘清。正和"人们无法以固定的现成的人性说明人的行动，人获得本质的过程不外是自我设计、自我造就的过程"①一样，新闻也无法预先设定某种人性或物性，来针对性地说明"新近发生的事实"。

萨特原理"强调个人在世界上的独特地位及自决能力"②，我们则想强调——对新闻本质的正确认知需要新闻评论家和大众具有一定的眼光和裁决能力。以发生在2018年的"重庆万州公共汽车坠桥事件"为例，新闻的"存在"的确"先于本质"。某大学新闻专业学生在"新闻学原理"课堂上讨论了这一新闻案例。新闻事实的"存在"对于每个学生而言都是同样的"存在"，而新闻事实的"本质"在每个学生的眼里却迥然不同。有的同学看到的是法律法规不完善的"本质"，有的同学看出涉及男女平等议题的"本质"，还有的同学则注意到有关社会公德的"本质"，更有同学指出不应突出报道司机和乘客的互殴的"本质"……很显然，一桩鲜活的新闻事实就像一个鲜活的人一样，它在某个时间落生在某个地方，但至于它对它自己、对别人、对整个世界来说到底意味着什么，即其"本质"是什么，还要经过"慧眼人""明白人"的仔细鉴别、权衡与判断。这样说来，新闻本身是带有生命的色彩和温度的，新闻像"人"一样，是有血有肉的鲜活存在，而其本质却需要记者的进一步说明或界定。

论点八　新闻现象与胡塞尔现象学的交集：意识先于事实

应该说，新闻现象是一种生命现象。新闻学与哲学家埃德蒙德·胡塞尔（Edmund Husserl）的现象学有一种有趣的缘分。按照一般的或惯常的思维，我们都会认为，新闻事实先于人的意识而存在，但是，如果我们反过来看呢？如果我们从"意识先于事实"的角度来思考，新闻事实将会是什么样的呢？

在回答这个问题之前，先让我们认识一下发明现象学的著名哲学家胡塞尔。胡塞尔是20世纪著名的德国作家、哲学家，现象学的创始人，被誉为近代最伟大的哲

---

① 萨特. 存在主义是一种人道主义[M]. 周煦良, 汤永宽, 译. 上海：上海译文出版社, 2008.
② 萨特. 存在主义是一种人道主义[M]. 周煦良, 汤永宽, 译. 上海：上海译文出版社, 2008.

学家之一。他研究对象在意识中的显现方式，即对象的"透视性形变"显现时的清晰度，以及意向关系体的统一化作用。他持主观先验唯心主义观点，强调"纯粹意识"与"纯自我"，将知识客观性或确定性建立在纯主观性的基础上。他主张排除一切经验性内容，只留下"纯粹意识"或"先验意识"，包括"先验自我"、意向作用和意向对象。他所关注的中心课题，是"先验意识"的构成作用及主体在其"特殊视界"内经验到的"生活世界"。好了，当我们了解了胡塞尔的现象学的基本观点以及诸如"纯粹意识""先验自我"和"透视形变"等词汇时，就很容易结合"新近发生的（新闻）事实"，来介绍其现象学理论与社会新闻现象的交集与互文关系。

案例 2

美国加州大火

据英国《每日邮报》2018年11月11日的报道，一名生活在加州北部的男子乔·艾伦带着三岁大的女儿，驱车驶离被山火吞噬的天堂小镇。他们被困在高架公路上，被笼罩在一片火海中，能见度非常低，情况万分危急。纷飞的火花在汽车周围飘舞，看起来就像是世界末日降临了。但是乔·艾伦，这位伟大的父亲一路上都显得非常镇定，女儿对爸爸说："好大的火啊！"乔·艾伦则镇定地安慰女儿道："你猜怎么着？宝贝，我们不会被大火烧到的，我们马上就要驶离火海了！我们会一切安好的！"紧接着，乔·艾伦开始对着女儿哼起一首小曲，只听他唱道："宝贝，一切都会好起来的。"

——在此，我们可以看到，在受众眼中的"加州火灾"的新闻事实，在乔·艾伦的三岁女儿看来（或者说，在所有三四岁的幼儿看来），火灾只是"火光""声音"和"烟雾"而已，它是一个恐怖的画面或危险的信号，唯独不是"新闻"。小女孩儿"意识"不到"新闻"，不是因为新闻事实不存在，而是因为她没有意识到它的存在。确切地说，是她还没有形成对于"新闻事实"的意识。她也许会觉得自己在和爸爸玩一个游戏，只不过这个游戏玩得有些过火了！然而，她绝对不可能将此眼见的"事实"视为"新闻事实"。这一例子足以说明哲学家胡塞尔的现象学观点——真是神奇！他伸出手指，轻轻地一点，就点到事物的本质和要害，尽管笔者猜想，他也许不会中医，也不谙点穴的道理。再举一个极端一点、也残酷一些的例子，在病床上躺着的植物人没有意识，因此他会无视事实，或者说事实对他来说根本不存在。——这就是主观意识的重要性！

新闻世界的存在，对于人类精神与心灵世界的存在是至关重要的，两者之间是一种生死相依的关系。由人的感觉、经验、观念和意志所观照的物质世界，才是真实的存在，才是事实。

英国哲学家乔治·贝克莱（George Berkeley，1685—1753）说："（感觉的复合）存在就是被感知""物是观念的集合""对象和感觉就是一种东西"。

奥地利-捷克物理学家、哲学家恩斯特·马赫（Ernst Mach，1838—1916）认为："如果我们将整个物质世界分解为一些要素，它们同时是心理世界的要素，即一般被称为感觉的要素……"

德国哲学家康德（1724—1804）说："人的理性为自然界立法。"

法国哲学家、数学家勒内·笛卡儿（René Descartes，1596—1650）认为，宇宙是由"精神"和"物质"两个实体构成的，人是二元存在物——"灵魂"与"扩延"。我思故我在（思考的我是真实存在的，思考的我的真实性不容置疑——这个观点为人类知识的合法性提供了重要的哲学基础）。

德国哲学家，非理性主义哲学、唯意志论创始人，悲观主义者阿图尔·叔本华（Arthur Schopenhauer，1788—1860）认为，意志是世界的本质，人的躯体是自我意志的表现，动物的各种活动都受生存意志的支配，植物亦然。他说："意志是世界的物自体，意志是一切存在和运动的根源。"

德国哲学家弗里德里希·威廉·尼采（Friedrich Wilhelm Nietzsche，1844—1900）说："自由（然）选择的意志高于一切。"

俄罗斯唯心主义哲学家、经济学家、政治活动家亚历山大·亚历山德罗维奇·波格丹诺夫（Alexander Alexandrovich Bogdanov，1873—1928）说："经验是世界的最终构成要素。"

美国哲学家、教育家，实用主义的集大成者约翰·杜威（John Dewey，1859—1952）说："世界是我的观念，我的经验。"

中国道家学派代表人物庄子（约前369—前286）说："万物与我为一。"儒家学派代表人物孟子（前372—前289）说："万物备于我。"南宋哲学家、心学代表人物陆九渊，（1139—1193）说："宇宙便是吾心，心便是宇宙。"明代哲学家、心学集大成者王阳明（1472—1529）说："天下无心外之物，心包万物。"

再让我们按照一般新闻学著作的惯例来找一个经典案例以说明问题。让我们来看看20世纪初叶的一件重大新闻事件——泰坦尼克号沉船事故，这次我们把目光放在船上的"四脚生物"上。

> **案例3**
>
> **泰坦尼克号沉船事故**
>
> 美国威德恩大学的J.约瑟夫·埃盖特证实,当时泰坦尼克号船上共有12条狗,但最后只幸存三条,分别是两条博美狗、一条北京犬。而这三条获救的狗有一个共同点,那就是它们体型都很娇小,所以与它们同乘救生艇的乘客没有太强烈的反对和不满。其中一条幸运的博美犬名叫"Lady"(小姐),它是玛格丽特·海斯小姐在巴黎买的宠物,它跟主人住同一间客舱,被命令疏散的时候,它被海斯小姐包裹在毯子中带上救生艇,因为体型较小所以没有引起其他乘客的异议。

我们就说这幸存的三只狗吧。它们和所有人一样亲身经历了沉船过程,并且看到了眼前所发生的一切,它们是"当事人",也是"目击者",但是,它们真的看到了我们眼里所看到的"新闻事实"吗?恐怕没有,笔者相信它们看到了物象,却不解其含义。它们之所以对"新闻事实"没有感觉,是因为它们没有我们人类的"意识"。倘若我们变成狗狗,"事实"也将从我们眼前消失,人在则事实在,人的意识先行,事实才能随之显现。以上这个典型案例很能说明问题。新闻是物质的精神体现,也是精神的物质化。没有精神的照耀,物质就一片黑暗,就会变成"暗物质",让人难窥真容。存在先于本质,意识先于事实。我们常常不是根据事实来理解和建构世界的,我们往往是根据自己的理解来判断和支配世界的。——这就是事实!

意识先于事实的现象颇可理解;事实屈从于意识的理解已成事实。事实上,一般来说,我们看到的不是事实本身,而只是我们愿意看到的事实而已。换句话说,事实或许并不重要,对事实的解释最为重要。此种情形并不少见:看法左右并决定事实,而事实无法决定或造成看法。——这就是人类!我们总是先有了对事实的意识,然后才有了对事实的看法,事实在与不在,看法都保持不变,并且固定存在。看法能代替事实,而事实不能代替看法。"应然"与"实然"都处于一种模糊状态,事实本身不能判定是非,人的是非之心可以。还是那句话——意识先于事实。合理即存在,存在即合理。

让我们对上文说到的"应然"与"实然"这两个对应的概念作一个解释。"应然",指应该的样子;"实然",指实际的样子。这两个学术词汇出自法学中两个学术流派,即"自然法学派"和"分析法学派"。"自然法学派"主张以正义为法,主张一种比较理想的"应然法"。"分析法学派"主张法学的研究对象应该是由国家制定和认可的、在实际生活中真实存在的法。他们主张制定具有一定实际效力的法律。新闻业的实践经验告诉我们，当你的主体意识变得清晰、思维变得深刻时，新闻事实也变得清晰和深刻起来。当我们找到自己内心新闻理想的"应然"与新闻事实的"实然"的衔接点时，我们就找到了自己工作的价值和意义。"应然"好比意识，而"实然"就像事实，我们把物质现实提升到意识形态的层面去考究，去思索，就仿佛在新闻学的地平线上看到哲学的曙光，黎明已经不远，一个通体灿烂辉煌的名为"真相"的火球即将升起。

生理研究发现，我们的意识脑区负责"观察"与"发现"，其最重要的功能是"辨别真伪"。意识脑区的作用巨大，它可以辨识自己脑区中的表象是来自外部感官还是来自想象或回忆。三四岁的幼儿，并不知道游戏和现实生活之间的关系，不知道游戏是虚构的，而"新闻"是"真实"的。以此推论，一个人即使到了成年阶段，倘若他的认知力、理解力、判断力仍然是不足的，那么他能看到"事实"，却无从认知"事实"，更不能分析、解释和判断"事实"。他只是在物理的层面"看到"，却没有在精神的层面"看见"。这就是胡塞尔和他的哲学——现象学在新闻学中的存在价值和意义，也就是我们所说的新闻学与现象学之间的美丽邂逅。"野有蔓草，零露漙兮。有美一人，清扬婉兮。邂逅相遇，适我愿兮。"

前面的叙述，足以推导出以下事实：当我们的"意识"尚未成熟时，我们便对"事实"无能为力，发现不了"事实"的存在，更无法洞见"事实"的本质，这就等于"事实"并不存在；而在不成熟的个体"意识"面前，"事实"要么不存在，要么扭曲变形，要么被曲解误读……这是发生在一个人的认知领域的惨案，一个悲剧。相反，当一个人的"意识"已经非常成熟，足以应付世间一切"新近发生的事实"时，他就配备上了一副灵敏度极高的"显微镜"，并手持一只单独为自己定制的"过滤器"，他可以游刃有余地观察与处理"新闻事实"，并且非常笃定地相信自己的眼光和判断，他能看清事情的原委，知其来路，明其走向，透其现象，察其本质，观其整体，见微知著……他的"意识"如同一位正襟危坐的法官或穿着制服的检验员，等待发表最终的判决或提交验证书。在此，"意识"先于"事实"，既是指新闻人在处理、制作新闻时，已经是"意识"在先，"事实"随后；又是指受众在接受"新闻事实"时，同样是"意识"在前，"事实"随后。

"事实"需要一点"运气"才能提高自己的地位，它只有在有幸遇到敏锐度极高的心灵和思想力极强的大脑时，才能充分彰显自己真正的价值和意义。一双具有预见性的眼睛，能够看到即将发生的事实，而一双空洞无神的眼睛即使面对眼前发生的事实，也会视若无睹。"事实"是不长眼睛的，而"意识"却可以拥有一双锐眼。有了"意识"，人就像戴上了一副透视镜或放大镜或望远镜。所有的新闻都是旧闻；所有的旧闻都是新闻。从严格的时间意义上看，已经发生的"事实"已经成为"过去"；从纯粹的内容角度上看，人类对意义的发现永无止境。在新与旧之间，既有一片空旷的开阔地，也有一片模糊地带。当"意识"变得懒怠或打瞌睡的时候，"事实"也许就跑到它的前面了。

论点九　新闻拥有"话语权"，权威性由受众决定

"话语权"，是人类最尊贵、最高尚的权利。人生价值能否实现在很大程度上，取决于你的声音传播的范围的大小，也取决于你的文字流传的时间的长短。社会生活中很少有人能够获得在重要会议中手握话筒的权利、在庄重场合"出镜"的权利，或在珍贵书稿的前面作序的权利。因此，很少有人能获得强势的"话语权"。——新闻人的优越感由此而来。新闻赋予了记者一种发声的权利。"九州生气恃风雷，万马齐喑究可哀。我劝天公重抖擞，不拘一格降人才。"毋庸讳言，长达2000多年的中央集权制度让作为基本人权的发声的权利变得极度稀缺，和海拔五千米以上高原上的空气一样稀薄。人们在少数情况下也可以表达自我、发表意见，但在大多数情况下，他们的话语权都被专制政府所剥夺、取缔、压抑、埋没。皇权在上，朝堂肃静。如果说天子之言如雷声大作，那么草民的呻吟哀怨呢，只不过像大地上的虫声唧唧、蛙鸣阵阵罢了。前者的意见让万众惊惧惶惑；后者的意见则无人理会倾听。又怎么会有一个鲜活的生命个体或生命群体开诚布公、畅所欲言呢？！然而，如今，在我们遇到一些扯不清、说不明又争不休的问题时，常会有人站出来说一句："到底听谁的？！"——这断喝一声、惊天一问，常常会一下子就把大家震住。因为谁都知道，要解决问题，不能众说纷纭，必须有一个人有权说最后一句话，即有权最终拍板。否则就是徒费口舌，浪费时间，说东说西，争论无休。新闻报道的目的就是将世间万物、人生百态准确、清晰地发布，而记者的新闻评论大约就是那个在三观的层面上说最后一句话的人，它的目的在于一锤定音。

发声之物，古今有别。试问：古代皇帝的圣旨与现代新闻纸有什么区别呢？——首先从外表上看，圣旨用纸是黄色的，新闻纸是白色的。在色彩学的框架里，尽管色彩具有色相、明度、纯度、冷暖的区别，但是，一般来说，颜色与颜色之间是一种平

等的关系，无所谓"贵贱高低"。然而，从社会学和人类学的角度看，不同颜色的象征含义和引申含义却大有区别。黄色，在中国古代是相当尊贵的颜色。但是，具有讽刺意味的是，不少负面的新闻与"黄色"负面的衍生意义有关。第一件与"黄色"有关的丑闻，是倒霉的作家王尔德的丑闻，他在因"有伤风化"被捕时，腋下偏偏夹着一本黄色封面的书，随后报刊以"王尔德被捕，腋下夹了《黄皮书》"作标题刊登此新闻。第二件并非丑闻的"丑闻"，则是美国报业大亨普利策与赫斯特之间的竞争。此事牵涉基于"眼球经济"而出品的漫画《黄衣少年》。后来，"黄色新闻"成为刺激性、挑逗性新闻的代名词。白色，是一种包含光谱中所有颜色光的颜色，它明度最高，以"无色"为色，如同以"无我"为我，故而它代表着明亮、开放、包容、博大。它的寓意是——纯洁、公正、端庄、正直，正与纸媒与其他姊妹媒体所秉持的职业操守和理念相吻合。人类历史上早期的伟大建筑——古希腊庄严的神庙和辉煌殿宇，也几乎都是白色的，被爱琴海蓝色的波涛映衬得愈加灿烂夺目。——再看一轴圣旨与一张新闻纸之间的内在区别，即本质区别。一轴圣旨，是家天下、宇内"一言堂"的明确印证，它也代表了皇帝本人一言九鼎，上面盖有皇帝本人的钤章；而一张新闻纸，则是民主国家、民众"群言堂"的标志，它可以刊登来自任何公民的、署名或不署名的文章，会标注"本报讯（记者某某）"。——新闻让民众拥有"话语权"，是对中央集权制度下的"话语权"的某种形式的转让或让渡。

论点十　新闻是圆的

国家是方的，世界是圆的。

传播新闻，在本质上是人类共有的特性，而非某个种群、民族的个别属性；新闻的传播也不应该有地域的限制和"防火墙"的阻拦，就连新闻的价值判断都不该因语言之分而有歧义——因为人性没有国界。宇宙中的许多发光体都是圆的。新闻最神圣的使命和职责是传递光明和温暖。有时，它通过揭露黑暗腐朽来驱逐之，以传递光明；有时，它通过曝光冷酷无情来战胜之，以传递温暖。世界上最美好的事物都是圆的，只有圆，才能无条件地做到不偏不倚；只有圆，才能把包容和投射做到极致；只有圆，才是人类最美丽的表达的象征，它传递着爱和被爱的心意。

如果你想写好自己的故事，先要熟悉所有人的故事；如果你想懂得自己的家人，先要了解所有的家庭。对于一个国家和民族而言，难道不也是同样的道理吗？！

新闻是圆的。

记者所做的一切努力，就是为了像毕加索一样，尽力把一个圆画好。

第三节　哲学意义上的新闻方法论

哲学研究的是整个世界最基本和最普遍的问题，它研究宇宙的性质、人在宇宙中的位置，提供严密、系统的思维和认知理论。经验主义（强调观察和实验）、形而上学（强调存在和本质）和批判性思维（强调推理和分析）是哲学方法论的主要组成部分，而新闻方法论则在以上哲学方法论的坚实基础上，更多地与存在主义、现象学以及伦理学产生密切关联。当我们尝试运用哲学的思维和思考方式来研究和指导新闻的实践时，就会发现我们的视野变得更加宽广，而我们需要进一步探讨、发现和认知的事物还有很多。

论点一　新闻是一种精神现象

新闻是一种精神现象，它与人类共生，以物质为载体，以精神为内核。

新闻，是与人类共生共亡的一种精神现象，但它是以物质形态出现的。新闻，看似是在记录这个世界上的物质本身的实像，实为我们人类自身特有的影像。新闻，是人类的影子，如影随形地附着在每一个人类个体的身上。我们甩不掉自己的影子，却也不能完全真切地捕捉到影子的实体，它没有实体，却是实体的影像，它不过是我们眼睛里的客体，我们还常常用自己主观的心意来测定它客观的存在。其实，新闻本质上是一种人为的存在，它源于人类的制作，服务于人类的需求，有时是定制的，有时是预制的，有时是特制的……新闻，对于整个地球、太阳系、银河系乃至无边无际的浩瀚宇宙而言，最多可以被认为是名字叫作"人类"的物种的伴生物、衍生物而已。它通过我们的视听感官被摄取、接受，却作用于我们的头脑和心灵，最终影响我们的生活观念和精神天地。它促进社会的完善和文明的进步，同时成就人类自身。新闻记者用一杆笔所耕耘的，是辽阔的精神土壤。换句话说，新闻的传播和接受是一场认知的旅程，源于事实，止于思想。

新闻随人类的诞生而诞生，也将伴随人类的消亡而消亡。

论点二 新闻是"精神的化学实验"的产物

新闻是"精神的化学实验"的产物，由新闻工作者按照比例调配而成。

新闻既然是人性的产物，它的特征和本质就是复杂的。人情有真伪虚实，人品有良莠优劣，新闻如是。它在某时某地也许是真实反映人类社会生活的真品，在某时某地又变成实打实的赝品，我们唯一可以确定的是，它是"精神化学实验室"里的实验品。新闻媒体的总编室、策划部、编辑部、特稿部……全都可以被视为"精神化学实验室"，在此产生了新闻的"坩埚效应"。这个"实验室"内设备齐全，拥有"铁架台"（编辑大平台）、"石棉网"（编辑网络系统）、"酒精灯"（照明灯、投影仪）等实验工具，并配有"化学药品柜"（资料柜），柜子里装有"五水硫酸铜、氢氧化钠溶液、石灰石、硝酸"（报刊、书籍、图片）等，新闻人从户外采集原料和元素，在室内进行专业性极强的、细致的"化学实验"。

新闻媒体向全社会发布、传播的，是经过严格筛选与精心调制之后的"新近发生的事实"。"议题设置"也发生在新闻的实验室中。"议题设置"，是一个新闻学术词汇，指大众传播对某些议题的着重强调。通过这种方式，这些议题能在公众中引起广泛的关注和讨论。议题受重视的程度和社会舆论反响的程度与"议题设置"对它们的特别强调形成显著的正比关系。换言之，在大众传播中越突出某一事件，越多次、大量地报道某一事件，就越会使社会中的公众重视、热议这一话题。例如，关于美国历届总统大选的"议题设置"，四年一届的奥运会的"议题设置"，中国每年一度高考的"议题设置"等，都会吸引受众的目光，引发全社会的热议，从而促成媒体喜闻乐见的"眼球经济"的大进项、大收益。

什么是新闻媒体的"议题设置"？

"议题设置"理论由美国传播学者麦克姆斯和肖最早提出。这种理论认为，大众传播媒介只要对某些问题予以重视，为公众安排议事日程，就能影响公众舆论。大众传媒具有议题设置功能。传媒的新闻报道和信息传达活动，以赋予各种议题不同程度的显著性的方式，影响着人们对周围世界的"大事"及其重要性的判断。这一理论认为，大众传播媒介虽然不能直接决定人们怎样思考，但是它可以为人们确定哪些问题是最重要的。因此，当大众传播媒介大量、集中地报道某个问题或事件时，受众就会关注、谈论这些问题或事件。

"议题设置"，犹如新闻实验室中化学药剂的调制过程，目的主要在于引导受众的注意与思考。特别是在面对新出现的社会问题时，它能有效地确定公众对这些问题的关心程度，影响他们对与自身价值观密切相关的具体问题的看法。但它也有其局限性，我们不能将这种效果绝对化。一个成功的"议题设置"是 2003 年关于欧洲足球前锋的系列报道。那一年，新拉丁派防守反击的打法初见成效，各球队对顶级前锋的追求十分狂热。媒体也开始对前锋格外关注，这一报道热潮由欧洲媒体发起，持续了一年半之久。泰晤士报、每日电讯和天空电视台这三家媒体针对欧洲主要豪门的主要前锋进行了追踪采访，并从中挑选出十位最出色的前锋，邀请全球球迷参与讨论。中国媒体 CCTV5 和《足球周刊》也对此事进行了详细报道，中国球迷看到《天下足球》和《足球周刊》的相关栏目，也开始热烈讨论欧洲前锋。

论点三　新闻受众产生的"精神化学反应"

新闻受众产生的"精神化学反应"，或剧烈，或轻微。

化学反应是指分子破裂成原子，原子重新排列组合生成新分子的过程。在化学反应中，我们常能观察到一些明显的现象，如发光、发热、变色、生成沉淀物等，判断一个反应是否为化学反应的一个重要依据是反应是否生成新的分子，即新的物质。从化学键的角度来看，化学反应的本质是旧化学键的断裂和新化学键的形成。我们可以把化学领域的"化学反应"，置换到新闻领域中，就像前面我们把新闻媒体编辑部比喻为"精神的化学实验室"。现在，我们把目光投向新闻媒体产品的消费者——广大受众。新闻媒体在其"精神化学实验室""研发"的产品一经发布，就会在新闻市场上流通，受众受其影响，势必会产生一种作用于心理层面的"精神化学反应"，这个过程是自然而然的。

非典型肺炎，是病毒引起的严重急性呼吸综合征。非典疫情于 2002 年在中国广东始发，并扩大至全球，直至 2003 年年中才被控制。2003 年 4 月 23 日，中国财政部公布 20 亿非典防治基金的用途；北京市宣布全市中小学从 24 日起停课两周，确保疫情不在校园扩散。同日，世卫组织公布最新统计：截至 23 日，全世界非典型肺炎患者累计为 4288 人（包括已康复者和部分疑似病人），比上次通报的数字增加了 343 人。其中 2032 名非典或疑似非典患者已治愈出院，251 名患者死亡，累计死亡率为 5.85%。

——当时，几乎所有媒体都以该事件为议题设置的首要内容，这也引起全社会巨大的、空前的关注。

17年之后，央视《新闻1+1》白岩松连线钟南山院士，钟院士提出新冠病毒"存在人传人现象"。此新闻消息一经发出，马上引起普遍关注，城市街道上戴口罩的人多了起来，而药店门前排起长队，口罩脱销。

论点四　新闻是浓缩的精华，海量事实仅取一瓢一勺

什么是比例？比例表示的是一个总体中各个部分的数量占总体数量的比重，用于反映总体的构成或者结构。新闻，是媒体根据一定的目标和标准，在人们现实生活中无数"新近发生的事实"中，所选取或截取的十分有限的一小部分内容，新闻不过是现实生活的"九牛一毛"的比喻在此贴切地比喻了新闻的这种特性。古人说"弱水三千，只取一瓢饮"，新闻正是记者在海量事实中轻取的"一瓢饮"。这个概念必须明确，新闻不是世界的全部，也不是生活的全貌，更不是社会事实的全貌。相反，它只是大海中的一滴水、沙漠里的一粒石、林间的一棵树、万花的一片蕊。因此，由谁来一手持一把镊子，一手握一柄放大镜，来摘取哪一头牛身上的哪一根汗毛，并把它放大、放在一个醒目的位置，是非常有讲究的。世界是大海，我们得见一滴水；生活是森林，我们得见一根木；社会是一头牛，我们得见一根毛。这应该是"新闻社会学"的一个基本观点和基本概念。新闻，是人类进行主观选择后展示的事实。我们选择自己认为有必要选择的"新近发生的事实"，把它们叫作"客观"的"事实"，并认为这就是世界、社会、生活、人生的真相。新闻媒体尽力博取最多人的目光，就像马戏团的驯兽师，它们有力地挥动着"鞭子"，发出一声声清脆的爆破声响，为的是故作惊人之举以博欣赏，并造成一种假象，仿佛走出这个马戏园子或帐篷，人们就再也看不到其他好玩、有趣的事情一样。例如，电视台的新闻报道可以选择世界上任何一个地方所发生的犯罪事件、车祸、矿难、水灾进行报道，但这些选择常常不是随意做出的。人们主观地选择一种观察客观世界的角度，实际上正是人们认识世界的一种态度和方式。

论点五　新闻受态度影响，关键是双方态度

说到底，新闻受报道者的态度影响。它常常被有些人以一种不容置疑的口吻宣布，仿佛他们持有一种绝对客观、绝对真实、绝对公正的态度。其实，还不如真诚地说，这种态度只是"一方"的态度，而世间万事万物都具有两面性，对世间万事万物

的认识总会有另一面。是的，好的新闻有一个前提，它不应该呈现"一方"的态度，而应该呈现"双方"的态度。否则，新闻所呈现的就是理性上的"半身不遂"，是认知上的"偏瘫"，是道义上站不住脚的"站立失衡"。而理想的新闻呢，打个比方，它更像一个"双边合同"（即双方平等自愿达成的具有约束力的协议），其基本原则是——友好平等、互利互惠。例如，美国《堪萨斯城星报》在描述其新闻规范与准则时明确表明："每个故事都有两面，报道时缺一不可。"《马里恩星报》也告诫自己的记者："记住，每个问题都有两面，缺一不可。"

论点六　世界是一个"新闻场"，新闻覆盖全世界

世界是一个"新闻场"。所谓新闻覆盖全世界，即"全媒体"对于世界是"全覆盖"的。这个学术观点来自笔者的学生辛建沙，她是这样说的："新闻是什么？有人说今天的新闻就是明天的历史。我很认同，同时，我认为新闻是全世界，全世界正在发生的任何事都有可能发展成一条新闻。"——当她这样说的时候，一个新闻学理论中的全新概念——"新闻宇宙学"就诞生了。如果我们用一双"新闻眼"观察世界，观察我们生存的这颗星球——太阳系的第三颗行星——地球，我们就会发现，对于具有强烈的好奇心、执着的探索欲和深刻的思考力的智慧生命而言，视野之内皆是新奇之物，入耳之声皆是奇妙之音，脑海之念皆是奇幻之想。

地球村——是"新闻村"，村里人肤色有别、语言有别、民族和国家有别，却都是一样的"新闻动物"。的确，辛建沙关于"新闻是全世界"的观点是创造性的，是一个长期以来被新闻界特别是新闻理论界所忽略的问题。尤其对于我们——21世纪的人来说，高科技装备下的"全媒体"为我们提供从天空到陆地无死角的"全新闻"，并将以跨国界、跨洲界、跨民族、跨文化的"全覆盖"的方式，最终实现"新闻是全世界"的梦想。这个曾经的梦想，即将成为我们直面的现实。如今，天空中，没有射电望远镜所不能观望的100亿光年以内的天体；大地上，没有摄像头的机敏目光所不能窥视的个人秘密。人类心灵的小宇宙与自然的大宇宙的信息沟通和交流是无时无刻而且不断深入的……还有那个几乎无所不能的智能机器人，它既能为数据库采集提供大量信息，也能对人体的毛细血管进行考察与修复，"天眼"恢恢，疏而不漏。辛建沙具体阐述了她的观点和观点的生成过程："我很喜欢'地球村'这个概念，每天都有无数新闻和信息存在，我们看得到的、看不到的，关注到的、忽略了的，有形的、无形的，都或在传统媒体，或在新兴媒介中传播着……全世界的各种信息都在这个'新

闻网'中流通着,这个'网'也许是局部的,也许是地区的,也许是相对大范围的、较全面的……我们不能因为一个信息仅在局部'新闻网'中传播,就认为它不算新闻。'新闻是全世界',只是我们没有办法看到全世界的新闻,只能看到自己能看到的和自己想看到的新闻……"

从某种意义上说,新闻有教化的功能,此功能与艺术的教化功能相吻合。世界上的九大艺术,也可以被视为九大"新闻场",它们所发布的原创的、原始的信息,可被当作不冠名"新闻"的新闻信息。这九大艺术——绘画、雕塑、建筑、音乐、舞蹈、戏剧、文学、电影、电视剧,每天每日、每时每刻所发布与传播的,都是情感色彩十分强烈的,来自生命个体和生命群体的信号,其形象化的表达让人印象深刻;其想象力丰富,引人遐想;其思想的锐度与深度同样可观……它们深入人心,发人深省。艺术界的媒介传播专家云集,"议题设置"别有洞天,格外擅长引人注目,"信息传播"效果明显。例如,米开朗琪罗的天顶壁画《创世纪》、罗丹的雕塑《思想者》、埃及的金字塔、中国的长城、贝多芬的交响乐《英雄》和《命运》、芭蕾舞和华尔兹、古希腊索福克勒斯的《俄狄浦斯王》和莎士比亚的《哈姆雷特》、荷马的史诗和屈原的《离骚》、斯皮尔伯格的《辛德勒的名单》和惠勒的《罗马假日》、世界上最早的电视剧——英国的《嘴里叼花的人》和中国的第一部电视剧《一口菜饼子》……都是"信息"无比丰富、传播历程久远的"泛新闻"的范例。

论点七 人与新闻同在

新闻自由主义理论与新闻社会责任理论之间联系颇深,两者彼此依托,相互支撑。它们意在强调作为社会人的新闻人的自由和责任是并重的。新闻人较之一般大众来说,拥有更多的话语权,但他自己应该明白,媒体的话语权基于公共的认可这一新闻自由理念,言论和出版自由的法律规定也基于广大受众群体的信赖这一事实。因此,他应该格外小心谨慎地运用自己的话语权,为全社会的文明进步做贡献,为人类谋幸福。新闻记者的新闻采集和报道的自由,是对人类社会每一个生命个体自由的一种诠释和发扬。"阳光之下,并无新事",却有新闻;新闻的存在,需要阳光普照。显然,没有普遍意义上的人的自由,就没有特殊意义上的新闻自由。人是"新闻动物",自由是他的基本权利和生存需要,可以说是一种与生俱来的、无可争议的需要。在人类的哲学史、思想史和新闻史上,关于这种需要的论述有很多,我们不妨在此重温一下。

1. 约翰·洛克（John Locke，1632—1704）[①]的思想言论自由观点（"新闻自由主义理论"）

第一，人的自然权利有四项内容，即生命、自由、财产和惩罚权。自由是一切的基础。

第二，任何人都有一种不可侵犯的自由权利，即他可以任意使用各种词汇来表达自己的思想。

第三，人们不能抛弃自己的观点，盲从于权威，即使人们的理解可能存在错误，但理性仍应是其唯一的向导。

2. 一个自由而负责的"新闻界"，即一个自由而负责的"新世界"（"新闻社会责任理论"）

《一个自由而负责的新闻界》源于美国新闻自由委员会的一份报告，这本书在1947年由哥伦比亚大学出版社出版。它首次提出了新闻社会责任论。

（1）言论与新闻自由接近于一切自由权的中心意义。哪里的人们不能自由地传递彼此的思想，哪里就没有自由可言；哪里存在着表达自由，自由社会就在哪里发端。因此，表达自由在各种自由中是独一无二的：它促进和保护其他自由。

（2）政府保护反对政府的自由。公民表达自由的政策需要政府作出特别界定。思想自由、良知自由、崇拜自由、言论自由、个人自由、集会自由都在此范围之内。这些自由也构成了《权利法案》（英国1689年颁布，以限制国王的权力）的要旨。

（3）应视大众媒介为一个公正讨论的园地，一个交换意见、讨论及批评的场所。大众媒介应澄清社会共同奋斗的目标，表扬社会上善良的一面，使社会大众建立高尚的价值标准观念。

3. 新闻应该为被统治者服务，而不是为统治者服务

美国建国之时，即1776年前后，托马斯·杰斐逊对开国总统乔治·华盛顿说："任何政府都应接受审查，在享有新闻出版自由的地方，没人能免于此。政府无须害怕公平合理的攻击和辩护。除此之外，上天没有赋予人类任何其他手段去筛选真相，无论宗教真理、法律真理抑或政治真理都如此。"

[①] 约翰·洛克，英国哲学家和医生，人称"自由主义之父"，英国最早的经验主义者之一，被广泛认为是最有影响力的一个启蒙思想家。洛克的自由主义思想在一定程度上促进了新闻自由主义理论的诞生。

200年后,杰斐逊这一观点成为"新近发生的事实":1971年,在当时轰动全美的"诉讼尼克松政府案"中,美国最高法院判决——《纽约时报》有权公布被称为五角大楼文件的政府机密文件。其判决词这样写道:"在《宪法第一修正案》中,美国的国父们给予新闻出版自由特殊的保护,这一保护有助于它完成它在我们的民主制度中的重要使命。新闻应该为被统治者服务,而不是为统治者服务。"

——这一观念在法庭上得到一次又一次的确认。

4."念头"的"竞争市场"(与"意见"的"自由市场"同理)

美国联邦法院大法官霍姆斯认为:法律的本质不是逻辑,而是经验。他的观点是:对一个念头是否为真理的最好的测试,就是看它能否在竞争市场中被人接受,且唯有经由这种方式而被确定的真理,才能稳固地达成接受者的愿望。

法官霍姆斯法学观念上的——"念头"的"竞争市场",正巧能与新闻学意义上的——"意见"的"自由市场"相互印证。

"意见的自由市场"是自由主义报刊理论的主要观点之一,支持对新闻信息进行自由的发布与争论。这一理论源自英国诗人、政论家约翰·弥尔顿的著作《论出版自由》。他认为,谬误和真理必须得到同等传播,才能分出良莠。

英国哲学家穆勒认为:假如被压制的言论是正确的,那么这种压制不仅践踏了被压制者的政治权利,压制者自身也被剥夺了以错误换取真理的机会;假如被压制者的言论或思想是错误的,那么人们也失去了让真理在与错误的公开较量中胜出的机会。因此,压制人们的言论或思想使之不能自由表达,必然是一种对个人乃至整个人类智慧的掠夺。

托马斯·杰斐逊的观点是:如果严厉地惩罚人民的错误,就会损害公众自由的安全保障。这意味着意见的正确与错误必须在"纸面上"同时存在、清楚显现,公众才有机会对其加以识别、辨认,从而传播真知、纠正谬误,并不断地通过理性的认知来推进社会的文明进步。

论点八 新闻是一面镜子:真相接近于真谛

新闻的监督作用,是新闻社会责任理论的题中应有之义。按照马克思对新闻理论术语的表述,新闻的监督作用可被看作"第三方"立场的具体体现。中央电视台《焦点访谈》《新闻调查》栏目,曾经做过多期具有影响力的、行使监督职能的相关节目,如第

29 届中国新闻奖二等奖作品《如此整改的"扶贫路"》。节目围绕甘肃某地豆腐渣公路背后的政风问题,持续跟踪报道,曝光了扶贫公路偷工减料的事实。报道播出后,在社会各界引起了普遍关注。相关部门派出专项督导组,赴甘肃省对报道反映的问题进行整改,并对后续处置工作进行现场督导。正如报道该新闻的中央广播电视总台记者王颢一在研讨会上的发言:"调查记者的路上没有平坦大道,没有鲜花和掌声。道阻且长的调查路,几个月的等待后三天三夜的拍摄都是日常。没有抱怨,找到内心的答案是对付出的回报,为什么要做记者? 因为社会需要真相,而记者的职责就是找到真相。"①

那么,新闻哲学与政治哲学之间有没有交集呢? 当然有。在所有社会科学学科中,只要我们看一看学科框架的顶层设计,就会发现哲学美丽夺目的"天花板",它和蔚蓝天空一样高远、澄明,扩大我们的视野,让我们心胸辽阔。人类历史上最早提出"制度正义"理念的,是罗马的天主教思想家,欧洲中世纪基督教神学、教父哲学的代表人物——圣·奥古斯丁(Saint Aurelius Augustinus,354—430)。他在《上帝之城》一书中,提出了一个惊人的论断:如果缺失了正义,国家的建成何异于抢劫? 他认为罗马起源于自相残杀,这削弱了它的合法性。

美国政治哲学家、伦理学家约翰·罗尔斯(John Rawls,1921—2002)②的出现,既是政治学的幸运,也是新闻学的福祉。他的名著《正义论》(1971 年)可以被称作一本新闻学的基础教科书,它告诉我们什么是新闻人的世界观和方法论。他提出举世闻名的"正义学说",以英国洛克、密尔,法国笛卡儿、卢梭、伏尔泰,德国康德等为老师,将前人未能说清的社会制度层面与生命个体层面的"正义原理",讲述得头头是道。他的理论可以被哲学家、思想家们理解,也可被普通百姓、社会公民领会,其表述真正做到"老妪能解""妇孺皆知",颇具有效性和实用性。他的"正义学说"具有警世作用:

(1)正义是社会制度的首要价值,正如真理是思想体系的首要价值。

---

① 中国记者第二十九届中国新闻奖解析:电视专题圆桌研讨[R/OL].(2020-05-18)[2022-06-07]. http://www.zgjx.cn/2020-05/18/c_139065904.htm.
② 罗尔斯出生于马里兰州的巴尔的摩,在家中五个孩子中位居老二。他在"二战"时入伍,在太平洋战区服役,后来拒绝升官,退伍后进入高等学府继续深造。1943 年,罗尔斯毕业于普林斯顿大学,1950 年获该校哲学博士学位。之后,他先后在普林斯顿大学、康奈尔大学、麻省理工学院和哈佛大学任教。他著作不多,但影响巨大,1999 年,时任美国总统的比尔·克林顿授予他"总统自由奖章"。他潜心研究社会正义问题,曾发表《作为公平的正义》(1958 年)、《正义感》(1963 年)、《非暴力反抗的辩护》(1966 年)、《分配的正义》(1967 年)、《分配的正义:一些补充》(1968 年)等著作。因《正义论》第一版封面为绿色,哈佛学子们用"绿魔"一词揶揄他,赞其令世界学界着迷。据后来的数据统计,自 1971 年该书出版,全球有 5000 余部论著专门研究探讨之。此外,其著述还有《政治自由主义》(1993 年)、《万民法》(1998 年)、《道德哲学讲演录》(2000 年)、《作为公平的正义——正义新论》(2001 年)等。

（2）平等是妒忌的表现，正义观念是在无人为怨恨和恶意驱动的假设条件下被选择的。

（3）有效率原则本身不可能成为一种正义观。因此，它必须以某些背景制度为约束，一旦这些约束被满足，任何由此产生的有效率的分配都应被承认是正义的。

（4）一种理论，无论它多么精致和简洁，只要它不真实，就必须加以拒绝或修正；同样，某些法律和制度，不管它们如何有效率和有条理，只要它们不正义，就必须加以改造或废除。

（5）把每一个黎明看作你生命的开始，把每一个黄昏看作你生命的小结，让每一个这样短短的生命，都能为自己留下一点儿可爱的事业的脚印，和你心灵得到实质的痕迹。①

他认为，应当区别针对制度而言的正义原则和针对个人而言的正义原则。而针对制度而言的正义原则有二：

（1）每个人都有权拥有与他人的自由并存的同样的自由，包括公民的各种政治权利、财产权利。

（2）对社会和经济的不平等应作如下安排，即人们能合理地指望这种不平等对每个人有利，而且每个地位与官职都应对每个人开放。

——我们新闻人应该从他的学说中得到怎样的启示呢？

我们可以将他的"正义学说"纳入新闻学的范畴，更重要的是纳入新闻实践。简言之：新闻——是监督的侠客；正义——是制度的美德。那么，世界新闻史上，谁是行使新闻监督权利的侠客呢？这样的侠客有很多，足以写一本厚厚的"侠客群英传"。在此，仅以美国报人威廉·劳埃德·加里森（William Lloyd Garrison）为例。

案例 4

新闻侠客——加里森②

加里森（1805—1879）办报反对奴隶制，他在《告别》一文中追述了自己的报人生涯："我的编辑生涯始于二十岁之前，我一直在办报，直到六十岁。最早是在1826

---

① 罗尔斯.正义论[M].何怀宏，何包钢，廖申白，译.北京：中国社会科学出版社，2011.
② 威廉·劳埃德·加里森，美国19世纪中叶著名的废奴主义者和社会改革家。他出生于马萨诸塞州，父亲是一名海员，母亲是一名虔诚的基督徒。他从小家境贫穷，9岁就开始做学徒，还做过鞋匠、印刷工。他在13岁成为纽伯里州《先锋报》的学徒，7年后成为该报社的"笔杆子"。其文笔锋芒所向，直指野蛮的奴隶制。1831年他创办了《解放者报》，任主笔兼总编。他也是美国反奴隶制协会（1845—1865）的创始人，提出"立即解放奴隶"的口号，主张妇女解放，反对美国排华法案。

年的春天，在纽伯里的《自由报》；后来是在 1827 年，在波士顿的《全国慈善家报》；再后来是 1828 年到 1829 年在佛蒙特州本宁顿市的《时报杂志》；再后来是 1829 年到 1830 年在巴尔的摩的《全球解放报》；最后是从 1831 年 1 月 1 日到 1866 年 1 月 1 日，在波士顿的《解放者报》。开始时，我可能是这个国家的最年轻的编辑。今天，《纽约晚报》的布伦特先生以外，也许最老的报人就是我了。最初，《解放者报》的目标是消灭奴隶制，它在这个伟大的历史时期进行过伟大的斗争；现在，让我把解放奴隶的最后工作留给后人和新出现的成千百万支持者吧。"

他在另一篇文章《解放者报》发刊词中谈道：

近来，为了激励民众的觉悟，我四处奔走，发表了一系列关于奴隶问题的讲演。所到之处都给了我新的例证：与南方各州相比较，自由州的公众情绪将掀起一场巨变——在新英格兰尤为如此。我发现在这些地方，人们的情绪与奴隶主的情绪相比，持轻蔑态度的更加强烈，持反对态度的更加积极，持贬斥态度的更加无情，偏见的更加固执，漠不关心的也更加冷淡。当然，也有个别例外。这种现状让我苦恼，但我并不气馁。我已下定决心，不顾一切风险，面向举目在望的邦克山，脚踏这自由的诞生地，让解放的战旗在我们人民的心中高高飘扬。这面战旗业已展开，愿她长久飞舞，在时光的流逝中完好无损，在仇敌的铤而走险中刀枪不入，直至每根锁链都被砸开，每一个奴隶都获自由！让南方的压迫者们发抖吧！让他们的幕后策划者们发抖吧！让他们北方的辩护者们发抖吧！让所有残酷迫害黑人的我们的仇敌们发抖吧！

我本来无须发表《发刊词》，因为它已家喻户晓。它的原则将在报纸中被切实遵循。我要说明的是我不是为了任何党派而说话。在捍卫人权这项伟大事业中，我希望得到所有教派和所有党派的支持。

我赞同《美国独立宣言》中主张的不证自明的真理，即一切人生来平等；他们的创造者赋予他们某些不可剥夺的权利，其中包括生存、自由以及追求幸福的权利。我要坚韧不拔地争取立即实现我们奴隶同胞的投票权。一八二九年七月四日，我在派克街教堂作讲演时，我曾表示支持逐渐废奴的观点。我在此表示完全弃绝这种思想，并请上帝、国人和苦难中的全体奴隶兄弟的原谅，原谅我曾说过如此怯弱、如此不正义、如此荒谬的话。

我知道许多人反对我的激烈言辞，但我有理由这样做。真理是无情的，为此我也无情；正义是毫不妥协的，为此我也毫不妥协。在奴隶问题上，在我的思考中、在我的语言中、在我的文章中，将没有中庸可讲！没有，绝对没有！试想，你看见一间着火的房子，你能发出一个中庸的警报吗？你能让丈夫中庸地去救他的妻子吗？你能让母亲中庸地抱出火海中的孩子吗？今天的问题就是这样，请不要劝我采取中庸之道。我是诚恳认真的，我不会模棱两可，我不会托词，我将寸土不让，我要让人们听到我的声音。

　　有人说，我的言辞尖刻，手段激烈，实际上在延缓奴隶解放事业。不对！这项指控不合事实，历史将证明我是对的。

第七章
新闻伦理论

新闻伦理永不过时,在今日讨论它,更能凸显其价值。

当年传统媒体的先驱,不谈新闻理论则已,一谈必先谈伦理,总以新闻人的人品、道德为先,再谈其后……

谈新闻伦理,就必须谈到外国新闻学创始人"三杰"之一纳尔逊·克劳福德（Nelson Crawford）。他在《新闻伦理学》一书中提到新闻的伦理思想,祖述古希腊先贤亚里士多德。事实上,现代伦理学的学人与著述,没有不溯源至这位古希腊"三贤"（苏格拉底、柏拉图、亚里士多德）之一的。

新闻伦理学,派生于伦理学。

伦理学,即道德学,又名道德哲学,它是专门研究人类道德问题的一门科学；而任何一门学科成立的前提都是,普遍化、系统化、理论化。对中国人来说,伦理学是舶来品。它诞生于地中海边的古希腊,创始人即哲学家、科学家、教育家亚里士多德,他是柏拉图的学生、亚历山大的老师,其所撰《伦理学》是人类有史以来第一部伦理学著作。亚里士多德是百科全书式的人物,他把科学划分为三类：一为理论的科学——哲学、数学、自然科学等；二为实践的科学——伦理学、政治学、经济学、修辞学等；三为创造的科学——诗学。他还将人的美德分为两种：一种是伦理美德；一种是智慧美德。我们可以认为,新闻人的职业操守属于"伦理美德"；新闻人的社会职业行为则体现为"智慧美德"。亚里士多德的有关伦理学的名言,句句堪作座右铭："幸福就是至善""遵照道德准则生活就是幸福的生活""人生最终的价值在于觉醒和思考的能力,而不只在于生存""羽毛相同的鸟,自会聚在一起""真正的朋友,是一个灵魂孕育在两个躯体里""在科学上进步而道义上落后的人,不是在前进,而是在后退""真正的美德不可没有实用的智慧；而实用的智慧也不可没有美德""人类是天生的社会性动物"……

在人类的知识宝库中，有一个伦理学的"家谱"。

自伦理学鼻祖古希腊亚里士多德以降，有罗马帝国大主教圣·奥古斯丁（354—430），著有《忏悔录》《论自由意志》；有文艺复兴时期意大利修辞学家、诗人、教育家洛伦佐·瓦拉（1407—1457），著有《论快乐》；有法国人文主义作家、思想家蒙田（1523—1592），著有《随笔集》《热爱生命》；有法国宗教改革家、神学家约翰·加尔文（1509—1564），著有《基督教原理》；有英国哲学家、提出"不可知论"的大卫·休谟（1711—1776），著有《人性论》《道德原理研究》；有荷兰哲学家、提出"民主政体最优论"的巴鲁赫·德·斯宾诺莎（1632—1677），著有《伦理学》；有法国启蒙思想家、文学家、哲学家伏尔泰（1694—1778），著有《哲学通信》；有美国实用主义哲学家、教育家约翰·杜威（1859—1952），著有《民主与教育》；还有美国人本主义心理学家亚伯拉罕·马斯洛（1908—1970），著有《动机和人格》《人性能达到的境界》……

两千多年来，伦理学所研究、探讨的道德原则、道德标准、人的意义、人的价值等问题，也正是新闻伦理学所要研究、探讨的问题，即新闻道德的原则与标准、新闻和新闻人的意义和价值等。下面，就让我们列举一些新闻伦理的观点，向伦理学先贤致敬，也为21世纪的新闻伦理学献芹。

以下，分为五个论点分别讲述。

论点一 新闻的尺度，是人的尺度

新闻伦理学，基于理性的思考。首先，我们需要认清，那些认为"新闻无学"的人，要么本身无学，要么不知向谁学。仅新闻伦理学，就是一门重要学问。孔子曰："行己有耻，使于四方不辱君命，可谓士矣。"其弟子子张有言："执德不弘，信道不笃，焉能为有，焉能为亡。"西谚有云："人而无德，生而何益？"新闻的尺度，即人的尺度。人心向善，新闻亦然；人贵有诚，新闻如是。人有人格，报有报格；人有名誉，纸有信誉。当我们谈论新闻的真实、独立、公平、正义时，也是在谈论人的真诚、自由、平等和正直。细细思量，我们所要求的新闻的原则、信条、规矩和理想，也正是我们对人的基本要求和诚恳希望。很显然，脱离了人，就没有新闻，有的只是徒劳发出声响的喉咙；反之亦然，脱离了新闻，就没有人，有的或许只是缺乏智识的野蛮人。一句话，我们用做人的道德来做新闻，我们也用做新闻的道德规范来判断人的为人。如果有人问："新闻的目的是什么？"我们可以回答："新闻的目的就是人的目的！"而新闻的精神追求与理想诉求，也正是人的精神向往和理想渴望。《圣经》说，"太初有道，道与神同在，道就是神"，新闻是西土的"道"；《老子》说，"道可道，非常道"，新闻也是东土的"道"。总之，在地球上，新闻，是人类的"大道"，又实乃世界大同之道。古希腊哲学家普罗泰戈拉（Protagoras，约前490—约前420）在《论真理》中说："人是万物的尺度，存在时万物存在，不存在时万物不存在。"作为智者学派的代表人物，普罗泰戈拉主张"对宗教神学持怀疑态度"，他是第一个收取学费并称己为智者的学人。智者学派是当时希腊的一批收徒取酬的职业教师的统称，他们以雅典为中心，周游希腊各地，对青年进行修辞、论辩和演说等知识技能的训练，教授参政治国、处理公共事务的本领，与孔子所为非常相似。后世认为，他的哲学思想的出现代表了人类自我意识的第一次觉醒，是人文精神的滥觞、思想解放运动的先声。他是雅典民主派政治家伯里克利的好友，一生旅居各地，办学授业。他的另一句名言是"知识就是感觉"，他提出的"德行可教"之说和与他相关的"半费诉讼"悖论也非常著名。据说，他晚年因"不敬神灵"被控，著作《论神》被焚，本人被逐出雅典，在渡海去西西里岛的途中逝世。他的其他著作也仅存片段。让我们重温"半费诉讼"这个有趣的故事。

公元前400多年的古希腊哲学家普罗泰戈拉与学生欧提勒士签订了教学法律协议：学生入学时先付一半学费，毕业后第一次出庭胜诉后再付清另一半学费。毕业后，欧提勒士迟迟未执行律师业务。普罗泰戈拉等得不耐烦，于是向法庭提起诉讼。双方都从真实性难以怀疑的前提出发，却得出两个完全相反的结论，让法官难以判决。对于老师普罗泰戈拉来说：如果他打赢官司，那么按法庭判决，被告应付给他另一半学费；如果被告打赢了官司，那么按合同的约定（普罗泰戈拉与学生所签订的教学法律协议规定学生第一次胜诉后需要付清学费），被告也应付给他另一半学费。——因此，不论这场官司是赢还是输，被告都应付给他另一半学费。对于学生欧提勒士而言：如果他在这场官司中胜诉，那么按法庭判决，他不应付给老师普罗泰戈拉另一半学费；如果他在这场官司中败诉，那么按合同的约定（欧提勒士与老师所签订的教学法律协议规定只有学生第一次出庭胜诉后才需要付另一半学费），他也不应付给普罗泰戈拉另一半学费。——因此，不论这场官司是赢还是输，他都不应付给老师另一半学费。

——这就是说，法院的判决总是无效的，因为普罗泰戈拉和他的学生欧提勒士都既不会赢得官司，也不会输掉官司。正因为双方都从真实性难以怀疑的前提出发，却得出两个完全相反的结论,这个陷阱一般的难题才让法官万分尴尬,举措无当。历史上也有人将"半费诉讼"称为"二难推理"。这一著名的"半费诉讼"悖论,说明了一个问题:悖论作为一种特殊的思维形式,与诡辩有密切的联系。悖论既可以为人类思维的发展和科学理论的形成提供一些有益的启示,也可以为一些论者进行诡辩提供论辩的工具。马克思在《1844年经济学哲学手稿》中提道:"动物只是按照它所属的那个种的尺度和需要来建造,而人却懂得按照任何一个种的尺度来进行生产,并且懂得怎样处处都把内在的尺度运用到对象上去;因此,人也按照美的规律来建造。"[①]例如,自2003年开始播出的央视《感动中国》栏目,为我们展现了太多美丽的心灵感动大众的故事。比如张定宇——湖北省武汉市金银潭医院院长,他所在的医院是最早接诊新冠患者的定点医院,他隐瞒自己患渐冻症的病情,一直坚守在抗疫一线。他说:"虽然有愧疚,但当时不需要作取舍,能帮助到别人,觉得很幸福!"再如,90多岁高龄的叶嘉莹教授,捐出3500多万元扶持传统文化研究项目。她一生培养了大批中国传统文化和古典文学相关专业的人才。她曾说:"人的精神品格能够提升,提升以后,他就有他自己内心的一份快乐。他不会每天总是为追求现实的那一点金钱之类的东西而丢掉人生最宝贵的价值。"

论点二 新闻记者的"八个角色"

新闻记者的"八个角色"如下:

(1)跑腿——脚力;

(2)卧底——历险;

(3)速记员——快手;

(4)快递员——忙碌;

(5)说客——攻关;

(6)边裁——秉公;

(7)更夫——熬夜;

(8)债户——欠稿。

下面让我们一一道来。

[①] 马克思"人的本质"思想解读[EB/OL].(2006-06-26)[2022-06-23]. https: //www.gmw.cn/01gmrb/2006-06/26/content_439634.htm.

1. 跑腿

记者善于跑腿，事实上，记者就是"跑腿"的。以马拉松战役的报送捷报者菲迪皮茨为首，那些为人们传递重要信息的职业新闻人，鞋底跑穿，在所不惜。历史上的希波战争，成就了"飞毛腿"菲迪皮茨的盛名，但是，他为此付出了生命的代价。这场战役的参战双方是波斯人和雅典人，战役发生的地点在离雅典不远的马拉松海边，雅典人最终获得这场反侵略战争的胜利。为了让故乡人民尽快知道胜利的喜讯，雅典统帅米勒狄派一位名叫菲迪皮茨的士兵回去报信，菲迪皮茨一个劲地快跑，当他跑到雅典城时，已上气不接下气，他激动地喊道"欢……乐吧，雅典人，我们……胜利了。"——说完，他就因体力不支倒地不起。为了纪念这一事件，在1896年举行的现代第一届奥林匹克运动会上，设立了马拉松赛跑这个项目，把当年菲迪皮茨送信跑的里程——42.193千米作为赛跑的距离。马拉松原为希腊的一个地名，位于雅典东北部。"马拉松"之名出自腓尼基语"marathus"，意即"多茴香的"，因古代此地生长众多茴香树而得名。1896年举行首届奥运会时，顾拜旦采纳了历史学家布莱尔以这一史事设立一个比赛项目的建议，并将这个赛跑项目定名为"马拉松"。

2. 卧底

卧底，是一个司法、警务方面的常用词汇，指潜入敌人内部埋伏下来做内应的间谍。卧底的处境通常是非常危险的。"卧底"也是长期潜入犯罪团伙内部的警察的别称，是警局为协助破获棘手案件或大案而设置的特殊警察。

记者在采写社会某个方面、某个领域的"暗情"的时候，势必需要"暗访"。尤其是在撰写揭露黑幕、贿赂、贪污等丑闻的调查报告时，为了获得亲身经历的体验和第一手资料，记者也常常会扮演"卧底"的角色。

联合国教科文组织2023年1月16日表示，"2022年全世界有86名记者及媒体工作者遇害，相当于平均每四天就有一名记者遇害。这一数据凸显了记者在工作过程中持续面临的高风险和脆弱处境"[1]。

作为经典案例，有这样一本书——《卧底记者：我的正义之旅》，它于2005年1月1日由中国方正出版社出版，作者是石野。对这本书及其作者的介绍是这样的：

---

[1] 联合国教科文组织.2022年全世界有86名记者及媒体工作者遇害［R/OL］.（2023-01-16）［2023-03-25］. https://m.yangtse.com/wap/news/2664919.html.

"这是一个历经九死一生的传奇人物！这是中国唯一一位从海军陆战队走出来的政法记者、第一卧底记者为正义而战的真实记录！这是一部刺痛中国人神经的书！"①

石野是从湖北大冶贫困乡村走出的豪气男儿，他走过中国海军陆战队的特殊训练场，也在建筑工地挥洒过艰辛的汗水。他从一个没有文凭的退伍军人，刻苦自学成才，最终成长为《南方都市报》等多家畅销报纸的政法记者，经历极具传奇色彩。他以笔为刀，揭开了许多惊人的黑幕，勇敢地为众多弱者伸张正义，曾经三次走上法庭，多次遭人追杀，四次死里逃生，还被人戴上手铐非法拘禁过……在中国新闻史上书写了独特的"正义"两字。

3. 速记员

速记，是一个汉语词汇，"速"就是快，"记"就是记录。简言之，速记是一门用特殊符号系统记录语音的快写实用技术。大多数人印象中的速记还是传统的手写速记，信息被记录为一个个类似蝌蚪的符号，若要把速记符号转化成文字还需要一段时间。近年兴起的电脑速记，记录的结果是普通文字信息，不需要记者再做文字转写的工作。一些新闻节目的现场直播中立即出现的字幕能与主持人的语音同步，"电脑速记员"就是幕后英雄。

速记员，指一种专门做快速记录的职业人。

速记员使用速记符号及相关设备和手段，实现语音信息的实时速记及文字、数据的高速录入。记者的日常工作何尝不是速记员的工作呢，耳听笔录皆须全神贯注，唯恐漏掉关键词汇和重要内容。速记员不仅要快，还要有一定的心理素质和知识水平，最好还要有一个健康的体魄，因为工作忙的时候，他们可能会经常奔波于各大会场，足迹遍布全国各地。更为重要的是，速记员必须有高度的政治敏锐性和责任感，严密保守党和国家的机密。作为速记员的记者，同样需要具备多方面的知识和学养，并且需要具有相当程度的政治觉悟和社会责任感。

4. 快递

快递，又名速递或快运，是指物流企业（含货运代理）通过自身的独立网络或以

---

① 石野. 卧底记者：我的正义之旅 [M]. 北京：中国方正出版社，2011.

联营合作（即联网）的方式，将用户委托的文件或包裹，快捷而安全地从发件人送达收件人的"门到门"（"手递手"）的新型运输方式。

快递有广义和狭义之分。广义的快递是指任何货物（包括大宗货件）的快递；而狭义的快递专指商务文件和小件的紧急递送服务。本书研究分析的对象主要是狭义的快递业。从服务的标准看，快递一般是指在 48 小时之内完成的快件送运服务。从快递的定义中，可以概括快递的以下三个特征：

从经济类别看，快递是物流产业的一个分支行业，快递研究从属于物流学的范畴。从业务运作看，快递是一种新型的运输方式，是供应链的一个重要环节。从经营性质看，快递属于高附加值的新兴服务贸易。

记者所做的是"信息传递""精神物流"，其职业要求和快递员的职业要求异曲同工。

5. 说客

说客，是劝说别人接受某种主张的人，或替别人游说的人。中国古代的游说之士，都是非常善于用言语说动对方的人。

记者要完成的事业，从某种意义上说，就是用自己的语言和文字"劝说"受众，使之接受先进的文化和先进的思想，从而传播文明的火种，照亮我们的世界和人生。

2003 年 3 月 17 日，27 岁的孙志刚在广州的大街上被收容，60 小时后，却死在了收容人员救治站里。时任南方都市报记者陈峰、王雷根据线索对此事进行了调查。4 月 25 日，南方都市报发表了《被收容者孙志刚之死》一文，一个公民的非正常死亡随即成为舆论的焦点。

这篇新闻报道一经发表，立刻引起社会巨大反响和相关部门高度重视，南方都市报也因此在推动废除相关条例的过程中发挥了重要的舆论监督功能。古代的说客通过他们的三寸不烂之舌帮助执政者决策。今天的记者，则是通过他们的报道，用有力的事实，警醒有识之士，帮助调整并完善社会制度。

6. 边裁

边裁，是足球等体育比赛中的裁判，不同于主裁判，边裁主要负责在球场两边"执法"。边裁在足球比赛中的主要任务是，执行越位的判罚和发边线球、角球的相关判罚；观察场上队员有没有犯规的现象，若有，可以协助主裁判进行判罚；还要提醒主裁判注意换人规则等。

记者在媒体中的角色很像"边裁",他有权判断一些新闻稿件中"新闻事件""新闻人物"的去留,但是,他毕竟不是主裁判,即不是报社、电台、电视台、网络等媒体的主编,所以,他的权力有限,有时,他需要向主裁判(即主编)反映"场上"情况,最终由主裁判(即主编)决定"判罚"的尺度。记者在撰写新闻报道的时候,也很像一个"边裁",他不能决定最后这篇稿件是否能够见报,而稿件的标题选用、内容增删、文字增减、篇幅长短等,也要留待主裁判(即主编)定夺。

是的,记者是名副其实的"边裁"。

7. 更夫

更夫,又名"更人",俗称"打更的",是指每天夜里敲竹梆子或锣的人。打更,是中国古代民间的一种夜间报时制度,由此产生了一种巡夜的职业——更夫。更夫负责提醒人们现在的时间。如今,我们几乎只能在电影或电视里看到更夫,有的地方有专门负责提醒人们防火、防盗的人,与更夫的工作类似。更夫通常两人一组,一人手中拿锣,一人手中拿梆,打更时两人搭档,边走边敲,"笃笃——咣咣——"一般更夫一夜大约要敲五次锣,每隔一个时辰敲一次。更夫敲第五次锣时俗称五更天,这时鸡也叫了,天也快亮了。更夫打更时常说的话有:"天干物燥,小心火烛。""鸣锣通知,关好门窗,小心火烛!""寒潮来临,关灯关门!""早睡早起,锻炼身体!"

记者都是"夜猫子",需要伏案工作,在电脑前敲字、剪辑音视频,难免会时常熬夜。记者也需要保持对新闻事件的敏感性和警觉性,随时准备报道突发事件,恰似更夫。

8. 债户

债户泛指向别人借钱付给利息的人,或是借债的人;而债主,则是债券的持有者。

记者,个个都是欠他人稿件的人,有还不清的稿债。有时候,记者"债台高筑",一笔稿债未偿,又一笔稿债增加,总也还不完似的。每一个记者一生中最怕的,就是截稿时间。此时若未交稿,总编室的编辑会不断地打电话催稿,这时的慌乱与尴尬,只有亲身经历者才能体会其滋味。的的确确,思来想去,恐怕再也没有比"债户"更能贴切说明记者此时身份的词汇了。

论点三 新闻记者的"十个素质"

新闻行业的特殊属性决定了它对专业人才的需求。人才学在新闻领域的拓展和建树，多少体现在以下的"十个素质"中。记者类似田径场上的"十项全能"选手，这份职业的挑战性和刺激性巨大，吸引着新闻学院的莘莘学子和社会上的优秀青年。

1. 一眼识别君子

一位英国学者在谈到大学教育的目的时，说了一句非常精辟的话："一眼识别君子。""一眼识别君子"的宽泛意义，是辨别人间真假善恶，判断国家、民族、人类的大是大非。

青眼识英雄，白眼观伪善。

——新闻学院的教学中，不能没有这样的内容，它是任何职业记者都必须具备的素质。

> **案例 1**
>
> **记者张季鸾揭露袁世凯《善后借款合同》**
>
> 1913 年 4 月 26 日，以袁世凯为首的北洋政府私下与英国汇丰银行、德国德华银行、法国东方汇理银行、俄国道胜银行、日本正金银行五国银行，签订了《善后借款合同》。合同要求中方向外国借款 2500 万英镑，并要付出高额利息，合同还规定了其他涉及盐税、海关税等苛刻的附加条款。借款合同对中国非常不利，却对袁世凯购买西方武器、组建"袁家"军队抗衡以孙中山为首的南方革命势力十分有利。
>
> 新闻记者张季鸾在上海《民立报》刊登文章，披露了袁世凯与五国银行签订的这份危害中国主权的《善后借款合同》。为此，张季鸾惹来牢狱之灾，被囚禁数月，但他的所作所为引发了深刻影响中国历史的"二次革命"。"二次革命"，又名"讨袁之役"，即由孙中山领导的南方革命军讨伐袁世凯的行动。

2. 一听就知余音

中国有俗语曰："听话听声，锣鼓听音。"

身为记者，善于倾听是完成采访任务之必须。然而，在生活中，真正学会聆听他人的话语，并不容易。因为，人间百行百业各有门道，徒观热闹可以，懂得并深入其门道尤难。除了专业知识的局限，大千社会，无奇不有，而人心渊薮，世事奥妙无穷，对于采写新闻的记者来说，不可不知。《北京日报》文艺部前主任赖林松在谈到记者素质时提道："社会上各等人物，上至高官显贵，下至黎民百姓，三教九流你都要接触、熟悉……"三十年记者生涯，与三千人采访交谈，读三万本参考书籍，写三百万字见报文章，这些至少让笔者对"听人说话"这件事，多少有了了解。即便我们与被采访者说着同一种语言，这语言背后也有着万千差异。仅从笔者本人新闻采访的经验和职场交际的角度看，可以归纳以下人们言语表述的类型与特点：

（1）真言——犹如金矿，难以开采。

（2）假言——好比烂菜，市井常见。

（3）显言——光天化日，暴露无遗。

（4）隐言——深山老巢，莫名其妙。

（5）直言——胡同赶猪，直来直去。

（6）曲言——黄河九曲，山路弯弯。

（7）深言——渊深九重，难以窥测。

（8）浅言——鞋帮两寸，不免蒙尘。

（9）暖言——西方壁炉，东土柴灶。

（10）冷言——脚心寒意，脖颈冷风。

（11）智言——似晒冬日，如沐春风。

（12）愚言——胸无点墨，坐井观天。

（13）快言——童言无忌，两小无猜。

（14）难言——事有不堪，人有隐衷。

（15）亲言——见从己出，文责自负。

（16）代言——受人之托，忠人之事。

（17）实言——掏心掏肺，倾吐由衷。

（18）虚言——虚与委蛇，花拳绣腿。

（19）甜言——蜜饯挂齿，悦耳动听。

（20）酸言——胃觉不爽，心有不甘。

（21）巧言——言不及义，好行小惠。

（22）拙言——笨嘴拙舌，有理难辩。

（23）大言——虚张声势，必有所图。

（24）微言——微言入心，夙喻动众。
（25）嘉言——颂赞之辞，美意浓浓。
（26）污言——污言秽语，鄙俗龌龊。
（27）雅言——吐属文雅，风仪翩翩。
（28）村言——质朴粗疏，泥土芬芳。
（29）戏言——戏谑玩笑，何必当真。
（30）陈言——无用冗辞，老生常谈。
（31）豪言——洪钟大吕，气势磅礴。
（32）谨言——斟酌再三，启齿颇难。
（33）忠言——诚恳劝告，常不中听。
（34）伪言——虚假之语，诚信全无。
（35）妙言——机智俏皮，细品有味。
（36）烦言——烦言琐碎，喋喋不休。
（37）笑言——气仁色温，笑言自若。
（38）愤言——愤愤不平，不吐不快。

3. 一步闯过关卡

记者的工作很像是在田径场上参加跨栏比赛，中国曾获世界冠军的运动员刘翔就擅长此道。一位记者的一生中不知要跨越多少障碍，要一步步闯过关卡，每一步都不轻松。

案例 2

海明威穿过封锁线

1941年5月17日，重庆《新华日报》头版报道："……《史密斯日报》报道了美国作家海明威在广东前线曾随中国部队分乘沙船三艘，乘夜向下游进驶，在广州近郊登陆。海明威用他丰富的战地经验，在广东韶关利用夜幕的掩护，亲自破坏了日寇的一段铁丝网，并干掉了一个日本士兵，缴获了日寇的一杆枪和几颗手榴弹，他们于拂晓前安然离去。"

海明威此行，与他的妻子盖尔霍恩一起由美国旧金山出发，经过香港进入内地。他作为纽约《午报》的特约记者，妻子作为美国《柯立尔》的杂志记者，一同采访了中国军队在抗日战争中的事迹……

> **案例 3**
>
> **美联社成立"特别任务小组"**
>
> 1967年,美联社成立"特别任务小组"(special assignment team),为的是穿越层层关卡,揭露政府活动中那些"不为人知的一面"。1968年一年,该小组就刊发了共计268篇报道,翔实地报道了诸如步枪的研制、政府的腐败等内幕消息。
>
> 1969年,一个非传统新闻机构创建了"调查性新闻基金会"(fund for investigative journalism),支持新闻记者向公众揭示重大社会事件隐秘、复杂的另一面。基金会旨在援助那些探究因滥用职权、因体制问题对公众造成伤害的事件的新闻人。其赞助款项数目虽小,仅有500美元,却是对记者勇闯难关、揭露社会黑暗的一种抚慰和激励。

4. 一嗅就知味醇

新闻嗅觉,又名"新闻敏感",是记者必须具备的一项能力。

我们又可以简单将其解释为三种能力:感受力、判断力、理解力。英国诗人西格夫里·萨松(Siegfried Sassoon)写过一首诗《我与过去、现在、未来相会》[①],生动形象地描绘了什么叫"新闻敏感",如其所述:"心有猛虎,细嗅蔷薇。"全诗如下:

> In me,past,present,future meet.(我与过去,现在,未来相会)
> To hold long chiding conference.(各执一词而彼此责备)
> My lusts usurp the present tense.(我的欲望攫取了现在)
> And strangle Reason in his seat.(把理性扼杀于其王位)
> May loves leap through the futures fence.(我的爱跳过未来的藩篱)
> To dance with dream-enfranchised feet.(踏着梦幻的轻盈步履)
> In me the cave-man clasps the seer.(像我这般的穴居人拥抱先知)
> And garlanded Apollo goes.(佩戴花冠的阿波罗已经迷失)
> Chanting to Abraham's deaf ear.(对着亚伯拉罕的聋耳吟咏)
> In me the tiger sniffs the rose.(奈何我心有猛虎,细嗅蔷薇)

---

① 诗名、诗句皆为笔者自译版。

Look in my heart, kind friends, and tremble.（审视我的内心吧，善良之友，你应颤抖）

Since there your elements assemble.（因为那也是你的生命原有，由来已久）

——萨松这首诗的诗眼，正是"心有猛虎，细嗅蔷薇"，我们新闻记者的嗅觉理应和诗人的一样。新闻嗅觉灵敏，就让记者拥有了辨别各种各样的具有新闻价值的审实的能力。西方新闻界称这种能力为"新闻鼻"也不无道理，因为只要这只"新闻鼻"能闻出"怪味儿"，全社会就会得到它警觉的警告。

5. 一笑能泯恩仇

记者是"公关先生"，他免不了要做与自己新闻业务相关的公关工作，因此必须具有高水平的公共关系能力，善于与社会上各种各样的人包括采访对象打交道。公共关系学，应该是新闻与传播系学生的必修课。有趣的是，也正是新闻记者最早使用了"公共关系"一词。美国《纽约世界报》的记者艾维·莱德拜特·李（Lvy Ledbetter Lee，1877—1934），于1903年首次用它描述建立良好社会人际关系的专业领域。他是一位牧师的儿子、一位毕业于哈佛大学的才子，也被称为历史上的"现代公共关系之父"，他在1903年开办了一家公共关系咨询事务所，专门为客户提供传播沟通服务，并协助其建立和维持与公众的联系。特别值得一提的是，他曾提出"讲真话"的行业基本原则，认为这是一个人和一个组织、机构建立信誉的前提。否则，准确无误地向公众提供信息就是一纸空话。

简言之，公共关系的关键因素是——互惠为原则、长远为目的、真诚为信条、沟通为手段。20世纪90年代，作为《北京日报》记者，笔者有过这样一次亲身经历，权当案例。

案例 4

电视研讨会上的批评意见

在一个有关唐朝皇帝——唐太宗李世民的电视连续剧研讨会上，样片播放之后，讨论开始，笔者在发言时直言不讳，指出了该剧的诸多硬伤，让在座的电视剧编剧、导演和剧组成员十分尴尬。会场一时躁动起来，人们情绪不稳，观点相左，对该剧的评价褒贬不一，正反两方各执己见，难免发生龃龉。面对这种状况，笔者感到需要"紧急公关"，就拿起话筒，说出以下几句话——几句话就让气氛变得融洽许多。笔者笑着说："拿这部电视剧描述的唐太宗和魏徵打个比方，我本人是谁？作为一个电视艺术批评者，我不过是宰相魏徵，那么在座的电视剧编导者又是谁？都是唐太宗李世民呀！'以铜为镜，可以正衣冠；以史为镜，可以知兴替；以人为镜，可以明得失'。"

6. 一语可使泪流

记者，必须会讲故事。优秀的记者，一定是讲故事的高手。只有不会讲故事的人，没有不爱听故事的人。一个好故事以吸引人为始，以感动人为终，并能让人在回味中得到启迪。

案例 5

"到那个时候，我肯定早就不在了"

先交代一下历史背景：在第二次世界大战中，日本侵略中国，烧杀掠夺，让中国人度过了非常艰难困苦的岁月，若不是装备落后却英勇无比的中国军人舍生忘死，以无数的流血牺牲为代价抵抗强敌，亡国灭种的灾难可以想见。抗日战争初期，由于双方武器与作战技术的巨大差异，一场战役下来，中国军人与日本军人的死亡比例大概是10比1至20比1，也就是说10至20个中国军人倒下，才会有一两个日本军人阵亡。在这种情况下，一位战地记者采访一位年轻、英俊的中国军官，向他询问："中国能打赢日本吗？"军官回答："肯定能！"记者再问："那么，战争结束后，你会在哪里？会做什么？"军官怔了一下，笑着说："到那个时候，我肯定早就不在了。"

——无论我们读过多少感人的小说，看过多少让人动情难忘的电影，在读到这位中国军官回答记者提问时的这样一句话——"到那个时候，我肯定早就不在了"时，也一定会泪流满面……

7. 一句结交知己

"人生得一知己足矣，斯世当以同怀视之。"——鲁迅先生这句话，告诉我们人与人之间有一种精神的纽带，不需要朝夕相处，却可以万里连通。记者一生，以文会友，天地广阔，宁无知音？

案例 6

《北京日报》发表时评《质疑皇帝剧》，漫画家华君武致信、配画

2002年2月3日，《北京日报》发表时评文章——《质疑皇帝剧》（该文获得北京新闻奖一等奖、中国金鹰电视节电视评论奖），引起社会强烈反响，也使漫画家华君武先生产生共鸣，致信配画。文章针砭时弊，观点犀利：

前一段时间，一边是电视剧《康熙王朝》的热播，赚取金钱上亿；另一边是电视剧《孙中山》被冷落，没有更多的舆论扶持。我眼看着《孙中山》中的孙中山日渐憔悴的面容，日渐忧郁，而《康熙王朝》中的康熙却依然容光焕发，踌躇满志。这两部电视剧是在打擂，更加巧合的是，一剧之主角，是统治中国268年的清王朝的前朝皇帝，而另一剧之主角是呕心沥血30年以推翻帝制为使命的领袖。

《康熙王朝》是作为正剧来拍的。我怎么也不能理解，《康熙王朝》怎么会是一部正剧，而片名竟然没有引发异议。敢问康熙王朝是什么？如果我说康熙王朝＝封建王朝，谁能把我驳倒？"康熙盛世"有过的辉煌不假，但它对现代化的中国有什么启迪？有什么助益？有什么光彩？如果上溯，我们还有"贞观之治""汉武中兴""秦帝一统"，所有这些家底，在历史的宝库中贴着"封建"两字的封条，不揭也罢。

现代人是怎么看待皇帝、该怎么看待皇帝，不用我说，视封建观念、封建意识、封建思想为天敌，是每一个共和国公民的义务。也许皇帝康熙无罪，但是，封建制度有罪。封建制度何罪？灭人性，侵人权，害人道，戕人命也！鲁迅早有言：封建社会的历史是吃人的历史。皇帝有好人，帝制无可取，赞美皇帝要谨慎，因为皇帝是帝制的代言人，是封建专制的代名词。爱"德先生"与"赛先生"者，必然痛恨皇帝，皇帝被现代人所唾弃，是人类文明与进步的体现。那么，我们该怎样看待康熙？

……

为什么我们的屏幕热爱皇帝呢？为什么有这么多皇帝剧上演？这让我百思不得其解。看，《汉武帝》《武则天》《朱元璋》《努尔哈赤》《康熙微服私访》《雍正王朝》《慈禧太后》……还有现在正在拍摄的《秦始皇》，投资1800万，也是正剧，歌颂他统一六国的雄才大略。中国历史上多皇帝，从秦始皇算起，有320多个，可选择的余地还大着哩。皇帝剧一日在播，我心一日不宁……而今，大刹皇帝剧之风难道不也是刻不容缓？皇帝于走向现代化的中国何益？皇权观念与宫闱旧闻于现代公民何补？我相信，先进文化里绝对没有皇帝的位置。

……

在整个世界上，中国是封建皇帝专制制度延续最长的国家，长达两千多年之久，而中国又是推翻帝制很晚的国家，清王朝的覆灭还不到百年。历史证明，哪一个国家早一点摆脱封建的束缚、皇帝的阴影，哪一个国家就能阔步迈向文明与繁荣。

如果说我还有一种信念的话，那就是——反感皇帝，反感对皇帝的吹捧。在此，请允许我，以一个公民的名义，质疑皇帝剧。鉴于有人会说：要客观的、从历史的角度来看皇帝，不能用今人的眼光来要求皇帝，所以，我要再说一遍，我不痛恨康熙，但我痛恨康熙所代表的封建制度和观念。历史不等于皇帝，中国历史的辉煌也不等于皇帝的作为，我拒绝皇帝剧。

（记者：彭俐）

——"一句结交知己"，作为北京日报的记者，因为《质疑皇帝剧》这样一篇文章，笔者结交了自己一生中最难忘的忘年交——著名漫画家华君武先生。

当时，华君武先生已经85岁高龄，整整大笔者40岁。他在读了这篇时评之后，在人民日报的《讽刺与幽默》刊物上转发了这篇时文，并且配了他创作的一幅漫画《皇帝美容院》。华老兴犹未尽，还亲笔写了一封信，交给时任《北京日报》总编辑刘宗明。信中说："今日看2月3日《北京日报》五、八两版刊登彭俐同志两篇文章《质疑皇帝剧》和《真想住在屏幕里》，实在是说理深刻，文风活泼可爱，嬉笑怒骂，大快人心，中央电视台的皇帝电视剧我早已不看，但报刊上不断对一些把肉麻当有趣的电视剧吹捧炒作，实在可恶。谢谢《北京日报》，谢谢彭俐同志，我今天高兴极了。"

华君武对笔者说："我过去曾给郭小川、刘白羽配漫画，现在给你配漫画，你愿意吗？"——笔者高兴得差点从椅子上跳起来。从此，笔者每写一篇时评，就用传真机发给华君武先生，只要他觉得适合配漫画，就动笔创作。我们合作了两年时间，直到他身体不适不便执笔。

8. 一笔撼动乾坤

记者的一杆笔，可以直抵心灵，可以呼风唤雨，可以靓丽河山，也可以撼动乾坤。

案例7

普利策在《世界报》撰写社论，呼吁为《自由女神像》奠基捐款

1876年7月4日，是美国独立100周年纪念日，法国政府赠送雕塑《自由女神像》（全称《自由女神铜像国家纪念碑》）以表祝贺。雕塑家是弗雷德里克·奥古斯特·巴托尔迪（Frédéric Auguste Bartholdi），雕像高46米，加上基座则总高度达92米，重225吨，其中仅一支火炬就高达4.9米。

运输、安装这座巨型雕像需要大笔经费，伟大的新闻人普利策以其新闻敏感，更出于他对自由的崇敬，亲自撰写了一篇慷慨豪迈、情绪激昂的社论，刊登在他主办的《世界报》上，呼吁美国人为雕像工程捐款。他在文中大声疾呼：法国赠送我们如此珍贵礼物——自由女神，我们却至今让她无处栖身。这对我们的城市纽约、对整个国家来说，都是一种难以洗刷的耻辱。拯救女神、挽回我们的耻辱，势在必行，让我们解囊相助吧，这实际上也是在帮助我们自己……《世界报》是民众的报纸，它恳切地呼吁广大民众捐款，因为法国已经有许多平民百姓为此雕像捐资，其中包括产业工人、小商人、店员、艺术家等，让我们以法国人为榜样。我们不能指望腰缠万贯者伸出援手，尽管他们善于捞取。事实上，这尊自由女神像也不是法国富翁送给美国富翁的礼物，而是法国民众赠与美国民众的爱心。

在新闻人、《世界报》的呼吁之下，结果可想而知。先是普利策本人捐款250美元，继而善款汇集，源源不断……当时的记者持续跟踪报道了捐款盛况，显然众多记者也被民众深深感动了："一张报纸竟然带动了一个民族的热情，这真是奇迹……以往从未有一家报纸能够对民众产生如此巨大的影响。"最终，10多万人参与了捐款，募集资金101,091美元。

9. 一言可以警世

中国宋代大文豪苏轼曾说："匹夫可为万世师，一言而为天下法。是皆有以参天地之化，关盛衰之运，其生也有自来，其逝也有所为。"（《潮州韩文公庙碑》）——苏轼赞美的是距今1200多年前的唐代文学家、思想家韩愈，我们用这段话来表彰19世纪的美国新闻人普利策也非常贴切。

1883年5月11日，记者、报人、新闻家普利策买下了当时负债累累的《世界报》，后来成功将其打造为一份以刺激性新闻和重量级社论为特色的报纸，以大众能够承受的价格廉价出售，非常畅销。普利策一再表示：我们的报纸既要让美国最高法院的法官爱看，也要让普通的民众爱看。在他亲笔撰写的一篇社论中，他为实现社会正义与公正提出具体建议，共计10条措施：

（1）对奢侈品征税；

（2）对遗产继承征税；

（3）对高收入人群征税；

（4）对垄断公司征税；

（5）对享有特权的公司征税；

（6）对人口征税；

（7）改革行政机构；

（8）严惩贪官污吏；

（9）严惩倒卖公民选票者；

（10）严惩在选举过程中操纵雇员选票的雇主。

——以上10条措施，除了第6条没有被采纳以外，其余皆被美国政府列入法律文献，成为法律的准绳。

10. 一挥即成名文

记者写得一手好文章，那是他们的看家本领。中国新闻史上的文章巨擘有王韬、梁启超，记者编辑达人有邵飘萍、戈公振、范长江、邹韬奋，他们奋笔一挥，声名远扬，报刊热销常常借助他们的一杆生花妙笔。国外历史上，通过知名记者的知名文章而促进报纸发行量的举措比比皆是，最典型的案例要数20世纪美国的李普曼的事例。1937年，美国新闻记者、新闻学家李普曼为《先驱论坛报》写专栏文章，该专栏名为"今日与明日"，由于他的文章文笔美妙、观点独特，备受读者拥戴，乃至被100多家纸媒转载，该报发行量骤增，多达1000多万份。著名的知识、文艺类畅销杂志《纽约客》上刊登过一幅漫画，两位尊贵的夫人同坐一张餐桌，各捧一份报纸，口中念叨着："是呀，清晨我只喝一杯浓咖啡。一杯味道上好的浓咖啡和一篇李普曼先生的极品文章，就是我的全部需要。"

论点四　新闻记者的三个使命

记者生涯数十年，笔者一直在问自己：我是干什么的？笔者确信，一个人即使终生从事一种职业，也未见得能把自己的位置摆正，把自己的天职看清。要做到这两点，需要在工作中不断自我审视，不断地去发现。笔者还相信，每一种职业都有其天赋的使命，而没有使命感的人就不知其使命所在。在社会生活中，每一份工作都有其价值，但是，这个价值要由敬业者去挖掘和体现。职业自豪感和荣誉感是职业人士取得非凡业绩和卓越成就的前提。一个人必须深切地懂得他的工作的社会价值和意义，才有可能把工作做得出类拔萃。笔者的人生哲学是，不管做什么，不求出人头地，但要出类拔萃。笔者热爱记者这个职业，原因是笔者发现了一个秘密：记者职业有三个使命。

当人有了使命感的时候，工作的劲头自是不同。他能够做到历经磨难而不悔，心有郁结而不怨，忍辱负重而不馁，不为人知而不怒。使命在身，身亦不足惜，更何况区区功名、利禄哉。

1. 记者——是信使

记者是信使，他传递的信息必须准确无误，还必须快速传达，因为新闻故事常常是十万火急，刻不容缓的。信使所肩负的使命可谓重大，他受人之托，当忠人之事，一信一函、一纸一笺，并不比他生命的分量更轻。面对路途遥遥，荆棘丛丛，烈日炎炎，饥肠辘辘，信使的心里有事，顾不得这些，唯恐消息在自己的手里耽搁，对不起雇主。记者腿勤，是理所当然的，但不能傻跑，还要"登山则情满于山，临海则意溢于海"；嘴勤，也要学会，"百里不同风，千里不同俗"，不闻不问，怎么得知消息；笔勤，就更是看家技能，如剑不离身。信使当然是要讲信用的。诚信为记者立身之本，不能道听途说，口无遮拦，更不能隐瞒真相，谣言惑众。因某种私欲或利益驱使而不忠于职守的行为，也在禁绝之列。记者的机敏、灵活是人所共知的，而他的笃实、忠诚却很少被人注意，笔者以为，这两种职业品质都是记者必备的。

2. 记者——是大使

记者作为大使，是社会真理和良知的代表。他负责与各个阶层的团体与个人联系、接触、会晤、商谈等"外交"事宜。大使嘛，要有大使的气质、风度，举止优雅，谈吐潇洒，流利地说一口外语都是"分内之事"；多才多艺是其工作的需要；身材健美、仪表堂堂彰显其风采；渊博的学识、独到的见解令人钦佩。从职业特点来说，记者是标准的公众人物，也是"公关先生"（或"公关女士"），他的形象代表着媒体的形象，他的素质体现着媒体的素质，他的嘉言懿行会给媒体增光，他的陋质劣行也会给媒体抹黑。善于搞外交的人必须懂得礼仪，还须见多识广，并能在原则性和灵活性之间寻找平衡。记者要待人诚恳而处事妥当，所谓"尊贤而容众，嘉善而矜不能"，走到哪里都广结善缘，广交朋友，不仅能为个人赢得上佳口碑，更能为自己所供职的媒体赢得良好声誉。

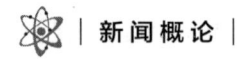

3. 记者——是天使

记者是天使。天使，是我们在人间所能想象的最纯洁、美好的形象；而记者则理应成为社会现实生活中仁慈、正义的化身。记者需要待人仁厚，心地善良，感情丰富，正直无私，为传播知识、智慧和真理的福音来到世上，为清新空气、为荡涤尘埃、为扫除污垢、为匡正谬误而忘我投入，万死不辞，攘臂高呼，奔走四方……深厚的爱心和广博的学识，是他凌云飞翔的曼妙双翼，抚慰苍生是他的心愿也是他一生的志向。他不为名利所动，不为权势所欺，思虑如水，深湛而澄明；性情如雪，玉洁而冰清。其文，可谓真、善、美，让读者入目、入脑、入心。他天真而不肤浅，成熟而不世故，用文字为天地立心，以文心为生民立命。宇宙之大，任文思翱翔；字字心血，与生命同在。记者有气吞山河、雄姿英发的气魄，有独立不迁、刚直不阿的原则。

天使的美好形象和美丽心灵，象征着记者的修养与情操。

论点五 新闻的"餐桌理论"与"食客理论"

新闻媒体所提供的各式各样的新闻大餐，无时无刻不在诱惑和吸引着饕餮之徒。一个不争的事实是，我们可以将新闻传播视为"请客吃饭"，那个大摆宴席的主人就是新闻人，他用来款待客人的美味佳肴，都经过他精心、细致的挑选和烹饪，宴席菜品搭配考究、餐具精美。新闻是精神餐饮，信息甜点，思想佳酿……

1."新闻餐桌理论"

"新闻餐桌理论"以新闻人为本位，认为新闻媒体主导着新闻的应用，即作为新闻制作者的媒体把控着操控新闻的"隐形权力"。美国传播学家迈克尔·舒德森（Michael Schudson）曾提出观点，认为媒体不仅组织信息也组织受众，它们不仅使事件与报道它们的来源合理，还使读者与他们的观点合理。媒体公共囊括的能力可能是它们最重要的特点。你和我与美国总统、IBM总裁阅读的都是同样的报纸头版，收看的都是同样的电视新闻。

具体来说，"新闻餐桌理论"的主张是，无论这顿新闻饭菜是早餐、午餐、晚餐还是夜宵，整个菜谱从主菜、配菜、羹汤与甜点的搭配，到荤素调剂、佐料点缀和给顾客上哪一种饮料（酒精或非酒精），完全由新闻媒体来决定。这就是不易被人察觉的新闻"餐桌"的现实。

"新闻餐桌理论"的引申含义有关新闻工作者的伦理意识,新闻媒体基于"社会责任理论"的观念与原则,应该深知自己在人类社会生活中担负的重大责任,新闻工作者应该时刻清醒地意识到自己追求真理、追求人间正义、传播知识、启迪智慧、惩恶扬善、激浊扬清的神圣使命。我们——新闻人,是提供人类精神食粮的"主厨",我们必须提供最新鲜、最有营养、最有利于人体健康的食物,给信任我们、拥戴我们,使我们的媒体门庭若市的广大顾客,并让这些有些应接不暇的新闻受众愿意坐在我们的"餐桌"旁。今天,且只有在今天,当我们深入探讨新闻学的时候,笔者才真正明白——我们的先贤所言"人以食为天"的深刻含义——"民以新闻为天",我们以民众为怀。

2. "新闻食客理论"

"新闻食客理论"以新闻受众为本位,强调新闻信息接收者的选择。它与上面所说的"新闻餐桌理论"对应。所谓"新闻食客理论"指的是不管新闻媒体怎样费心费力地"煎炒烹炸",怎样花样翻新地"端汤上菜",只要新闻受众——广大读者、听众、观众不买账,不予理睬,那么这顿"新闻大餐"就没有人享用了,新闻人也只能徒呼奈何。

从"新闻餐桌理论"的角度说,无论是"选菜""配菜",还是"做菜""上菜",完全由新闻人决定,我给"食客"什么"食客"就吃什么,后者甚至没有决定权。但是,从"新闻食客理论"的立场说,情形正好颠倒过来,变成受众本位,受众选择。不管"主厨"怎么"摆台",我若没有胃口,或没有兴趣,"上菜"的人就很尴尬,做的是无用功,买卖就砸了。新闻市场,永远是一个买方市场(又名"买主市场",它与"卖方市场"对应,指商品供过于求,卖主之间竞争激烈,买主处于主动地位的市场),受众才是真正的主角,是被服务的对象,是无可争议的VIP。——新闻市场的商品生产与交换,有一种自发、自动调节的经济规律;而经济学概念中的自由市场,即商品可以自由生产、自由交换,完全受价值规律自发调节的市场,是与前者不同的。但是,自由市场中,交易双方自由议价,根据自愿原则交换商品,市场价格自由涨落,从而调节商品的生产与供求——尽管新闻学原理不可生搬硬套于经济学原理,但是后者的借鉴意义仍然存在。

论点六　新闻守则

新闻伦理的理论从新闻实践中得来，又反哺新闻人的新闻实践。让伦理具象化地呈现，并且最终成为新闻记者、编辑的行为准则和行为规范，完全是可行的。一万个理论教条不如一项具体的细则来得实用。虽然在互联网时代，有些细则可能需要适度调整，但其基本原则不变，下面让我们一一说明之。

1. 通话

（1）一般不要在上午9点以前，或晚上10点以后给采访对象打电话，紧急特殊情况除外。

（2）通话时，先自报家门，后询问对方姓名。

（3）如果通话内容多，时间长，要先询问采访对象此时方便与否。

（4）听采访对象说话时，不能一声不吭，应该不时发出声音，例如"唔""哦""好""是的""知道""明白"等，示意你在仔细倾听，这一点很重要。

（5）一般不要打断采访对象说话，需要转移话题时，要找到适合的"拐点"，譬如采访对象无意间出现停顿或语速稍有变慢时。插入以果断为好，不至于让对方尴尬。

（6）自己说话时，必须吐字清晰，语速适中，音调不高不低，并随时注意采访对象的反应，切忌啰唆，更不能滔滔不绝。

（7）通话时，关掉电视、音响设备，关上窗户，保持环境安静，若一时有噪声，尽快换个环境。

（8）切忌边通话边嚼东西，若口渴，先道声"对不起"，告诉采访对象自己"喝口水"。

（9）通话结束时，要很客气地询问采访对象，"您还有什么要说的吗？"

（10）等采访对象先挂断电话。

2. 约谈

（1）先询问采访对象于何时、在何地见面方便。要优先让采访对象选择见面的时间和地点。

（2）赴约时，一定要比采访对象先到，至少提前20分钟为宜，熟悉一下环境。

（3）入座时，把好一点的位置、舒服一点的座椅让给采访对象。

（4）采访对象到达后先起身迎接，等他落座后自己再入座，切不可自己先行落座。

（5）点餐或饮料时，先询问采访对象的需求，不能自作主张。

（6）如果采访对象是长者，不可跷二郎腿，不可仰坐，要让身体微微前倾，后背离开椅子靠背最好。双腿并拢、坐姿端正最为礼貌。

（7）录像和录音前，需要征得采访对象同意。

（8）如果采访对象示意这段内容不要记录，必须尊重采访对象的要求。

（9）采访结束一定要向采访对象致谢，发稿再急，也要先等对方离席，特殊情况除外。

3. 聚餐

（1）如果事先约定好采访对象买单，最好不比约定时间早到，晚到一刻钟左右为宜。

（2）如果事先约定好自己买单，最好不比约定时间晚到，早到半小时左右为妥。

（3）如果请客主人是长辈、长者，无论谁来买单，都必须提前一刻钟左右到场。

（4）不随意落座，先询问东道主，客随主便。

（5）先观察，若发现自己年龄最小或资历最浅，须马上选择桌子的上菜处即背靠房间门的座位坐下。

（6）若情况允许为身旁的人拉动座椅协助其入座，之后自己入座。

（7）采访对象示意你点菜，一般是为表客气，推辞即可。如果采访对象一再让你选择餐品，点档次中等、价钱适中的一道菜。

（8）开席时，不可称自己不饿，那样的话会扫大家的兴，最礼貌的声明是——"我饿了一天，可算见到一桌美食！"

（9）最好不饮酒，一定不可劝女士喝酒。

4. 装束

（1）记者不是明星，穿着不以引人注目为目的，服装以舒适、朴素、整洁、大方为宜。记者应该低调，在服饰上也应表现一种态度——不卑不亢。

（2）记者着装要根据采访对象不同而不同，重要场合穿正装，一般场合轻松随意、美观大方即可。

（3）记者不宜戴太夸张、繁琐的饰物。孔子云："质有余者不受饰也。"

（4）化妆应化淡妆，切不可浓妆艳抹。

（5）不喷刺鼻的香水，那样或许会影响采访对象的情绪，让人感到不适或烦躁不安。

（6）一定要记住，记者身上任何夸张的衣饰都可能会分散采访对象的注意力，得不偿失。

（7）野外采访，穿适于徒步、攀爬的休闲鞋或运动鞋；高山雪域采访，勿忘戴墨镜。

（8）出差在外，穿戴保暖防寒即可，箱子里衣物越多越累赘。

5. 同行

（1）外出采访，经常几人一起乘坐小轿车，驾驶位以外一般还有四个空位，记者应坐在司机旁边的座位，即轿车的副驾驶位，因为这个座位相对后排两个座位来说更危险。后排正对司机的后座座位应让给采访对象，这个位置相对来说更安全；后排右方的座位次之。

（2）若集体乘坐大轿车，最好不占前排座位，坐到后排，越往后坐越能彰显礼貌，因为后排座位最为颠簸，也最容易晕车。

（3）与采访对象同乘火车、高铁时，应该自觉爬到上铺，将无攀爬之劳的下铺礼让给采访对象。

（4）长途旅行，尤其是路途遥远时，应不时询问司机的感受，避免司机疲劳驾驶。

（5）长途旅行时若情况允许，可以主动为需要帮助者提箱子、背行囊，搬运大件物品。

（6）旅途中接听电话须注意音量，避免打搅同行人。

（7）须自备一些常用药物，如创可贴、泻立停、退烧药、止痛药等，以便为同伴提供帮助、备不时之需。

（8）随遇而安，不对组织者、提供招待服务者，提带有个人偏好的无礼要求。

（9）严格遵守时间，切不可让大家坐等一个慢慢腾腾、不守时的人。

（10）去高原地区采访时，要提前进行体能储备，准备好预防高原反应的药物。

6. 社交

（1）寒暄时，遇到脑力劳动者，称呼"老师"；遇到体力劳动者，称呼"师傅"。

（2）握手时，长者、女士有决定权，幼者、男士最好被动握手。

（3）众人相互介绍时，牢记四个原则，千万不能颠倒：把幼者介绍给长者；把男士介绍给女士；把下属介绍给上级；把主人介绍给客人。

（4）递送名片，双手呈上。

（5）避免非礼三问：问年龄、问婚姻、问工资。

（6）牢记言谈三层次：和底层社会的人议论人；和中层社会的人议论事；和上层社会的人议论思想和见解。

（7）交谈时，最礼貌、最得体的话题，是采访对象感兴趣的话题，而不是满足自己兴趣的话题。

（8）无论在寒暄、握手、递送名片还是彼此交谈时，都要用眼睛直视采访对象，以示尊重和尊敬。

（9）站立交谈的礼貌距离是 0.5 至 1.5 米。

（10）谈话时若要接听电话或临时离开，需要对采访对象致歉，道声"对不起"。

7. 业务

（1）忠于国家，保守机密，尊重各民族风俗习惯，入乡随俗。

（2）记者不得向采访对象索取任何报酬，包括金钱的或物质的。

（3）采访过程中发生的交通与食宿费用，应由记者承担。

（4）记者应该尽自己一切可能保护采访对象的利益，包括人身安全、心理健康、事业前途、社会影响等，甚至要考虑对其家人可能产生的各方面影响。

（5）记者应忠诚于自己所供职的媒体机构，决不泼污，决不背叛，决不指责，决不诋毁。遇到社会负面反馈，能够为其解除不良影响则为之；无此能力则沉默，不能附和。

（6）记者应随时随地注意自己的个人形象和言语行为，因为自己的个人形象和个人行为，直接或间接地代表了自己所供职的媒体机构的形象。

（7）采访过程中，遇到不公待遇、恶意攻击甚至关系到生命安全的危机时，要冷静、从容、机智应对，不可莽撞，不可失去理智，学会自保！

（8）严格遵守编辑的截稿时间要求、文章字数要求，并依次核对检查稿件是否有误。

8. 外交

（1）采访外事活动时尤其需要注意个人行为举止，事关个人、机构和国家的形象。

（2）与外宾交谈时，要懂得尊重不同国家的文化差异，谈吐要彬彬有礼、落落大方。不可炫耀母国而轻视他国，应平等、友好地与人相处。

（3）采访对象赞美你的国家和文化，你也应该回赠他的国家和文化以同样的赞美。

（4）与外宾最好的交际话题，是谈论对方国家的风景、文学著作或文体明星……

（5）与其不厌其烦地介绍自己国家、民族的成就和优长，不如多询问他国值得骄傲的事情。

（6）如果你向采访对象索要介绍他们公司和企业文化的资料，他们会非常乐于满足你的要求，并且会很开心。

（7）如果采访对象说："我非常欣赏你们的国家，你们拥有五千年的历史。"你可以回答："在我看来，时间长短并没有太大意义。也许有些国家没有那么漫长的历史，但是，历史悠久与否不是衡量一个国家的价值的唯一标准。或许你们已经做到的，是我们还没能做到的。"

（8）外宾一般会对个人签名非常看重，视之为契约之印章，在采访时，若能提供清晰、准确的签名，就会获得采访上的便利。

（9）在体育和文艺范畴，你与外国记者可以互为采访对象，相互丰富各自的报道内容。

（10）与他国记者交流时要注意尊重他人的工作习惯。一个认真的德国记者决不会减少他规定的工作量和工作时间，所以你要尊重他们的工作程序；以色列记者最喜欢谈读书；日本记者一般都擅长某项体育运动；英国记者大多不苟言笑，但实际上平易近人。

9. 西餐

（1）吃相，是人生的气象。它能在不经意间展现一个人的性格、修养和生活态度。吃相难看的人，做事也难看。

（2）食品被从餐桌运送到口腔，是一种无声操作的物流工作。

（3）餐具摆放如处世，须规矩、有序，用餐期间，最好让它保持整洁、明亮。

（4）菜肴一旦入口，就进入"秘密"的物理和化学处理过程。咀嚼时须禁闭双唇。

（5）右手拿刀，左手握叉。

（6）使用刀叉时，避免发出声响。将肉割成一个个齐整的小块，吃一块切一块，一口吃掉一块。此餐桌规矩东方、西方并无差异，中国古代先贤孔夫子云："割不正不食，席不正不坐。"

（7）一定记住进餐时须小声说话，声音越细越好，最好仅能让坐在你对面的人听到。在这一点上，孔子更加决绝，他说"食不语，寝不言"。

（8）喝汤切忌出声。与吃中餐时使用汤匙从外向里舀汤不同，吃西餐时须用汤匙从里向外舀汤。

（9）永远记住，在用餐过程中和用餐结束后，刀刃总是向内摆放。和汤匙从里向外舀汤一样，香汤美味，怎么好意思一味独吞，向外舀，意味着分享；而刀刃锋利，容易划伤皮肤，怎么好意思对别人锋刃相向？

10. 形象

（1）记者为公众服务，形象很重要，形象不好不仅会给采访设置障碍，也会让自己的媒体机构失去颜面。

（2）日常注意塑身、塑形，随时注意自己的体重、体态。标准体重公式：标准体重（kg）＝身高（cm）－105。多做平板支撑，这是一种简便易行的肌肉训练方法，瘦身有效又节省时间。多爬楼梯，多走路，多转动脖子看路边植物，多抬头看云、看星星。

（3）注意饮食营养，保证睡眠质量，保持乐观态度。

（4）日常注意健脑、健心，无论何时，随身带一本书，有片刻闲暇就拿出来阅读。古人有云："士大夫三日不读书，则义理不交于胸中，对镜觉面目可憎，语言无味。"

（5）让微笑成为吃饭、睡觉一样的生理需要，因为微笑是记者最好的名片。

（6）即使已经囊空如洗、身无分文，也决不露半点寒酸相。哪怕已经穷途末路、濒临绝境，也决不垂头丧气，愁眉苦脸。心态平和，不卑不亢，记住"矮子不比我矮，伟人不比我高"。

11. 公关

（1）无论对方身份高低，一视同仁，不卑不亢。

（2）交谈时不要传递负面情绪，用积极、乐观、向上的态度影响他人。把快乐当作一则广告，把痛苦当作一个秘密。

（3）不讨价还价，你会赢得最好的价码。

（4）团队合作时以大局为重。

（5）学贯中西，融汇古今。诗词歌赋烂熟于心，琴棋书画多有研习，文史哲学广为涉猎。

（6）有运动员之体魄，有哲学家之思维，有思想家之头脑，有艺术家之心灵，有工匠师之精神，有演说家之口才，有文学家之文笔。

（7）对大自然无比热爱：天地当吾庐；自然为我师。

（8）对自己、对别人、对群体都有利的事情，就是你该优先选择的事情。一件事若能使社会上更多人获利，那这件事就是有价值的。做事前多思考，以其社会价值的大小掂量轻重。记者唯愿为社会群体作出贡献：才为天下用，心为苍生忧。

12. 谈吐

（1）嗓音美好、动听，男记者声如洪钟，女记者语似夜莺。

（2）普通话标准、流利、清晰、优雅。

（3）语速得当，不徐不疾；语调和谐，不高不低。

（4）语气自然、亲切、温和、安详。

（5）语言表达准确、凝练，不拖泥带水，讲究效率。措辞文雅，咳珠唾玉。

（6）谈话内容不俗，非闾巷闲言、坊间碎语可比，远离是是非非、家长里短，不求田问舍、搬斤拨两。

（7）不在公共场合"争抢话筒"，需要即兴发言时，则要侃侃而谈，就算不能语惊四座，也要落落大方。

（8）遇到主持人尴尬、主角狼狈，现场气氛一时凝固、冷场时，要挺身解围，登台救助，以三寸不烂之舌，让宾主尽欢，使气氛和谐美好。

（9）社交场合温文尔雅，与世无争；研讨会上观点鲜明，锋芒毕露。

13. 拜访

（1）约定登门拜访（采访）的时间时，优先考虑三个最佳时段：上午9点，下午3点，晚上8点。其原则是，避开主人一日三餐的时间。

（2）记者登门采访时一般可以不带礼物。若带礼物，送女士一束鲜花、送男士一瓶红酒，永远不会错。若事先知道主人家有年幼的子女，也可以带一本童话书、小画册。

（3）若主人领记者观看住宅，记者须对房间布置、陈设、花草、字画等加以赞美，表示环境使人非常舒适、惬意。无论记者真实感受如何，都要这样表述，这是做客之道。

（4）主人询问喝什么饮料时，第一选择永远是白开水或矿泉水，这样主人最省事；如果主人甚为热情，第二选择是主人家有的，你自己也比较喜欢的饮料。

（5）采访时注意看表，接近饭点时马上打住，示意采访告一段落。若需要再聊，再约个时间。

（6）若主人盛情难却，可以大大方方留下来吃饭，但一定要准确判断，主人是真心留你还是仅仅客套一番。

（7）接受主人款待时，要对所有饭菜一律叫好，做家庭大厨的绝对粉丝，哪怕味道不好，也要装作饕餮之徒。

（8）若主人送你书籍之类的小礼物，可以欣然接受；若是主人自著，可以礼貌请求他在扉页签名。

（9）不能只对采访对象感兴趣，应热情友善地对待家中每一位成员或在场的其他亲戚、朋友，并询问一二，或许会有意外收获。

（10）主人若觉得聊得太多，不想继续，会有些小表示，须细心观察，及时终止谈话。

14. 才艺

（1）任何一门才艺都是采访的利器，能瞬间拉近记者与采访对象之间的距离，甚至能让你们很快成为朋友。文艺、体育是两个巨大的"武器库"，你可以好好拣选几样趁手的"武器"。

（2）学会一门中国棋类项目和一门外国棋类项目，例如中国围棋、国际象棋。这样做不仅可以了解此类智力运动的乐趣、奥秘和其中的文化底蕴，还可以让你掌握非常有效的交际手段，能适用于采访中。

（3）学会至少一项体育运动技能，最好是奥林匹克运动会上有的竞技项目，例如足球、篮球、长跑、游泳和滑雪……而且必须达到半专业的水平。否则，你将在采访的社交场合被视为缺乏积极的生活态度、没有全面发展的人。

（4）培养唱歌、跳舞、朗诵、讲笑话、即兴发言、演讲等业余生活爱好和"准社交手段"，并且擅长其中的一两项。这样你就能在某些躲也躲不掉的公众场合、众目睽睽之下感到一种解脱和舒适，既可以让自己不至于过分尴尬，还能给自己供职的媒体机构甚至是自己的城市、国家争光。

（5）一口流利外语是必需的，否则，你将在国际社交场合张口结舌，无所适从。

（6）中国书法既是一门非常优雅、高尚的艺术，也是一种很优雅、高尚的交友方式。

（7）记者不能数典忘祖，要对唐诗宋词倒背如流，至少300首。

（8）作为一名中文记者、采访者，小说《红楼梦》中贾府丫鬟会的即兴赋诗，你也要在行，否则会给现代中国文人丢脸。

（9）如果记者不谙厨艺，至少应做一个美食家，要对中国的八大菜系不陌生，对世界各地的美味亦不疏远。即便不是行家，也要做到能潇洒地谈论美食。热爱美食，热爱生活。

（10）如果你的履历表中没有什么属于才艺项目的获奖记录，你的采访大概率会是索然无味的。

15. 应对

（1）对外宾不抹黑自己的国家、民族；对其他团体不贬低自己的团体；对外界不诋毁自己的同行。

（2）不背叛自己，不交易文章，不出卖朋友，不泼污同事，不辱没团队，不扭曲事实，不无视真理，不编造谎言，不忘记职守，不欺骗社会，不辜负国家。

（3）特定情况下，为采访顺利，记者可以"微服私访"，不暴露职业、身份。当事人在面对媒体人时会下意识地警觉或紧张，或做出其他不自然的反应，不利于记者获取真相。

（4）和社会名人保持适当的距离，以便在报道中保持公正。

（5）社会公众的利益与公平、公正、公开的原则，永远比记者的个人情面重要，其分量不可相比。

（6）为了看清红地毯上、聚光灯下的人物的表演和全场观众的反应，记者最好站在一个不起眼的角落里，默不作声地冷静观察。

（7）对自己无权处理、不能办到的事情，要在第一时间拒绝，并告知自己的理由。

（8）提高自我保护意识，特殊情况特殊处理，既要保持原则又要灵活应对。

（9）如遇到冲突，要保持冷静，尽可能控制局面，避免事情闹大。

（10）在尴尬场合，要充当调解人，发挥"公关先生"的能力和作用。为避免自己陷入尴尬，要主动放低姿态。

16. 奥秘

（1）采访人物成功者，自己就是人物。

（2）案头准备不是从采访前一天或前一周开始的，而是从你第一次遇到一个案子时就开始的。

（3）提问问不到点子上，还是因为自己没想明白要问的，要时刻注意"调准准星"。

（4）目中无人者，遇到能人亦不识；眼里无物者，见到干货也错过。

（5）你自己丰富有趣，你面对的世界就多姿多彩。

（6）世上没有无聊的人和事，只有愚钝的、不会发现的眼睛。

（7）让采访素材变得鲜活的方式，是让你的大脑真正亢奋起来。

（8）采访的诀窍，是换位思考、"爱人如己"。

（9）像观察生命现象一样观察和理解你所处的环境，就能更深入地发现和表述许多业界现象和社会生活现象。

（10）记者与世界对话，整个人类皆为听众。

结语

一位优秀的、出类拔萃的记者是什么样的？

——是鹰一样的！

记者捕捉新闻，需要一种直觉和天赋，需要超常的"嗅觉"与敏捷的身手，就像鹰隼，耳聪目明、抓取利索。

一位优秀的、出类拔萃的记者的笔是什么样的？

——是杠杆一样的！

记者的笔，是撬动地球的杠杆，至少能撬动人脚下的大地，或在某时某刻，能撬动人的思想。

第八章
新闻美学论

新闻学与美学之间是什么关系？

新闻学与美学之间有一种天然的共生关系，只不过在新闻学的范畴里对这种共生关系的发现和研究，还处于起步阶段，此前学者和研究者更多关注的是新闻与政治、经济、历史、法律、科技等之间的联系，很少从美学的视角和层面进行学术分析和学理探讨。

新闻传播拥有最大范围的受众，无论是在电视的观看、广播的收听、报刊的阅读，还是网络与手机的浏览、互动过程中，人们普遍存在一种尚美的取向，爱美是人的天性，对美的追求是必然的，美是灵感源、扬声器、吸金盘，美图诱人目光、美声悦人耳鼓、美文沁人心脾，美的事物的受欢迎程度自不待言。

每一个新闻人，都是未被认定的美学家。新闻人也总是按照美学的规范和原则行事，这或者是一种主观上的追求，或者是一种潜意识的作为。新闻人与美同行，生产美的文字与音像作品，文字记者和摄影记者可以不从事艺术创作，但其艺术素养和审美能力对于新闻工作来说，是不可或缺的，否则，他们的新闻报道就要受很大的限制，他们甚至会生产质量不佳的新闻报道。每一个人类成员，无不遵循着美的标准选择对象，同样，新闻受众也都用美学意义上的挑剔眼光，审视着电视节目主持人、网络主播和短视频博主的形象。手握话筒的公众人物的鼻子长得高一点或矮一点，衣服的颜色和款式入流或不入流，都会影响其受众对节目的注意力和专注度。一篇新闻评论的"美"文能不胫而走，家喻户晓，反之，若它不够"美"，就只会让人感到味同嚼蜡，将之弃如敝屣。

一个人的审美、眼光和美学理想，能使其——追求真实，厌恶虚假；呵护善良，鞭挞丑恶；向慕纯洁，憎恨肮脏；热爱光明，痛恨黑暗；迷恋自然，鄙夷做作；赞美质朴，讥讽矫饰；欣赏高雅，屏蔽粗俗；崇尚简洁，排斥繁缛；尊重朴实，蔑视浮夸；亲近坦荡，疏远狭隘；拥抱开放，拒绝封闭……毫不夸张地说，一部部经典的美学著述，就该是新闻记者的案头书，它们哺育记者的人格操守，也提升记者的业务能力。

我们应作如是观：新闻人的美学素养，本身就是一种其必备的职业素质。

何出此言？

新闻的形式上的美的标准和圭臬毋庸置疑，新闻作品要"足以极视听之娱"，文章的流畅与文采要经得起品鉴。然而，新闻的内容的美深藏不露，需要受众细细玩味与体会，那是新闻人特有的生命气质、内在人格在其新闻报道中的外化，无形无声。这种无言之美更有其价值和意义，就像情感、思想和观念之美，直抵人心，却遁迹于形骸之外、红尘之中。于是，新闻学与美学的紧密关联，既体现在新闻外在的形式和形态中，也体现在新闻内在的品质与格调上。这一点尤其值得我们注意、留心，以便在对新闻的美学研究和新闻的美学实践中做到内外结合、形神兼顾。

美，是客观存在；审美，是主观判断。一个人的审美能力，包括感官的感受力与心智的判断力。美学与生活之间的关系千丝万缕，与新闻学有交集也是一种必然，一个职业记者对新闻价值的不同判断，每天每日、每时每刻都在发生。一个美学家，一定是一个思想家、哲学家，而一个新闻人不能不善于思考，他需要具有敏锐的哲思，如果能通过美学的途径抵达雅典学园或曲阜杏坛，我们又何乐而不为呢？中国新闻史上的筚路蓝缕者王韬，大量翻译儒学经典，在英国演说，向世界传播华夏文明与文化，他的美学修养使其文笔优雅、论理生动、谈吐迷人。一代代新闻人中的佼佼者，如梁启超、邵飘萍、戈公振、林白水、黄远生、范长江、邹韬奋……无一不是手握一杆玉笔，写就一篇篇美文。

新闻媒介也以美学原则为原则。媒体发布的每一幅图片的构图、每一篇文章词语的码放，全可谓经过了美的运作。每一位新闻人也都具有美的意识，以美的衣着、形象、言行举止示人，有什么不好呢？新闻专业的视听语言、采访与写作、影视拍摄与剪辑、网络传播等课程都在讲授实践与实现新闻对美的诉求的职业技能，美学理论知识正是这些课程的教学基础，它们也是非常得力、有效的一种指导。追根溯源，新闻本就具有对美的偏好和倾向，新闻人天性爱美，又因爱美、求真、向善而不断进取，缔造文明、进步、充满活力的社会。

新闻人所遇到的许多问题，实际上都是美学问题。

最早的中国新闻学研究团体的发起人蔡元培，最早的新闻界人物梁启超，都在呼唤美的教育和美的生活方式，这些何尝不是新闻从业者的"必需品"。

美丑不分，是没法从事新闻工作的。

在新闻人的综合能力中，对美丑、善恶、是非的判断和认知能力，至关重要，我们说审美是记者必备的修养，亦不为过。

美，是新闻的属性，它既是新闻理想的一种体现，也反映了新闻实践的一种体验。接受美学理论的核心，是从受众出发，从接受出发。接受美学理论（receptional aesthetic，又名接受理论）的首倡者德国文学理论家的汉斯·罗伯特·姚斯（Hans Robert Jauss）认为，一个作品，即使被印成书，但只要没有被读者阅读，就只是半成品。①

1964年，美国哈佛大学心理学家雷蒙德·鲍尔（Raymond Bauer）出版《顽固的受众》一书，使受众理论得以确立。从本质上说，受众阅读新闻作品是为了满足自己的一种需求，而在受众诸多的心理、情感和精神需求中，美不是唯一的却是非常普遍的、比较强烈的一种需求。

毫无疑问，正像新闻学学子所认同的那样，接受美学理论中包含的"读者中心论"，对新闻实践具有重要的启示和借鉴意义。接受美学，让新闻人更清楚地认识到受众对于新闻行业自身存在与发展的支撑意义，新闻媒体无法独自生存，它需要一个供养者，报纸需要发行量，广播、电视需要收听、收视率，网络媒体需要流量，而所谓供养者就是我们通常所说的新闻受众。

宇宙，以美的方式建构；人类，遵照美的天性生活；新闻，依照美的目的运作。总而言之，新闻人的美学观念正是其新闻价值和新闻理想的一种从属，毕竟我们做新闻传播的目的，无非是让人类社会变得更加美好。

目前，接受美学已经成为显学，但是，倘若没有传播美学的存在，恐怕接受美学的宗旨和志趣也难以实现，或难以圆满完成。这里的论述，正是从新闻和新闻人本位出发，对美学加以职业性质的研究和探讨。

论点一 天下美学——站在鲍姆嘉通的肩膀上

什么是美学？美学是哲学的分支学科，英文名为 Aesthetic，又名感性学、审美学。这一学科诞生不过200多年，创立者是德国哲学家亚历山大·戈特利布·鲍姆嘉通（Alexander Gottlieb Baumgarten，1714—1762）。鲍姆嘉通于1750年正式建立了

---

① 姚斯的论文《文学史作为文学科学的挑战》是接受美学成为独立学派的宣言。其主要观点是：作品的教育功能和娱乐功能要在读者的阅读过程中实现。读者在此过程中是主动的，他们是推动文学创作的动力。

"美学"学科，作为美学的开山祖，其主要著作有《美学》《关于诗的哲学沉思录》，他主张建立同研究理性认识的逻辑学相区别的"美学"，认为美学是关于感性认识的科学，是以美的方式去思维的艺术。

鲍姆嘉通出生于奥得河畔的美丽的城市，法兰克福——世界上第一张"真正意义上的报纸"《法兰克福新闻》的诞生地。1735年，他发表博士论文，首次提出建立"美学"学科的建议。1742年，他开始在大学里讲授"美学"这门新课。1750年，他出版了《美学》第一卷，标志着美学作为一门独立学科的建立。1758年，他出版了《美学》第二卷。不幸的是，鲍姆嘉通在还未完成这本著作时就辞世了，他只完成了对美学理论的论述的三分之一，另三分之二是待续的"方法论"和"符号学"，且尚未涉及艺术实践部分。

美学是研究人与世界之间的审美关系的学科，研究对象是审美活动。审美活动，是以人的意象世界为对象的人生体验活动，是人类精神文化活动的一种。美学属哲学的下级学科之一，它既是一门思辨的学科，又是一门感性的学科。随着人类社会财富的积累、文明的进步、生活质量的提高、大众教养以及文化程度的提升，美学越来越受到人们的重视和青睐。世间美好事物繁多，一如苏东坡所言："耳得之而为声，目遇之而成色，取之无禁，用之不竭，是造物者之无尽藏也，而吾与子之所共适。"美学与文艺学、心理学、语言学、人类学、考古学、生态学、城市学、建筑学、园林学、工艺学等学科都有着紧密的联系。或许，从今以后，它也将与新闻学产生密切的联系，特别是在网络时代，融媒体技术的不断发展推出了众多音频、视频、短视频等音像制品，这为美学与新闻学的交融提供了更多可能性。这正是我们今天要深入探讨的学术话题。

论点二　新闻之美——"美即是真，真即是美"

有人问：何为美？

答案不尽相同，美的概念很难统一，也无须统一，因为美是多维的、立体的。也许美是纯粹的，但一定不是单一的，美的多元和丰富，与世界的多彩和人生的百态相得益彰，浑然天成。"何为美"这样一个看似简单实则深奥的问题，就是有关美学研究的基本概念的问题，历史上每一位哲学家给予我们的回答都不尽相同，或者这个问题在根本上就是无解的，这些思想家们的回答只是个体的意见，而非共同的承认。这与其他学科准确清晰的基本概念形成鲜明的对照。譬如"何为文学""何为绘画""何为音乐""何为电影"等问题，一般都会有一个相对一致的答案，但是美学不然。

那么，我们或许可以说——美是不确定的，或它是具有不确定性的。

哲学家们和美学家们的共同看法是，"何为美"并非一个简单的问题，它可以辐射到对世界的本源性问题的讨论。从古到今，从西方到东方，对"美"的解释都是复杂的。如古希腊的柏拉图说："美是理念。"中世纪的圣奥古斯丁说："美是上帝无上的荣耀与光辉。"德国哲学家黑格尔说："美是理念的感性显现。"俄国哲学家、文学批评家尼古拉·加夫里诺维奇·车尔尼雪夫斯基（Николай Гаврилович Чернышевский）说："美是生活。"中国古代的道家认为："天地有大美而不言。"而贝奈戴托·克罗齐（Benedetto Croce）的《美学原理》则告诉我们："美只有在审美关系中才能存在，它既离不开审美主体，又有赖于审美客体。美是精神领域抽象物的再现，美感的世界纯粹是意象的世界。"①

那么，我们新闻人对"何为美"的回答会是非常笃定的：新闻是美的。

为什么说——新闻是美的？

因为，新闻最本质的属性是真实。第三章中特别提出了新闻的"求真"原则，即"真相高于一切"，英国浪漫派诗人约翰·济慈（John Keats）也曾经在他的代表作《希腊古瓮颂》中写下名言："美即是真，真即是美。"（Beauty is truth, truth is beauty）——关于这句诗，后人有多种解释，有人认为这是他的诗学主张，有人则相信这是他的人生信念。

与英国诗人济慈同时代的德国诗人、哲学家埃贡·席勒（Egon Schiele），作为启蒙文学的代表人物之一、《欢乐颂》的作者、歌德的挚友，也表达过相似的美学观点："事物最真实的本性能够被真实地表达出来，那就是美。"（Beauty is when the subject's true inner nature is truly expressed）

我们发现，英国诗人济慈和德国诗人席勒都在无意中用他们凝练的语言，为我们诠释新闻美学的首个观念——新闻是美的。

——既然"真"是新闻的生命，那么"美"就是新闻的属性。

论点三　新闻标准有一半与美学标准重合

新闻美学，应该是在鲍姆嘉通的美学基础上发展形成的一门学科。

---

① 克罗齐.美学原理[M].朱光潜，译.北京：商务印书馆，2012.

需要说明的是，目前，将新闻美学称为一门学科还为时尚早。关于新闻美学的探讨，我们目前还处在一个非常浅显的学术探索与学术积累的阶段。尽管这些讨论可能稍显幼稚，但我们怀着和吹起肥皂泡的孩子一般的欢欣和纯真，诚恳地投入其中。世上所有高深的学问在其初创时期都是稚嫩的，研究者（开拓者）们瞪大一双双好奇与天真的眼睛，试图描述比自己"大"出许多许多倍的事物。他们会成功吗？笔者认为，新闻美学——随着它年龄增加、骨骼发育、力气增大、个性成熟，会成为一个独立的、强健的、与他者并肩而立而无愧的"独立学科"。

鲍姆嘉通认为，感性认识的完善，需要三个条件：

（1）思想内容的和谐；

（2）次序和安排的一致；

（3）表达的完美。

他所说的感性认识包括情感、直觉、想象、记忆。在论及艺术创作时，他强调创作内容应该真实、鲜明、丰富、可信、生动，这也是一件"美"的艺术作品的最重要的构成要素。我们当然可以把真实、鲜明、丰富、可信、生动这五个要素，应用于衡量新闻作品，来评判它是否达到"美"的标准。将这五个要素拆开来解读，就是说新闻的事件和人物必须"真实"，新闻的传播形象必须"鲜明"，新闻的故事内容必须"丰富"，新闻的来源与发布渠道必须"可信"，对新闻的描述（无论是文字、图像还是视频音频乃至VR、AR形式）必须"生动"。

论点四　新闻美学"四字真言"——闳约深美

我们可以总结出一个新闻美学的"四字真言"：闳约深美。这本是用于评价中国古典诗歌的一个美学词语，后来成为现代美术的美学用语，今天又被用于新闻美学中。可见，自古以来，中华美学的观念一脉相承，汉语言文字的概括效率又极高。在21世纪的新闻美学中，其精微之处在于：

"闳"，指新闻世界之闳大；

"约"，指新闻采写之简约；

"深"，指新闻挖掘之深邃；

"美"，指新闻制作之精美。

"闳"，不仅指代新闻所涉及的事实体量的巨大，也意味着新闻报道阵容的强大。无论是传统媒体还是新媒体都是有一定体量的，尤其是自媒体，它们所发布的信息量之大，超越历代，令人叹为观止。同样地，"约"也具备双重含义，既指新闻描述的文字之简约，也指媒体管理的集约化，即融媒体整合资源、提升效率的举措。"深"指对新闻素材的深度挖掘，亦指对新闻意义的深刻探讨。"美"则意味着新闻的内容与形式应和谐统一，各美其美，美美与共。

让我们回顾一下"闳约深美"一词的来路。1918年，蔡元培先生[①]书"闳约深美"四字赠予上海美专。时任上海美专校长刘海粟先生将其作为办学宗旨，刻成匾额，悬挂在学堂之上。刘校长这样诠释：

"闳"——指知识广阔；

"约"——即在博采的基础上加以慎重的选择，吸收对自己有用的东西，人生有限，知识无穷，不能把摊子铺得太大，以便学有专长；

"深"——谓钻研精神，要入虎穴、得虎子，百折不回；

"美"——就是最后达到完美之境。

蔡元培先生所题赠的"闳约深美"四字，出自清代词人、散文家张惠言所作《词选序》。序中说："唐之词人，温庭筠最高，其言深美闳约。"张惠言尤其重视文人的品格、操守，他认为："文章末也，为人非表里纯白，岂足为第一流哉。"

论点五　新闻美学"十大原则"——唯美境界

万万没有想到，新闻美学竟能带领我们重温童年的记忆，让我们如同置身动物园。动物世界是有趣的，它与新闻学的结合就更是乐趣无穷。这里提出的新闻美学的"十大原则"就将二者联系在一起，让我们大开眼界。

（1）鲜鱼原则——新鲜、生动；

（2）猫咪原则——可爱、有趣；

（3）鸱枭原则——理性、智慧；

（4）蝴蝶原则——美艳、迷人；

（5）忠犬原则——忠诚、温暖；

[①] 蔡元培（1868—1940），字鹤卿，又字仲申、民友、孑民，乳名阿培，曾化名蔡振、周子余。汉族，浙江绍兴府山阴县（今浙江绍兴）人。他是一位著名的教育家、革命家、政治家，民主进步人士，于1916至1927年任北京大学校长，革新北大，开"学术"与"自由"之风；于1920至1930年兼任中法大学校长。他早年参加反清朝帝制的斗争，主持制定了中国近代高等教育的第一个法令——《大学令》。他的代表作品有：《蔡元培自述》《中国伦理学史》。蔡元培曾数度赴德国和法国留学、考察，研究哲学、文学、美学、心理学和文化史，为他后来致力于改革封建教育制度奠定了思想理论基础。

（6）信鸽原则——负责、诚信；

（7）蓝鲸原则——重大、惊人；

（8）苍鹰原则——正义、勇敢；

（9）猎豹原则——机敏、灵活；

（10）公鸡原则——高昂、洪亮。

下面我们将把新闻美学"十大原则"逐一道来。

1. 鲜鱼原则：新鲜、生动

这一原则源自中国新闻界的先驱——徐宝璜的"一尾鲜鱼"理论，他的这一理论创新本就十分新鲜、独特，值得后辈学习、借鉴。徐宝璜的这个比喻意在强调新闻时效性的重要性，让我们能联想到"过雁参差影，跳鱼泼剌声"的生动画面。新闻界的业内人士，动辄大呼小叫，高喊——"抢新闻、抢新闻"，实际上就是在时间上彼此竞争，抢先发布最新消息者为胜，而步人后尘者则会深觉耻辱、蒙羞。就像世界田径锦标赛的百米赛跑，哪怕落后百分之一、千分之一秒，都是失败，而且是彻底的失败。对于新闻记者而言，这种竞争压力之大，有时让他们恨不得用自己的脑袋"撞墙"。

因此，你会看到，新闻记者们个个都很忙，像是上了发条一样。早在19世纪30年代——报业兴盛的时期，美国境内共有1200多家报纸——各地同城新闻媒体为了争夺读者、占领市场，就纷纷抢发新闻消息。因为当时还没有电话、电报、电传等现代设备，记者们不得不借助快马、快艇、信鸽……全力提升自己传递信息的速度。这种激烈的行业竞争态势一直延续至今。

其实，新闻人所谓"鲜鱼原则"，与文学家的写作原则异曲同工。唐代诗人杜甫的名言"语不惊人死不休"就体现了这一点。惊人之语，也可以被理解为"新鲜之语"，见前人所未见就是"新鲜"，道前人所未道更是"新鲜"，用前人见所未见、道所未道的生动文字进行表述，则是"鲜"上加"鲜"。不仅诗人、文学家恪守"鲜鱼原则"，戏剧家同样如此。戏剧舞台讲究"陌生化效果"（defamiliarization effect），又名"间离效果"，这是由德国戏剧革新家贝托尔特·布莱希特（Bertolt Brecht）所创造和倡导的概念，这种效果同样讲究叙事过程中人物和事件的新鲜程度，唯有够新鲜才会给人以"陌生"感，人们熟悉和司空见惯的事物则与"陌生化效果"无关。在这里，我们可以看到艺术创作的原则与采集、制作新闻的原则是高度吻合、相互重叠的。新闻人、文学家和戏剧家都告诉了我们一个道理：鲜活即美，美与不美就是鲜活与否。

2. 猫咪原则：可爱、有趣

说来有些不可思议——美国报纸在某一时期经常报道沉船事故。其中一些报纸在报道中巧妙地运用了"闲笔"，"闲笔"在新闻报道中就像文学作品中的非主要情节，起到为报道烘托气氛、增加情趣的作用，这种手法也常被称为"向闲处设色"。譬如，记者在报道伤亡人数和财产损失时，会捎带描述一下有一只可爱的猫咪幸存，这能大大激发读者的阅读兴致；而有的记者撰写的通讯在其他方面无可挑剔，却唯独没有讲述"幸运猫咪"的故事，其报道的可读性和趣味性就显得略逊一筹，这些记者会被自家报纸的总编严厉批评。此后，所有采写沉船事件的记者都吸取了教训，全都记住要添上这关键的一笔——"有一只可爱的猫咪幸运地存活了下来"。由此，我们可以看出媒体的竞争有多激烈，火药味有多浓。自从媒体兴盛以来，这种新闻市场上的你争我夺就从未停歇。

说到这里，可能有人会发出疑问，为什么无论是在古代的舰船上，还是在早期的大型军舰或航母上，都会养一只猫呢？这是因为最早的船只主要是木质结构的，在远洋航行的途中容易被含盐量较高的海水侵蚀，而海上潮湿温热的环境不仅容易滋生病菌，还可能导致食物腐烂。这种环境恰好给木质船只的克星——老鼠，提供了极其优越的生存和繁殖空间。老鼠在远洋船只上大量繁殖，轻则啃食食物、污染水源，导致船员营养不良；重则破坏船体的木质结构，导致整艘船由于失去结构支撑而沉没！因此，猫咪成了船只和水手的"卫士"。在古代的欧洲，猫咪的地位非常尊贵。传说古罗马军队的一名士兵的战车不慎压死一只猫咪，整个军队喧嚣不止，非要把这个可怜的士兵处死。从古埃及、古希腊时代开始，美丽的猫咪就是航海水手的伴侣。新闻美学中"猫咪原则"的另一重含义，就是因为新闻记者很像"一艘航船上的瞭望者"，而"猫咪原则"应伴随他左右。

在新闻美学中，"猫咪原则"就是指新闻报道在注重事实鲜活、准确的同时，一定要摇曳多姿，充满情趣。我们也可以用"猫咪原则"来评价新闻报道的"魅力指数"，对"猫咪"着墨更多的报道更具"魅力"。

3. 鸱鸮原则：理性、智慧

"鸱鸮原则"，又名"密涅瓦的猫头鹰原则"。中国人所说的鸱鸮，就是西方人所说的猫头鹰。加拿大的传播学学者哈罗德·A.伊尼斯（Harold A.Innis）在他的名著《传播的偏向》中，开篇就引用了哲学家黑格尔的一句话："密涅瓦的猫头鹰，只有在夜幕降临的时候才开始飞翔……"密涅瓦，又被译为弥涅尔瓦，是古罗马神话中代表着智慧、战争、月亮和记忆的女神，也是手工业者、学生、艺术家的守护神，是罗马十二主神之一，对应着古希腊神话中的雅典娜、摩涅莫绪涅，凯尔特神话中的苏莉丝等女神。黑格尔所谓"夜幕降临的时候"，特指古希腊文明的衰落之时。那么，哲学家以"密涅瓦的猫头鹰"作比喻，是因为它象征着人类的理性和智慧，这句话强调的是古希腊文化黄昏时期之晦暗，更对应着整个西方文明曙色的微明。而且，它的落脚点和侧重点显然不在古希腊的黄昏，而在西方的黎明。

鸱鸮，即猫头鹰，共有244种，在几乎所有大洲都有分布，大部分猫头鹰为夜行性肉食性动物。这种鸟类头部宽大，嘴短而粗壮，前端成钩状，头部正面的羽毛排列成面盘，部分种类具有耳状羽毛。双目的分布，面盘和耳羽使这种鸟类的头部与猫极其相似，故有俗名猫头鹰，别名神猫鹰。新闻美学中的"鸱鸮原则"，即"理性原则"，主张理性的尊严、智慧的光芒和思维的火花应该体现在新闻的"五驾马车"的千里行程中，并成为其本质属性和常态表现。正如尼采所言："在任何时候，对过去的了解，仅仅是为了服务现在和将来，而不是为了削弱现在，也不是为了连根拔除未来生活的虎虎生气。"我们在新闻报道中，要尊重事实、展现智慧，让理性成为启迪思维的明灯。

4. 蝴蝶原则：美艳、迷人

美国新闻史学家、媒介社会学学者、政治传播学学者迈克尔·舒德森①在其所著的《发掘新闻：美国报业的社会史》一书中，为我们揭示了新闻美学中"蝴蝶原则"的出处。他在探讨"新闻从业者的职业理想"时，引用了19世纪80年代《纽约论坛报》记者雅各布·里斯（Jacob Riis）的回忆录中的观点：他不喜欢拿银针往蝴蝶背上一扎，放进玻璃箱保存起来。他喜欢看蝴蝶在花丛中飞舞，五彩斑斓的阳光在它的翅膀上跳动。他也毫不关心它有什么拉丁学名，因为那不是它的名字。太阳、花朵、蝴蝶都清楚这一点。拿银针往蝴蝶身上扎的人永远不会明白蝴蝶的语言。只有诗人才有如此的天赋。里斯最后说："我根本就不配做一名摄影师。"

顺便说一下蝴蝶。蝴蝶是昆虫纲、类脉总目、鳞翅目凤蝶总科昆虫的统称。全世

---

① 迈克尔·舒德森，毕业于哈佛大学，现为美国哥伦比亚大学新闻学院教授，在加利福尼亚大学圣迭戈分校有多年任教经历。他的研究方向涉及新闻社会学与新闻史、广告、通俗文化、文化记忆等多个领域，有《发掘新闻：美国报业的社会史》《广告，艰难的说服》《美国人记忆中的水门事件》《新闻的力量》《好公民》《新闻社会学》《为什么民主需要一个不可爱的新闻界》等多部著作。

界的蝴蝶种类共有大约 20,000 种，它们广泛分布于世界各地，亚马孙河流域的蝴蝶品种最多，中国有超过 2000（一说 1200）种。蝴蝶色彩鲜艳丰富，身上有各种条纹和花斑，最大的蝴蝶展翅可达 28—30 厘米，最小的可能只有 0.7 厘米左右。有一种流传久远的说法认为，因为蝴蝶喜欢偷吃奶油（butter）和牛奶，所以被人们形容为长着彩色翅膀、喜欢偷吃奶油的精灵（butterfly）。

我们继续说记者雅各布·里斯。可爱的记者里斯向我们展示了他的新闻写作美学观。他理解他人期望他所撰写的文章能反映他们对新闻事件的可能看法，而非里斯个人的观点。然而，无论效果如何，他都无法采用其他方式来写作，因为他只能坚持自己的写作风格——这并不是说他认为自己的写作方法无可挑剔，但这确实是他个人的表达方式。里斯非常自豪于自己能去报道那些被称为"伟大的人性戏剧"的事件。他认为，在幕后的记者能看到人类情感的喧嚣，能时常目睹人类英雄主义救赎的罪恶。他赞同记者的使命就是将其呈现在读者面前，让人们彻底感受到人性的意义；在报道中捕捉人性的光辉，不能光让文章充斥着邪恶和血腥。如果能做到这一步，里斯认为记者就成就了一项善举……因此，美丽无比、色彩诱人的"蝴蝶原则"，不仅体现在记者文章的语言文字上，更重要的是体现在其语言文字的内容和含义中。若如此，按雅各布·里斯的话说：记者的文章将远比星期天教堂中面对着几百人的布道更具说服力。

埃德温·舒曼（Edwin Shuman）在他的《新闻业入门》中对新闻美文持赞赏态度："虽然各位总编偶尔会为此感到悲哀，不过在无关紧要的细节上尽情发挥想象力的做法，却是新闻业现阶段最宝贵的秘诀之一。重要的部分用事实呈现，无关紧要的部分用想象填充，这在所有报社都是合理且可行的做法。其终极目标就是作出有趣的报道。"① 我们可以看到，埃德温·舒曼和雅各布·里斯在新闻写作理念上的心有灵犀。用一句中国式的玩笑来说，他们俩都是标准的"蝴蝶迷"。他们真正热爱蝴蝶，爱它们的美丽蹁跹，而不会将其作为动物标本用一根根银针刺穿它们的背部。对大自然和动植物怀有爱心的人，对文字也怀有爱心，他们致力于为报纸文章润色，让文字如彩蝶般绚烂多姿。舒曼强调，"对于一名文采斐然的记者，我们不应该苛求准确性，而对于一名持重可靠的记者，我们则要原谅他的'枯燥乏味'。但一名记者要想成功，必须兼具'持重'和'文采'"。② 他直言不讳地说："只要记者至少希望向读者呈现事实，那么在无关紧要的细节上运用创造性的写作手法就是可以被原谅的。"③

---

① 黄天鹏.新闻学入门[M].北京：中国传媒大学出版社，2018.
② 黄天鹏.新闻学入门[M].北京：中国传媒大学出版社，2018.
③ 黄天鹏.新闻学入门[M].北京：中国传媒大学出版社，2018.

——也就是说,"事实确凿"和"生动精彩"并不是相悖的,一名优秀的记者应该二者兼顾。

我们可以将那些一味强调事实准确性的新闻写作风格的记者看作"科学语言派";将那些一心注重文采飞扬的新闻写作风格的记者看作"文学语言派"。这两派的优劣长短属于新闻业务层面需要探讨的问题,但结果并不影响读者获取新闻信息的过程,因为新闻事实就摆在那里,"科学家"与"文学家"在表述这些事实时虽然有各自独特的"腔调",但是有一点是一致的,两者都须对事实本身有足够的认同与尊重。

5. 忠犬原则:忠诚、温暖

前面说过,在对惨痛的沉船事件的新闻报道中,一只可爱的幸存猫咪的出现,能给读者带来丝丝安慰,起到在描述极度悲痛的事件时缓冲读者情绪的作用。同理,在一个令人感到痛心的葬礼报道中,对一只可爱狗狗的描述,也如同在举行葬礼的草坪上洒落的一缕温暖的阳光,至少能为整个新闻故事增添一层暖暖的色调。

案例 1

老布什葬礼上的拉布拉多犬

2018 年 12 月 3 日,搜狐网转发了一则消息,标题为:《老布什葬礼上,一只狗狗出现在了现场……所有人都震撼了!》①。同时配发了几张老布什生前钟爱的拉布拉多犬的图片。这则消息的大部分篇幅都被用于叙述老布什的传奇经历:

"当地时间 11 月 30 日,美国第 41 任总统,George H.W.Bush 因病离世了……他一出生就拥有显赫的家室,身材、样貌、口才样样出众,并且自己也非常努力……他曾经是二战中荣获飞行十字勋章的屡立战功的飞行员,也曾经考取耶鲁大学,年纪轻轻就成了石油大亨……他先从国会议员起步,后担任驻华大使,接着成为副总统,最终坐上了总统的位置。"

在描述这位传奇人物的最后时光时,消息用淡淡的几笔提到他的忠犬:

"今年 6 月,身患帕金森综合征并意外摔了一跤的老布什,生活不能自理,于是,一只名叫 Sully 的拉布拉多犬来到他身边,协助他的日常生活。"

尽管对忠犬的描述只有寥寥几笔,却饱含着深情与煽情的力量:"Sully 是一只经过训练,专门负责照顾伤残军人的照顾犬,它可以记住并完成整整两页纸的指令,包

---

① 老布什葬礼上,一只狗狗出现在现场…所有人都震撼了![EB/OL].(2018-12-07)[2022-06-23]. https://www.163.com/dy/article/E2EGUNQG0516BOI2.html.

括开门、接电话、取物、求助等。Sully 的名字，源于一位美国英雄飞行员，它在老布什生命中的最后一段时光，帮助他缓解了病痛和思念亡妻的悲伤。它一丝不苟地完成自己的工作，并会用自己湿漉漉的舌头让主人感到安心……老布什去世之后，Sully 的官方 ins 上发布了这样一张照片……它一动不动地趴在老布什的灵柩前，表情非常哀伤，照片上写着：'任务完成，纪念 41。'"

——写到这里，任何一位记者都不会放过用动情的文字来进一步感染读者的机会："这个男人对于这个世界，对于很多人都曾经有很大的影响，但对于这只狗狗来说，他是它在这个世界上唯一的陪伴……"

是的，新闻美学的"忠犬原则"，会让我们回想起那些人类与自己忠实的伴侣——可爱的狗狗之间的无数感人故事。"忠犬"通人性的聪慧与忠诚，足以令我们感慨唏嘘，也让我们明白在新闻报道中展现人性的美好的重要性。

6. 信鸽原则：负责、诚信

在新闻业的创始阶段，信鸽扮演着媒体信使的重要角色，它们飞越高山大海，忠实而准时地将信息传递给用户。

信鸽，又被称为"通信鸽"，是普通鸽子经过驯化而来的。古罗马人很早就认识到鸽子拥有归巢的本能，在古罗马的体育竞赛过程中或结束时，人们通常放飞鸽子以庆祝和宣布胜利。古埃及的渔民出海捕鱼时，也经常带着鸽子，以便在需要时传递求救信号和渔汛消息。古罗马著名诗人奥维德（Ovid，前 43—18）在一本著作中，记述了一个名叫陶罗斯瑟内斯的人把一只鸽子染成紫色后放飞，让它飞回家中，向父亲报信，告知此人在奥林匹克运动会上赢得胜利的消息；在古代中东地区的巴格达，甚至曾有一名统治者在巴格达和他的帝国各城之间建立了一个信鸽通信网，形成一座著名的信鸽邮局。

信鸽尚有信，人能无信乎？！

此前，在我们讲述新闻"五驾马车"理论的"白马马场"时，曾特别提到设在法国巴黎的哈瓦斯通讯社。它是世界上最早的通讯社，法国人哈瓦斯于 1835 年创建了它，并以自己的名字为其命名。它也某种程度上可以算作今天的法新社——法国新闻社的前身。哈瓦斯通讯社的一个重要特色就是其空中信使——信鸽。

让我们重温一下相关知识，哈瓦斯首次用法语单词——"agence"来表述"通讯社"。该社最初以复写或石印的方式印制新闻稿，从每日印制一份到每日印制数份，自诩"报纸的报纸"。哈瓦斯强调"迅速和优质",初期用快马传送新闻,1837年后,他开始利用信鸽在巴黎、布鲁塞尔和伦敦之间传递信息,这种传递方式迅捷无比,信息能即日抵达目的地。因此,巴黎的十几家报纸和相当数量的团体和个人订户都与之建立了买卖关系。1840年,小说家奥诺雷·德·巴尔扎克(Honoré de Balzac)在他主编的《巴黎杂志》第2期中一语中的:"一般人都认为巴黎有好多家报纸,但是严格说全巴黎只有一家报纸,那就是曾在卢梭大街开过银行的哈瓦斯先生经营的'哈瓦斯通讯社'编发的新闻稿。"

信鸽,曾经是记者的同行,如今仍然是记者的精神偶像。信鸽是美的,不仅在于其容貌、姿态、行为,更在于其心灵。让我们勿忘信鸽昭示的新闻原则——负责和诚信。

7. 蓝鲸原则:重大、惊人

我们知道,在整个动物世界中,身量和重量的"大哥大"非海洋里的蓝鲸莫属。蓝鲸,被认为是已知的地球上生存过的体积最大的动物。在新闻媒体编辑部的日常例会中,倘若有记者采写的"重大"新闻稿件放在办公桌上,那么所有值班编辑都会高兴得眉飞色舞、手舞足蹈。要知道,"巧妇难为无米之炊"的难堪,只有熬红了眼依然瞌睡不断的日报夜班编辑最能体会。那么,让我们打一个生动的比喻,"重大"新闻稿件就像蓝鲸,它一旦跃出水面就会令观者惊叹不已。

蓝鲸是一种海洋哺乳动物,属于须鲸亚目,共有四个亚种。蓝鲸身长可达33米,体重可达181吨。蓝鲸的身躯瘦长,背部是青灰色的。

让我们再次强调:"重大"新闻就像蓝鲸;蓝鲸就是"重大"新闻的象征。

"重大"新闻往往就是所谓"爆炸性"新闻,它很接近新闻价值判断"五要素(时效性、重要性、接近性、显著性、趣味性)"中的第二和第四要素,有时候还会与第五要素重合。一个新闻故事中诸多美的元素是我们喜闻乐见的,新闻以"重大"为美,以"独特"为美,以"深度"为美,以"神奇"为美。

我们总是会把目光投向那些让我们感到无比震惊的事物、人物、事件、观点和思想。我们对平淡无奇之物不予理睬,对司空见惯之事不予关注,而一旦出现了一个"巨无霸"级别的东西,无论如何,我们都会想要先睹为快。——这就是人性的本能。

单单是体量的"重大"就足以成为新闻追逐的焦点。比如,虽然恐龙早已在地球上灭绝,但是,无论何人于何时何地发现恐龙遗留下的痕迹,都会成为吸引人们关注的新闻。

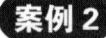| 新闻概论 |

案例 2

恐龙化石[①]

2013年，新华网9月23日讯。据山东广播电视台公共频道《今日报道》报道，经过多年的考察和发掘，由中国科学院古脊椎动物和古人类研究所的研究所与莱阳市组成的恐龙科考队，在烟台莱阳发掘出世界罕见的恐龙化石群和峡谷群等"四位一体"独特的地质地貌。

在发掘现场，最吸引人的就是两块刚刚露出地表、紧挨在一起的恐龙化石。由于这个恐龙遗址是由泥石流冲击而成的，因此要确定这两块骨头是不是属于同一只恐龙的，就需要进一步彻底地发掘。

"这个主要是鸭嘴龙的，我们可以看到这个地方呢，你看这是一个鸭嘴龙的股骨，我们所谓大腿骨啦。这个地方是一个相对小一点的恐龙。"中国科学院古脊椎所研究员汪筱林说。

作为我国重要的恐龙化石发掘地，莱阳拥有早白垩纪热河生物群、晚白垩纪恐龙动物群、恐龙蛋化石群，以及新发现的平原恐龙峡谷群，独特的"四位一体"地质地貌特征，使得这里成了名副其实的"白垩纪恐龙公园"。

"平面距离不到100米这个范围之内，我们发现至少有五到六层化石层，非常富集。像这样丰富富集的化石层呢、化石地点呢，在全世界都是罕见的。"汪筱林说。

这些恐龙化石是白垩纪时期地球演化和生命进化的一个真实记录，具有很高的科学意义。近20层的恐龙蛋化石层的发现，也为我国进一步对比恐龙的古地理分布和时代跨度提供了信息。

8. 苍鹰原则：正义、勇敢

新闻美学中的"苍鹰原则"的根本，在于主持正义，勇敢地捍卫真理。在新闻领域，站在弱者一方是美的，敢于抵抗强权也值得称赞。

苍鹰，是食肉性动物，飞翔的姿态尤为美丽。它主要以鼠类、兔类、雉类、鸠鸽类动物为食，常常栖息于不同海拔高度的针叶林、混交林和阔叶林等森林带，也栖息于平原和丘陵。苍鹰白天活动，视觉敏锐，叫声尖锐洪亮，善于飞翔，性情机警

[①]【新华网】山东莱阳发现世界罕见"四位一体"恐龙遗迹［EB/OL］.（2013-09-23）［2022-06-23］.https：//www.cas.cn/zt/kjzt/jzsqx/sdly/201309/t20130923_3937304.html.

且善于隐藏——通常单独行动。苍鹰的大部分特性，都与记者有诸多相似之处。1860年前后，美国新闻人为解放黑奴提供了强有力的支持。例如，政治家威廉（William H.Seward）在《纽约论坛报》发表了许多有关反奴隶制的文章，在当时的社会产生很大影响。1862年，时任美国总统林肯发表了《解放黑人奴隶宣言》，各大媒体纷纷报道，宣布黑人奴隶获得自由。1865年1月，美国国会通过了《宪法第十三条修正案》，明确规定在合众国境内和管辖范围内不得存在奴隶制或强迫奴役制。1865年12月18日，《宪法第十三条修正案》正式生效，从此奴隶制在美国被彻底废除。

这一系列历史事件充分展示了新闻人在捍卫正义、推动社会进步方面的重要作用。新闻人要像苍鹰一般，敏锐地捕捉时代的脉搏，勇敢地捍卫真理与正义，为社会的进步和发展贡献自己的力量。

9. 猎豹原则：机敏、灵活

记者捕捉新闻，犹如猎豹捕食猎物。

倘若你不够机敏灵活，那么你要面临的总会是不妙的情况。以下这一经典案例正好从正反两个方面，印证了"猎豹原则"。

英国记者安德鲁·吉利根（Andrew Gilligan）曾经供职于英国广播公司，因在2003年5月29日的报道中质疑英国政府在有关萨达姆的议题上的态度而招致麻烦，最终被迫辞职。

然而，安德鲁·吉利根很快从这一巨大打击中振作起来，转而加盟纸媒《旗帜晚报》，于2007年曝光了伦敦市长肯·利文斯通（Ken Livingstone）涉嫌"洗钱"的黑幕。吉利根凭借猎豹一般的敏锐与果断，在网络上捕捉每一个可疑点。从市长利文斯通的一句话（大意是：伦敦政府将为一个帮助黑人创业的项目投资，这个项目的办公地点免付房租）开始，吉利根察觉了其中的不寻常，投资款项都去哪儿了？他带着这个疑问进一步深入挖掘……最后，政府官员涉嫌贪污、投资款项去向不明的丑闻被公之于众，这件事也再次证明了吉利根作为一名优秀记者的专业素养和超强的洞察力。他的经历充分展现了"猎豹原则"在新闻行业中的重要性：只有保持机敏与灵活，才能在激烈的竞争中捕捉到有价值的新闻线索，为社会公众揭示真相。

10. 公鸡原则：高昂、报晓

公鸡是中国传统文化中的一个具有丰富象征意义和重要文化价值的形象。公鸡常常被视为吉祥的象征，因为"鸡"与"吉"谐音，寓意吉祥如意。同时，公鸡在黎明时分会打鸣报时，象征着勤劳和准时。在一些民间传说中，公鸡被认为具有驱邪避害的能力，人们相信公鸡的鸣叫声可以守护家庭平安。公鸡是法国国鸟，在法国文化中也有其独特意义。虽然公鸡有时会被描述为具有攻击性的、好斗的，但它代表和象征着英勇无畏、顽强不屈、敢与黑暗势力抗争、一心向往光明的精神。公鸡的这些品质、美德，不正是我们新闻人和新闻作品理应具备的吗？

我们可以在美国《时代》的创办人，"时代之父"亨利·卢斯（Henry Luce）的身上，清楚地看到好斗的公鸡的气质和风格。尽管卢斯出生于牧师家庭，是一位虔诚的基督徒，却被人们称为固执、自负的"偏见之王"。卢斯于1898年4月3日出生于中国山东蓬莱，作为20世纪最有影响力的新闻人，他广受赞誉。他的《时代》所创造的众多词语，如今已经成为美式英语的一部分，而他和他的刊物对社会的影响，更被认为远远超过整个国家教育制度的总和。当然，和任何一位有争议的人物一样，反面的声音认为他是"各种各样的偏见集大成者"①。但卢斯坚信，一个负责任的新闻人在对事实进行分析时，难免会有自己的"偏向"，只要这种偏向不是为了说明自己的观点而歪曲事实，或为了表达不同的观点而隐藏真相，那就是公正的。他鼓励同行们勇敢地履行新闻人的神圣职责："真正的新闻人笃信新闻职业的纯粹和至高无上，他的良知让他服膺于此。他最值得夸耀的，不是他造就了总统，也不是他缔造了法律，而是他勇敢地挺立在暴风骤雨的面前，卓有成效地将有意义的新闻信息和观点渗透到具有活力的、有教养的、自由的公民们心中。"②

论点六　新闻呼唤美文！

1998年3月，作为《北京日报》的一名记者，笔者对新闻美学理论情有独钟，不揣冒昧地为《新闻与写作》杂志撰写了一篇论文，题目叫作《新闻呼唤美文》。后来为了讲授"新闻学原理"这门课程，笔者又翻箱倒柜把20年多前的论文查找出来。重新读过，仍然为当时的学术研究热情而激动。顺便说一下，新闻理论研究并不是枯燥的，它是一种充满激情和趣味的创造。显然，笔者是一个坚定的"蝴蝶迷"，即铁了心的"文学语言派"，与100多年前美国的同行埃德温·舒曼和雅各布·里斯颇有共同语言，可谓心有戚戚焉。笔者不得不说，世界是多么的奇妙，人生是多么的奇妙，新闻是多么的奇妙。跨越一个世纪，跨越浩瀚的太平洋的波涛，笔者在大洋彼岸

---

① 蔡晓滨.美国报人 游走于现实和历史之间［M］.济南：山东画报出版社，2010.
② 蔡晓滨.美国报人 游走于现实和历史之间［M］.济南：山东画报出版社，2010.

找到新闻学的知音。

是的,新闻美学的"蝴蝶原则"把相距万里之遥的两国同行的心联系在一起。在笔者的论文《新闻呼唤美文》出炉时,笔者并不知道美国有埃德温·舒曼和雅各布·里斯,却和他们有着相同的理念和观点。因为,迈克尔·舒德森的这本书——《发掘新闻:美国报业的社会史》,到2009年前后才被翻译成中文并出版(他在本书中谈到舒曼和里斯的观点)。不管怎么说,笔者当时撰写的论文中的一些观点,即对新闻美学的研究探讨,现在看来对于同行来说,仍有一些启示意义。笔者的新闻美学观点如下:

(1) 天地有大美而不言,记者言之。

美学理论认为"美是生活",在新闻人的眼里,美是通过对新闻的发现和表达来呈现的。如果记者不能充分采集和表述天地、社会、人生的美好,那么,我们还能指望谁来做这种能深入表现公众日常生活的"真善美"的传递与传播呢?记者用崇尚美的精神和眼光所关照过的事物,无不体现着人类爱美、求真、向善的美好追求,而这种追求也应该是新闻业的追求。

(2) 文采之于文章,并非可有可无的。

大凡人类社会的一切新闻、要闻、奇闻、趣闻,无不是通过记者的生花之笔传播开来的。言而不文,行之不远。报纸、刊物不仅要传播各种知识和信息,还要展示和彰显汉语文化的华美丰赡。具有文化修养的读者,不仅希望了解天下事,更希望欣赏文字美。因此,我们有理由说,文采之于文章,绝不是可有可无的。然而,令人遗憾的是,操持笔墨的文字记者,并非人人钟情文字之美,并非人人意识到美文的重要性。文笔粗糙、呆板、单调、平庸的现象,几乎是随处可见,这无疑会破坏读者的兴致。报刊文章,即便称不上是经国之大业,不朽之盛事,至少也还是文化之载体、文明之先导,具有美化、提升人们精神境界的职责。因此,我们有充分的理由——呼唤美文。

(3) 从传播媒介的效果和效率上看,不该忽视文章的美质。

笔者在阅读有关新闻学的专著和论述时,一种失落感油然而生。只见教授、专家们不厌其烦地强调新闻要写得真、写得实、写得鲜、写得活,却只字不提新闻要写得漂亮、写得文雅、写得优美。其实,人的天性尚美,仅仅从传播媒介的效果和效率考虑,也不该忽视文章的美质。报纸、杂志要想吸引和征服读者,最终还是要通过文字。优美、隽永的文字,不仅能令读者爱看,更能让他们百看不厌,报刊新闻有过时作废的可能,但文字的美感却能历久弥新。美文的魅力可以跨越时空。

举一个例子。1987年,笔者为《北京广播电视报》撰写专栏文章,专栏的名字是《心灵之友》。笔者当时用笔名"蓑笠翁",在该报连续发表励志散文。在一篇题为《让我们来算一笔账》的文章中，笔者写道："人的一生是由每一天构成的。怯懦的人留恋过去的美好，愚蠢的人等待明天的幸运，只有勇敢坚强的人才敢于面对棘手的现实。如果我们每天砌一堵墙，就能建设一座摩天大厦；如果我们每天行一里路，就能像哥伦布一样环绕地球；如果我们每天撒一粒种子，就能使百花满园、树木成行；如果我们每天都为他人祝福，就能摆脱寂寞和孤独。让我们每天都做一件值得我们永久记忆的事情吧。"

没想到，这样一篇普通的报纸文章，拯救了一个绝望中的灵魂。该文发表后，笔者意外收到一封读者来信，厚厚的一叠信纸，承载着满满的感激之情。读者是一位女性，她向笔者倾吐了她的非凡经历。因为情感变故，她选择了不理智的方式伤害了自己，虽侥幸活了下来，却全身骨折、瘫痪在床，情绪极度低落，整日闷闷不乐。与哥哥每天一起读报时，她看到笔者的这几句话——"怯懦的人留恋过去的美好，愚蠢的人等待明天的幸运，只有勇敢坚强的人才敢于面对棘手的现实"，她的眼中重新燃起了希望的光芒。她的哥哥鼓励她给作者写信，宣泄心中积压过多、过于沉重的悲情。于是，她写下了那些后来激励了笔者一生的话，她在这封匿名信中说："（记者）你是伟大的人！你拯救了我，让我重新看到生的希望，并获得心灵的力量……我要感谢你！我已经让哥哥把你的这几句话书写、装裱成卷轴，挂在了我病床前的墙壁上，我要每天都默念几遍……"时光荏苒，30多年过去了，笔者不知道这位匿名读者的近况如何，但是，笔者"时刻"都能感受到她的恩惠和鼓励，只因为她对笔者说了——"你是伟大的人！"在无数个记者生涯的艰难时刻，笔者都会找出这封信来，在心里默念着——"你是伟大的人！"要为人类做伟大的事情！你怎么能计较这样那样的小事，计算个人的名利得失呢？！然后，笔者就会马上振作起来！

（4）好的记者，不能有官气，不能有商气，却要有文气。

俗话说，人活一口气。孟子也曾说，"吾善养吾浩然之气"。笔者常想，作为一名记者，应该具有怎样的一股气呢？好的记者不能有官气，不能有商气，但要有文气。道理很简单，记者不是官员，也不是商人，而是文人。然而，真正能以文人自励，愿意以文人自诩，着实在文章上用力的记者又有多少呢？！因此，我们在报刊文章中常见的缺少文才、缺少文思、缺少文采的现象，也就不足为怪了。如果文字记者不知爱业、敬业、勤业，所谓报刊美文，也就只能是一句空话。

一个文人，一个真正意义上的文人，要立志为自己的民族、国家和整个人类，敬献愚忠，竭尽智慧，而后方可谈为文，庶几可以成就美文。山水是大地的文章，文章是纸间山水。文人如果没有茫茫大地一般的大慈悲、大胸襟、大忍耐、大思虑、大负重的话，便不会有大手笔的佳作问世。虽有冥冥之志，岂望赫赫之功。自己的文字不敢说是字字珠玑，但一定是滴滴心血。愿奉美文于苍生，聊慰平生之志。

（5）新闻机构是作家的摇篮。

新闻呼唤美文，报纸、杂志呼唤学者型、作家型的编辑记者。一个只懂新闻业务知识，没有其他学问的人，不能被称为一名好的编辑记者。一个只懂新闻写作，不能从事其他形式的文学创作的人，不能被称为一名优秀的编辑记者。讽刺小说《王子与贫儿》的作者马克·吐温（Mark Twain），曾是一位新闻记者；《老人与海》的作者欧内斯特·海明威（Ernest Hemingway），曾亲赴战地采访；历史书籍《美国史》的撰写者亨利·亚当斯（Henry Adams），曾担任《纽约时报》驻伦敦记者；美国《独立宣言》的起草者本杰明·富兰克林，曾是《宾夕法尼亚报》的主笔。同样，在中国，李大钊编辑过《新青年》杂志；瞿秋白曾任《星报》特约记者；胡适17岁时在《竞业旬报》供职；梁实秋也年纪轻轻就做了《时事新报》的编辑。让新闻从业人员具备一定的文学修养和创作才能，实在是新闻工作之必须。例如，1957年5月17日《人民日报》刊登的通讯《春夜》，就运用了优美的散文笔法描述了周恩来总理在招待过泰国艺术团后，信步来到北京人民艺术剧院演员宿舍看望演员的经过。其中，有这样的句子："五月的夜风，飘着道边槐花的清芬，轻轻地吹拂着路人的面颊与发鬓，吹拂着人们的胸襟，温柔的慰抚，有如慈母的双手。"[①]

不错，新闻机构是作家的摇篮。但是，反过来看，作家也让新闻机构的殿堂更加壮丽辉煌。当我们回顾100多年间中国新闻史上的"美文画廊"时，放在最醒目位置的篇章应该是《人民日报》记者、诗人徐迟的报告文学《歌德巴赫猜想》："何等动人的一页又一页篇页！这些是人类思维的花朵。这些是空谷幽兰、高寒杜鹃、老林中的人参、冰山上的雪莲、绝顶上的灵芝、抽象思维的牡丹。这些数学的公式也是一种世界语言。学会这种语言就懂得它了。这里面贯穿着最严密的逻辑和自然辩证法。它是在探索太阳系、银河系、河外系和宇宙的秘密，原子、电子、粒子、层子的奥妙中产生的。但是能升登到这样高深的数学领域去的人，一般地说，并不很多。且让我们这样稍稍窥视一下彼岸彼土。那里似有美丽多姿的白鹤在飞翔舞蹈。你看那玉羽雪白，雪白得不沾一点尘土；而鹤顶鲜红，而且鹤眼也是鲜红的。它踯躅徘徊，一飞千里。还有乐园鸟飞翔，有鸾凤和鸣，姣妙、娟丽，变态无穷。在深邃的数学领域里，既散魂而荡目，迷不知其所之。闵嗣鹤老师却能够品味它，欣赏它，观察它的崇高瑰丽。

---

① 梅阡.春夜[M]//汤世英.中外新闻作品研究.武汉：武汉大学出版社，2000：153-155.

他当时说过，'陈景润的工作，最近好极了。他已经把哥德巴赫猜想的那篇论文写出来了。我已经看到了，写得极好'。"①

的确，新闻媒体，尤其是纸质媒体，堪称文学作家的摇篮。它轻轻一摇，就摇出了英国小说之父笛福，小说家狄更斯，作家、散文家奥威尔，作家、演说家兼首相丘吉尔；摇出了美国浪漫诗人惠特曼，作家、诺贝尔文学奖获得者海明威，小说家米切尔，作家卡波特，短篇小说大师辛格，作家梅勒；摇出了法国作家杜拉斯；苏联作家巴别尔；哥伦比亚作家马尔克斯；日本小说家、剧作家三岛由纪夫；摇出了中国杂文家、学者王韬，文学家、思想家、家梁启超，作家、学者林语堂，章回小说家张恨水，武侠小说家金庸……

---

① 《歌德巴赫猜想》——重温40年前激动亿万国人的经典［EB/OL］.（2019-12-26）［2022-06-23］. https：//mp.weixin.qq.com/s？__biz=MzAxMDUzMjk0Ng==&mid=2650105316&idx=1&sn=e6977cb07908ef79da6311ec0bf66852&chksm=834f24d9b438adcfa247caeead7f0adbd0c965eac9a6d87a41b64f72988e00793d58c6bacc53&scene=27.

结　语

先有人，后有新闻。

倘若新闻不带有生命的温度与人性的深度，人类要新闻做甚？！新闻的价值，就是生命的价值；新闻的意义，就是生命的意义。新闻学，在某种程度上，可以说是研究人的学问；新闻学原理，则不过是人与人如何息息相关、声声相应、彼此沟通、相互交流的规则和道理。道不远人，学术亦然。

一个社会的文明发达的程度，与其新闻质量和影响力成正比。有什么样的记者，就有什么样的国民；有什么样的媒体，就有什么样的政治。假如我们将新闻比喻成一座圣殿，那么它有八根坚实的立柱：公众利益、社会责任、正义观念、事实真理、国家形象、民族精神、独立思想、人类福祉。

有人说"伟大的记者都在参与历史"，其实他们又何尝不是在改变现实。无论是约翰·彼得·曾格、本杰明·富兰克林、约瑟夫·普利策和迈克·华莱士，还是梁启超、徐宝璜、邵飘萍和瞿秋白……新闻的目的和理想，就是推动人类社会不断前进，并迈向更加光明与美好的未来。

新闻，是天地间一项伟大的事业，是有志者愿意忘我献身的行当。你必须无条件地爱她，像追求真理一样地执着、坚定，即使历尽坎坷也永不气馁。你需要付出毕生的精力和心血，甚至生命，才能看到成功的希望，而下一个挑战总是接踵而至。这仿佛是一条无归的途程，而你的愿景只有你自己知道，只有你能不懈地坚持追寻之。

新闻学虽是舶来之学，但当今世界早已开放，东学、西学，但学无妨。你我生活在21世纪，电子技术支撑下的"新媒体"被定义为"所有人对所有人的传播"。仿佛一夜之间，人类完成了信息传播的"基因突变"，我们全都变成了彻头彻尾的"新闻动物"。过去说"食古不化"，今天的我们则是吞食信息而不化。因此，我们更需要深入理解和把握新闻的本质，以便在这个信息爆炸的时代，保持清醒的头脑，进行独立的思考。

纵观古今世界，整个新闻行业面临着前所未有之大变局，报纸、广播、电视、互联网、智能手机——新闻传播的"五驾马车"并驾齐驱……而新闻学的脚步，要想跟上这"五马奔腾"，竞相争先的脚步，也确实是一项艰巨的任务。"学无止境"的古训，在这里就显得无比贴切——新闻理论研究必须在不断地行进中寻求突破。

随着科技的飞速进步、新技术的广泛应用、智能人技术的逐渐成熟，智能新闻产品正悄然改变着我们以往的观念和做法。新闻与高科技的联手与融合，必将深刻改变现有新闻产业的格局、新闻产品制作的方式与新闻内容的结构方式，这无疑给新闻界、新闻业、新闻人提出了新的课题和挑战。确切地说，我们需要不断面对一个个新课题与新挑战，对新闻理论的研究和建设也永远处于"现在进行时"……

ChatGPT的出现是一个巨大的震撼，新闻人要早做准备，以面对未来的变革。在这个意义上，我们对于新闻哲学、新闻美学与新闻伦理学的强调，实在是太有必要了。"智能人"恰恰在这三个方面落后于我们，也许虽同为智慧生命，但我们在感觉、感情、感动、感受、感悟、感知等方面，仍是处于优势地位的。

新闻学子与媒体专业人士，要站稳脚跟，立足于知识与智慧的大地上，如同参天大树伸长其根茎、根须，伸展自己心灵感觉和大脑思维的触须，更多地汲取土壤深层的养料。这样，我们才能在不远的将来与智能机器一战，或者与之并肩作战，甚至引领其前行，谁知道呢？但是，有一点可以肯定，人类数千年来无数高贵心灵与睿智头脑所创造与积累的社会人文科学的财富，不会丢失，也不会被遗忘，更不会被闲置不用，它们将在我们继承并发扬光大的新闻事业中，发挥"洪荒之力"。让我们与人类最高尚的灵魂和最高深的思想，产生那永久性的"量子纠缠"吧！我们新闻人，是地球这颗行星上的大写的人，肩负着崇高的新闻事业的使命。是的，我们使命加身，勿忘自己肩上的重任。

新闻学就像一本书，一本永远也写不完的、有趣的书，为什么要结尾呢？然而，纸短情长，我们必须就此打住。但请相信，新闻人的使命与责任永不会终止，无数前仆后继的新闻人将继续书写这本永不完结的书，用他们的智慧和热情，谱写崇高的新闻事业的新篇。

后　记

本书得以顺利问世，得益于中共北京市委宣传部、北京市委教育工委、北京市教委共同实施的高校和新闻单位互聘交流计划，彭俐老师作为《北京日报》的"一支笔"，来到新闻系"传经送宝"，给我们的新闻理论与实践教学带来了新的气象。彭老师是一位有大爱、有情怀的新闻人，他的博学、犀利，他极具个性的语言风格奠定了本书的写作基调。在漫长的写作过程中，我们在争论中达成共识，新闻理论的框架得以一步步完善，这些也促成了我们对新闻和新闻学的进一步思考。

同时，我们在写作中力求紧密联系新时代中国特色社会主义文化发展道路的新鲜实践，引用了一些获得各项新闻奖的作品和各大主流媒体的典型案例，使本书更具实用性。

本书在写作过程中得到文理学院张宝秀、张景秋等院领导和新闻系杜剑锋、李彦冰主任的大力支持，新闻系各位老师也都提供了不少真知灼见，在此特别表示感谢。此外，中国传媒大学出版社的编辑老师们为本书的出版倾注了大量心血，特在此一并表示感谢。

本书具体分工如下：刘文红负责全书的结构设计、审定把关和统稿工作，负责撰写本书第一章、第二章至第五章、第七章的部分内容和后记；彭俐负责撰写本书第六章、第八章的全部内容，第一章、第二章至第五章、第七章的部分内容和序言、绪论、结语。

本书书稿即将付梓，心中仍不免忐忑。我们希望在"讲好中国故事，传播好中国声音"方面尽自己的微薄之力，但难免有论述不到位或见解不够深刻之处，期盼学界和业界的各位专家和广大读者不吝赐教。

刘文红

参考文献

[1] 德波顿.新闻的骚动[M].丁维,译.上海:上海译文出版社,2015.

[2] 白红义.边界、权威与合法性:中国语境下的新闻职业话语研究[J].新闻与传播研究,2018(8):25-48,126.

[3] 白红义,张恬,李拓.中国数字新闻研究的议题、理论与方法[J].新闻记者,2021(1):46-53.

[4] 瓦耶纳.当代新闻学[M].丁雪英,连燕堂,译.北京:新华出版社,1986.

[5] 麦克奈尔.政治传播学引论:2版[M].殷祺,译.北京:新华出版社,2005.

[6] 阿瑟.技术的本质:技术是什么,它是如何进化的[M].曹东溟,王健,译.杭州:浙江人民出版社,2014.

[7] 科瓦奇,罗森斯蒂尔.真相:信息超载时代如何知道该相信什么[M].陆佳怡,孙志刚,译.北京:中国人民大学出版社,2014.

[8] 科瓦奇,罗森斯蒂尔.新闻的十大基本原则:新闻从业者须知和公众的期待:2版[M].刘海龙,连晓东,译.北京:北京大学出版社,2014.

[9] 莱文森.新新媒介:2版[M].何道宽,译.上海:复旦大学出版社,2014.

[10] 莱文森.手机:挡不住的呼唤[M].何道宽,译.北京:中国人民大学出版社,2004.

[11] 米尔斯.社会学的想像力:3版[M].陈强,张永强,译.北京:生活·读书·新知三联书店,2012.

[12] 斯特林.媒介即生活[M].王家全,崔元磊,张祎,译.北京:中国人民大学出版社,2014.

［13］蔡雯，翁之颢.专业新闻的回归与重塑：兼论5G时代新型主流媒体建设的具体策略［J］.编辑之友，2019（7）：5-9，22.

［14］蔡雯，王学文.角度·视野·轨迹：试析有关"媒介融合"的研究［J］.国际新闻界，2009（11）：87-91.

［15］常江，何仁亿.新闻生态理论：缘起、演变与前景［J］.江西师范大学学报（哲学社会科学版），2022（2）：101-110.

［16］常江，何仁亿.数字新闻生产简史：媒介逻辑与生态变革［J］.新闻大学，2021（11）：1-14，121.

［17］常江.数字新闻学：一种理论体系的想象与建构［J］.新闻记者，2020（2）：12-20，31.

［18］常江，安德森，舒德森，等.新闻学的未来：数字生态与全球语境——中、英、美三国新闻学学者的对谈（下）［J］.新闻界，2020（11）：14-20，61.

［19］陈力丹.舆论学：舆论导向研究［M］.上海：上海交通大学出版社，2012.

［20］陈力丹.马克思和恩格斯关于报刊规律的思考［J］.东南传播，2013（10）：25-28.

［21］陈力丹.精神交往论：马克思恩格斯的传播观［M］.北京：中国人民大学出版社，2008.

［22］陈楚洁.意义、新闻权威与文化结构——新闻业研究的文化–社会路径［J］.新闻记者，2018（8）：46-61.

［23］陈昌凤，黄家圣."新闻"的再定义：元宇宙技术在媒体中的应用［J］.新闻界，2022（1）：55-63.

［24］陈昌凤.人机何以共生：传播的结构性变革与滞后的伦理观［J］.新闻与写作，2022（10）：5-16.

［25］程曼丽.外国新闻传播史导论：2版［M］.上海：复旦大学出版社，2007.

［26］程曼丽.论生产资料所有制对新闻传播业的影响：基于马克思、恩格斯、列宁相关论述的视角［J］.新闻与写作，2021（10）：77-81.

［27］陈旭光，张明浩.青年想象力美学与游戏文化的新主流表达：论近年网络剧的工业美学生产［J］.当代电视，2022（11）：75-83.

［28］蔡盈洲.从电视到短视频：一种演化的视角［J］.中国电视，2020（9）：74-78.

［29］丁柏铨.媒介融合：概念、动因及利弊［J］.南京社会科学，2011（11）：

92-98.

［30］丁柏铨．数据新闻：价值与局限［J］．编辑之友，2014（7）：6-10.

［31］邓建国．时空征服和感知重组：虚拟现实新闻的技术源起及伦理风险［J］．新闻记者，2016（5）：45-52.

［32］段鹏．传播学基础：历史、框架与外延［M］．北京：中国传媒大学出版社，2013.

［33］麦奎尔．麦奎尔大众传播理论：5版［M］．崔保国，李琨，译．北京：清华大学出版社，2010.

［34］兰德尔．全球新闻记者［M］．邹蔚苓，译．上海：复旦大学出版社，2013.

［35］克罗图，霍伊尼斯．媒介·社会：产业、形象与受众［M］．邱凌，译．北京：北京大学出版社，2013.

［36］温伯格．知识的边界［M］．胡泳，高美，译．太原：山西人民出版社，2014.

［37］丁方舟．论传播的物质性：一种媒介理论演化的视角［J］．新闻界，2019（1）：71-78.

［38］方汉奇．中国新闻传播史：3版［M］．北京：中国人民大学出版社，2014.

［39］方洁，颜冬．全球视野下的"数据新闻"：理念与实践［J］．国际新闻界，2013（6）：73-83.

［40］费尔克拉夫．话语与社会变迁［M］．殷晓蓉，译．北京：华夏出版社，2003.

［41］范雪波．媒介融合背景下新闻传播的未来［J］．中国传媒科技，2022（10）：53-56.

［42］韦伯斯特．信息社会理论：3版［M］．曹晋，梁静，李哲，等译．北京：北京大学出版社，2011.

［43］塔奇曼．做新闻［M］．麻争旗，刘笑盈，徐扬，译．北京：华夏出版社，2008.

［44］甘惜分．新闻理论基础［M］．北京：中国人民大学出版社，1982.

［45］黄华．技术、组织与"传递"：麦克卢汉与德布雷的媒介思想和时空观念［J］．新闻与传播研究，2017（12）：36-50.

［46］郭庆光．传播学教程：2版［M］．北京：中国人民大学出版社，2011.

［47］顾洁．新闻传播的"跨媒体叙事"：一种前景的分析［J］．编辑学刊，2013

（6）：93-97.

［48］伊尼斯．帝国与传播［M］．何道宽，译．北京：中国传媒大学出版社，2013.

［49］黄志敏，张玮．数据新闻是如何出炉的：以财新数据可视化作品为例［J］．新闻与写作，2016（3）：86-88.

［50］黄楚新，薛德岳，陈智睿．能动与破圈：我国华北四省地市级党报融合发展进路［J］．新闻爱好者，2022（2）：14-18.

［51］韩立新．时空转移与智慧分流：媒体的分化与重构［J］．新闻与传播研究，2016（5）：99-113，129.

［52］黄鸣奋．数字化语境中的新闻游戏［J］．重庆邮电大学学报（社会科学版），2014（5）：94-100.

［53］黄远生．远生遗著：上册［M］．北京：商务印书馆，1984.

［54］韩海燕．从用户心理需求视角看主流媒体移动新闻直播发展前景［J］．出版广角，2020（7）：77-79.

［55］何怀宏．伦理学是什么［M］．北京：北京大学出版社，2002.

［56］何怀宏．良心论［M］．北京：北京大学出版社，2009.

［57］何精华．网络空间的政府治理：电子治理前沿问题研究［M］．上海：上海社会科学院出版社，2006.

［58］洪红．基于用户生成内容的群体智慧研究［D］．厦门：厦门大学，2017.

［59］黑斯蒂．统计学习基础：数据挖掘、推理与预测［M］．范明，柴玉梅，昝红英，等译．北京：电子工业出版社，2004.

［60］胡杨涓，余树彬．数据新闻对新闻生产实践与观念的重塑［J］．编辑之友，2019（7）：59-72.

［61］胡翼青，张婧妍．作为常识的新闻：重回新闻研究的知识之维［J］．国际新闻界，2021（8）：22-40.

［62］胡泳．"报纸已死"还是"报纸万岁"？（上）：以《赫芬顿邮报》和《纽约时报》为例［J］．传媒，2012（6）：54-56.

［63］胡泳．微博上的意见领袖［EB/OL］．(2012-08-27)[2022-10-05].https：//www.huxiu.com/article/3122.html.

［64］胡泳，刘纯懿．现实之镜：饭圈文化背后的社会症候［J］．新闻大学，2021（8）：65-79，119.

［65］胡翼青.后真相时代的传播：兼论专业新闻业的当下危机［J］.西北师大学报（社会科学版），2017（6）：28-34.

［66］黄旦.传者图像：新闻专业主义的建构与消解［M］.上海：复旦大学出版社，2005.

［67］黄旦.理解媒介的威力：重识媒介与历史［J］.探索与争鸣，2022（1）：142-148，180.

［68］胡百精.公共协商与偏好转换：作为国家和社会治理实验的公共传播［J］.社会科学文摘，2020（6）：112-114.

［69］胡百精.中国舆论观的近代转型及其困境［J］.中国社会科学，2020（11）：132-148，207.

［70］甘斯.什么在决定新闻［M］.石琳，李红涛，译.北京：北京大学出版社，2009.

［71］黄昭谋.分享的创造性破坏：从使用者自制内容到策展［J］.现代传播（中国传媒大学学报），2014（5）：116-121.

［72］黄瑚.中国新闻事业发展史：3版［M］.上海：复旦大学出版社，2022.

［73］霍文，维克特.信息技术与道德哲学［M］.赵迎欢，宋吉鑫，张勤，译.北京：科学出版社，2014.

［74］胡正荣，李荃.把握历史新机遇，擘画融合新图景：从党的二十大精神看我国主流媒体的未来［J］.新闻大学，2022（12）：36-42.

［75］蒋晓丽，何飞.互动仪式理论视域下网络话题事件的情感传播研究［J］.湘潭大学学报（哲学社会科学版），2016（2）：120-123，153.

［76］江小涓.数字时代的技术与文化［J］.中国社会科学，2021（8）：4-34，204.

［77］科尔曼，雷瑟尔森，李维斯特，等.算法导论：3版［M］.殷建平，徐云，王刚，等译.北京：机械工业出版社，2013.

［78］斯巴克斯.全球化、社会发展与大众传媒［M］.刘舸，常怡如，译.北京：社会科学文献出版社，2009.

［79］约斯特.新闻学原理：双语版［M］.王海，译.北京：中国传媒大学出版社，2017.

［80］克里斯琴斯，法克勒，理查森，等.媒介伦理：案例与道德推理：9版［M］.孙有中，郭石磊，范雪竹，译.北京：中国人民大学出版社，2014.

[81] 匡文波. 智能算法推荐技术的逻辑理路、伦理问题及规制方略［J］. 深圳大学学报（人文社会科学版），2021（1）：144-151.

[82] 延森. 媒介融合：网络传播、大众传播和人际传播的三重维度［M］. 刘君，译. 上海：复旦大学出版社，2012.

[83] 李良荣，辛艳艳. 从 2G 到 5G：技术驱动下的中国传媒业变革［J］. 新闻大学，2020（7）：51-66，123.

[84] 李良荣，方师师. 主体性：国家治理体系中的传媒新角色［J］. 现代传播（中国传媒大学学报），2014（9）：32-37.

[85] 李良荣，周宽玮. 媒体融合：老套路和新探索［J］. 新闻记者，2014（8）：16-20.

[86] 李良荣，张华. 参与社会治理：传媒公共性的实践逻辑［J］. 现代传播（中国传媒大学学报），2014（4）：31-34.

[87] 卢迪，邱子欣. 新闻"移动化"与直播"常态化"：5G 技术推动新闻与直播深度融合［J］. 现代传播（中国传媒大学学报），2020（4）：6-10.

[88] 刘建明，纪忠慧，王莉丽. 舆论学概论［M］. 北京：中国传媒大学出版社，2009.

[89] 陆晔，周睿鸣. "液态"的新闻业：新传播形态与新闻专业主义再思考——以澎湃新闻"东方之星"长江沉船事故报道为个案［J］. 新闻与传播研究，2016（7）：24-46.

[90] 刘海龙. 大众传播理论：范式与流派［M］. 北京：中国人民大学出版社，2008.

[91] 刘海龙，于瀛. 概念的政治与概念的连接：谣言、传言、误导信息、虚假信息与假新闻的概念的重构［J］. 新闻界，2021（12）：23-40.

[92] 刘海龙. 媒介场理论的再发明：再思《关于电视》［J］. 当代传播（中国传媒大学学报），2020（4）：14-20.

[93] 吕尚彬，刘奕夫. 传媒智能化与智能传媒［J］. 当代传播（中国传媒大学学报），2016（4）：4-8.

[94] 李新. 中国数据新闻研究的特征、演进路径与热点探究：基于 CNKI 核心期刊的 CITESPACE 分析［J］. 新闻传播，2021（7）：44-45.

[95] 廖祥忠. 未来传媒：我们的思考与教育的责任［J］. 现代传播（中国传媒大学学报），2019（3）：1-7.

[96]洛厄里，德弗勒.大众传播效果研究的里程碑：3版［M］.刘海龙，译.北京：中国人民大学出版社，2009.

[97]哈克特，赵月枝.维系民主？西方政治与新闻客观性［M］.沈荟，周雨，译.北京：清华大学出版社，2005.

[98]李彪.新时代中国特色舆论学：演进脉络、核心问题与研究体系［J］.编辑之友，2021（9）：5-10.

[99]马克思，恩格斯.德意志意识形态：节选本［M］.中共中央马克思恩格斯列宁斯大林著作编译局，译.北京：人民出版社，2003.

[100]马克思，恩格斯.马克思恩格斯全集：第19卷［M］.中共中央马克思恩格斯列宁斯大林著作编译局，译.2版.北京：人民出版社，2006.

[101]麦考姆斯，郭镇之，邓理峰.议程设置理论概览：过去，现在与未来［J］.新闻大学，2007（3）：55-67.

[102]舒德森.发掘新闻：美国报业的社会史［M］.陈昌凤，常江，译.北京：北京大学出版社，2009.

[103]舒德森.新闻社会学［M］.徐桂权，译.北京：华夏出版社，2010.

[104]舒德森.新闻的力量［M］.刘艺娉，译.北京：华夏出版社，2011.

[105]麦克卢汉.理解媒介：论人的延伸［M］.何道宽，译.北京：译林出版社，2011.

[106]弥建立.局部叙事逻辑：电视新闻画面叙事的基本语法规则［J］.当代电视，2022（11）：99-105.

[107]孟建，黄灿.当代广播电视概论［M］.北京：中国传媒大学出版社，2016.

[108]孟建，赵元珂.媒介融合：粘聚并造就新型的媒介化社会［J］.国际新闻界，2006（7）：24-27，54.

[109]布尔迪厄.关于电视［M］.许钧，译.南京：南京大学出版社，2011.

[110]彭兰.场景：移动时代媒体的新要素［J］.新闻记者，2015（3）：20-27.

[111]彭兰."新媒体"概念界定的三条线索［J］.新闻与传播研究，2016（3）：120-125.

[112]彭兰.原点再思：新媒体时代的媒介及人—媒介—内容关系［J］.当代传播，2023（1）：12-18，25.

[113]彭兰.视频化生存：移动时代日常生活的媒介化［J］.中国编辑，2020（4）：

34-40,53.

[114] 彭兰.移动时代的节点化用户及其数据化测量[J].暨南学报（哲学社会科学版），2016（1）：76-82，131.

[115] 彭增军.新闻业的救赎：数字时代新闻生产的16个关键问题[M].北京：中国人民大学出版社，2018.

[116] 彭锦.从正名立规到繁荣发展：网络视听行业发展十年[J].中国广播电视学刊，2022（10）：10-13.

[117] 鲍曼.流动的现代性[M].欧阳景根，译.北京：中国人民大学出版社，2018.

[118] 强月新，孔钰钦.后真相时代下的回避新闻及其现实影响：基于一种辩证视角[J].编辑之友，2022（1）：38-43.

[119] 热奈特.叙事话语 新叙事话语[M].王文融，译.北京：中国社会科学出版社，1990.

[120] 束开荣，杨石华.现象学视角下《理解媒介》学术阅读史（1992—2019）[J].编辑之友，2019（12）：11-19.

[121] 沈阳.元宇宙的三化、三性和三能[J].传媒，2022（14）：21-22.

[122] 舒畅.新媒体环境下"抖音"短视频的传播内容分析[J].中国传媒科技，2020（12）：38-40.

[123] 孙全胜.列斐伏尔"空间生产"的理论形态研究[M].中国社会科学出版社，2017.

[124] 孙立平.现代化与社会转型[M].北京：北京大学出版社，2005.

[125] 邵培仁.媒介舆论学：通向和谐社会的舆论传播研究[M].北京：中国传媒大学出版社，2009.

[126] 隋岩.群体传播时代：信息生产方式的变革与影响[J].中国社会科学，2018（11）：114-134，204-205.

[127] 姬煜彤.算法推荐的伦理评价及反思[EB/OL].（2019-09-27）[2021-04-05].https://www.sohu.com/a/343769421_550967.

[128] 唐绪军.建设性新闻与新闻的建设性[J].新闻与传播研究，2019（A1）：9-14.

[129] 唐铮，湛超越.人工心智新闻的概念、原理及应用价值[J].新闻爱好者，2021（2）：16-21.

[130] 谭小荷.错位与张力：区块链新闻业的创新困境[J].南京社会科学，2020（12）：99-108.

[131] 王润泽，李静.中国特色新闻价值体系的基本内涵与历史构建[J].国际新闻界，2022（11）：39-60.

[132] 王润泽.实践转向与元问题聚焦：对新闻学知识体系创新的思考[J].新闻记者，2022（2）：14-19.

[133] 王海燕.数字新闻创新的变与不变：基于十家媒体客户端新闻与纸媒报道的对比分析[J].新闻记者，2020（9）：3-13.

[134] 王熙熙.新媒体技术在新闻传播中的运用与发展[J].文化产业，2022（36）：22-24.

[135] 王静.从事实到新闻：意义的生产和再生产[C]//新规划·新视野·新发展：天津市社会科学界第七届学术年会优秀论文集.天津：天津人民出版社，2011.

[136] 王邵军，李晓冰.Z世代消费新主流影视的原因与趋势：基于使用与满足理论[J].经济与管理评论，2022（5）：86-96.

[137] 吴璟薇，郝洁.智能新闻生产：媒介网络、双重的人及关系主体的重建[J].国际新闻界，2021（2）：78-97.

[138] 莫斯可.传播政治经济学[M].胡正荣，张磊，段鹏，等译.北京：华夏出版社，2000.

[139] 莫斯可.数字化崇拜：迷思、权力与赛博空间[M].黄典林，译.北京：北京大学出版社，2010.

[140] 文晓辉.媒体融合视角下传统媒体发展路径[J].中国报业，2022（24）：40-41.

[141] 伊瑟尔.阅读活动：审美反应理论[M].金元浦，周宁，译.北京：中国社会科学出版社，1991.

[142] 习近平.高举中国特色社会主义伟大旗帜 为全面建设社会主义现代化国家而团结奋斗：在中国共产党第二十次全国代表大会上的报告[EB/OL].（2022-10-25）[2022-10-25].https：//www.gov.cn/xinwen/2022-10/25/content_5721685.htm.

[143] 许向东.大数据时代新闻生产新模式：传感器新闻的理念、实践与思考[J].国际新闻界，2015（10）：107-116.

[144] 麦克马纳斯.市场新闻业：公民自行小心？[M].张磊，译.北京：新华出版社，2004.

［145］费斯克.关键概念：传播与文化研究辞典：2版［M］.李彬，译.北京：新华出版社，2004.

［146］菲斯克.电视文化［M］.祁阿红，张鲲，译.北京：商务印书馆，2005.

［147］彼得斯.对空言说：传播的观念史［M］.邓建国，译.上海：上海译文出版社，2017.

［148］杨保军.简论智能新闻的主体性［J］.现代传播（中国传媒大学学报），2018（11）：38-42.

［149］杨保军."共"时代的开创：试论新闻传播主体"三元"类型结构形成的新闻学意义［J］.新闻记者，2013（12）：32-41.

［150］杨保军.当代中国新闻理论研究的"上升"与"下沉"［J］.新闻大学，2021（1）：1-10，117.

［151］杨保军.论新闻的"有机真实"［J］.新闻大学，2020（1）：40-52，126.

［152］杨保军.再论"后新闻业时代"［J］.编辑之友，2022（10）：6-13.

［153］杨保军.新闻主体论［M］.北京：人民日报出版社，2016.

［154］姚建华.自动化新闻与新闻劳动的重构：技能变迁的视角［J］.福建师范大学学报（哲学社会科学版），2021（1）：106-114，170-171.

［155］张健.当代电视节目类型教程［M］.上海：复旦大学出版社，2011.

［156］张昆.大众媒介的政治社会化功能［M］.武汉：武汉大学出版社，2003.

［157］张涛甫，陈佳怡.危机与转机：党的十九大以来中国新闻学研究的流变和走向［J］.编辑之友，2022（4）：120-127.

［158］周宪.当代中国的视觉文化研究［M］.南京：译林出版社，2017.

［159］张晓锋，程河清.中国新闻史研究70年（1949—2019）［J］.新闻与传播研究，2019（8）：24-42，126.

［160］祝明.竖屏网络剧的叙事风格、传播导向、媒介特性与审美证成［J］.当代电视，2022（11）：84-91.

［161］曾祥敏，方雪悦.新闻游戏：概念、意义、功能和交互叙事规律研究［J］.现代传播（中国传媒大学学报），2018（1）：70-77.

［162］朱清河.中国特色新闻学本体论话语的历史变迁与价值体现［J］.新闻大学，2020（4）：19-35，119-120.

［163］朱天，齐向楠.媒介化视野下短视频的概念想象、逻辑延伸与价值审视［J］.新闻与传播评论，2022（6）：37-45.

［164］郑满宁.人工智能技术下的新闻业：嬗变、转向与应对——基于ChatGPT带来的新思考［J］.中国编辑，2023（4）：35-40.

［165］郑保卫，叶俊.从印刷、电报到互联网：论马克思主义媒介技术观的历史演变［J］.新闻大学，2016（2）：20-28，147.

［166］周睿鸣，徐煜，李先知.液态的连接：理解职业共同体——对百余位中国新闻从业者的深度访谈［J］.新闻与传播研究，2018（7）：27-48，126-127.

［167］周勇.从元问题出发：中国特色新闻传播学知识体系的建构逻辑与实践进路［J］.新闻与传播研究，2022（10）：5-16，126.

［168］周小普，余敏.中国电视新闻理论五十年［J］.国际新闻界，2009（1）：71-75，81.

［169］周小普，苏华.中国电视社会责任的理论和现实困境［J］.新闻界，2013（10）：46-51.

［170］周鼎，马立新.中国网络剧的创新发展研究［J］.当代电视，2022（6）：75-81.

［171］CHRISTOPHER W A.Between creative and quantified audiences：web metrics and changing patterns of newswork in local US newsrooms［J］.Journalism，2011，12（5）：550-566.

［172］BARGER R.In search of a common rationale for computer ethics［C］//Third Annual Computer Ethics Institute Conference.Washington DC：the Brookings Institution，1994.

［173］CARBONELL C.Convergence culture：where old and new media collide［J］.The journal of popular culture，2007，40（4）：731-733.

［174］CHRISTIANS C.The ethics of universal being［M］//WARD S，WASSERMAN H.Media ethics beyond borders：a global perspective.New York：Routledge，2008：6-23.

［175］DETERDING S，KHALDE R，NACKE L，et al.From game design elements to gamefulness：defining "gamification"［C］.Proceedings of the 15th International Academic MindTrek Conference：Envisioning Future Media Environments，2011：9-15.

［176］DEWINTER J，KOCUREK C，NICHOLS R.Taylorism 2.0：gamification，scientific management and the capitalist appropriation of play［J］.Journal of gaming & virtual worlds，2014，6（2）：109-127.

[177] JENSEN C S.Reduced narration, intensified emotion: the film trailer [J]. Projections: 2014, 8(1), 105-125.

[178] JEON G.A study on the storytelling and screen composition of web-dramas [J].Humanities and social science research, 2015, 16(4): 463-489.

[179] SKOVSGAARD M, ANDERSEN K. Conceptualizing news avoidance: towards a shared understanding of different causes and potential solutions [J].Journalism studies, 2020, 21(4): 459-476.

[180] KSIAZEK T B, MALTHOUSE E C, WEBSTER J G.News-seekers and avoiders: exploring patterns of total news consumption across media and the relationship to civic participation [J].Journal of broadcasting & electronic media, 2010, 54(4): 551-568.

[181] MCNAIR B.An Introduction to political communication.London: Routledge, 1995(31).

[182] QUINN S, FILAK V.Convergent journalism an introduction: writing and producing across media [M].Netherlands: Elsevier Inc, 2005.

[183] SONG H.Why do people (sometimes) become selective about news?the role of emotions and partisan differences in selective approach and avoidance [J].Mass communication and society, 2017, 20(1): 47-67.

[184] ZAHORIK P, JENISON R L.Presence as being-in-the-world [J].Presence, 1998, 7(1): 78-89.

[185] ALJANABI M.Chatgpt: future directions and open possibilities [J].Mesopotamian journal of cybersecurity, 2023(1): 16-17.

图书在版编目（CIP）数据

新闻概论 / 刘文红 , 彭俐著 . -- 北京 : 中国传媒大学出版社 , 2022.7.
ISBN 978-7-5657-3394-9

Ⅰ. ①新… Ⅱ. ①刘… ②彭… Ⅲ. ①新闻学 – 研究 Ⅳ. ① G210

中国国家版本馆 CIP 数据核字 (2023) 第 014637 号

新闻概论
XINWEN GAILUN

著　者	刘文红　彭　俐
责任编辑	于水莲
特约编辑	张斯琪
封面设计	风得信设计·阿东
责任印制	李志鹏
出版发行	中国传媒大学出版社
社　　址	北京市朝阳区定福庄东街 1 号　　**邮　编** 100024
电　　话	86-10-65450528　65450532　　**传　真** 65779405
网　　址	http://cucp.cuc.edu.cn
经　　销	全国新华书店
印　　刷	唐山玺诚印务有限公司
开　　本	787mm×1092mm　1/16
印　　张	15.25
字　　数	292 千字
版　　次	2023 年 12 月第 1 版
印　　次	2023 年 12 月第 1 次印刷
书　　号	ISBN 978-7-5657-3394-9/G·3394　　**定　价** 75.00 元

本社法律顾问：北京嘉润律师事务所　　郭建平